国家社科基金
后期资助项目

社区矫正生态系统多方参与主体研究

On the Multiple Participating Parties in the Community Correction Ecosystem

杨 帆 著

ZHEJIANG UNIVERSITY PRESS
浙江大学出版社
·杭州·

图书在版编目（CIP）数据

社区矫正生态系统多方参与主体研究 / 杨帆著. ——
杭州：浙江大学出版社，2021.10
　　ISBN 978-7-308-21565-7

　　Ⅰ.①社… Ⅱ.①杨… Ⅲ.①社区—监督改造—研究
—中国 Ⅳ.①D926.7

　　中国版本图书馆 CIP 数据核字（2021）第 139978 号

社区矫正生态系统多方参与主体研究
杨　帆　著

责任编辑	徐　瑾	
责任校对	赵　静	
封面设计	周　灵	
出版发行	浙江大学出版社	
	（杭州市天目山路 148 号　邮政编码 310007）	
	（网址：http://www.zjupress.com）	
排　　版	杭州青翊图文设计有限公司	
印　　刷	杭州高腾印务有限公司	
开　　本	710mm×1000mm　1/16	
印　　张	12.75	
字　　数	230 千	
版 印 次	2021 年 10 月第 1 版　2021 年 10 月第 1 次印刷	
书　　号	ISBN 978-7-308-21565-7	
定　　价	50.00 元	

国家社科基金后期资助项目
出版说明

  后期资助项目是国家社科基金设立的一类重要项目,旨在鼓励广大社科研究者潜心治学,支持基础研究多出优秀成果。它是经过严格评审,从接近完成的科研成果中遴选立项的。为扩大后期资助项目的影响,更好地推动学术发展,促进成果转化,全国哲学社会科学工作办公室按照"统一设计、统一标识、统一版式、形成系列"的总体要求,组织出版国家社科基金后期资助项目成果。

全国哲学社会科学工作办公室

前　　言

自 2003 年试点开始,社区矫正已经按照既定的步伐与节奏在中国全面推行。2019 年 12 月 28 日,十三届全国人大常委会第十五次会议表决通过了《中华人民共和国社区矫正法》(以下简称《社区矫正法》),并将于 2020 年 7 月 1 日起生效实施。在社区矫正 17 年的运行过程中,全社会对社区矫正已经有了一定的接触与认识,使得社区矫正全面落地实施有了一定的基础。系统论被喻为"当代的思想范式",是 20 世纪六七十年代从生物学领域引进到社会学的一种研究方法。当前系统(system)学研究方法越来越受到社会学研究领域的重视。将系统论、社会学、生态学紧密结合起来,形成了另外一种基础理论,即社会生态系统理论(society ecosystems theory),通常简称为"生态系统理论"(ecosystems theory)。生态系统理论为社会研究提供了一个"人在情景中"的全新视角,并且对每个人与其存在的系统之间的关系有了更为形象生动的描述。① 每个人(包括社区矫正人员)的生存环境应该是一个由一系列相互联系的因素构成的完整的生态系统体系。社区矫正生态系统就是一个以矫正对象为中心形成的,由国家机关、社会组织、个人以及其他主体共同参与、相互作用,以帮助矫正对象恢复社会关系、顺利回归社会为目的的生态系统。生态系统理论的研究成果为当前法学理论研究与实践改革提供了一种全新的理论框架和实践范式。在法学理论研究方面,必须注重以宏观的角度去理解"人类的社会功能",以全局的角度和宽阔的视野为开展理论研究的逻辑起点。这样,法学理论的布局以及各种理论之间的关系都必须遵守系统和谐共处、能量守恒、相互依存的关系,避免理论研究的"断裂""真空"抑或矛盾出现。生态系统理论着力解决实际问题,其主要目标是加强人们适应社会环境的能力并影响环境,从而实现人与环境的良性互动,更具适应性。同时,要使系统保持勃勃生机,就必须尽可能地激发系统中每一个主体的活力。1956 年麻省理工学院(MIT)的福瑞斯特

---

① 师海玲、范燕宁:《社会生态系统理论阐述下的人类行为与社会环境——2004 年查尔斯·扎斯特罗关于人类行为与社会环境的新探讨》,《首都师范大学学报》(社会科学版)2005 年第 4 期,第 94—97 页。

(J. W. Forrester)教授提出了系统动力学理论(system dynamics,SD)。系统动力学专注于发现系统问题并寻求解决方案,强调必须注重系统内各要素的相互关系。系统的结构、模式决定了系统的功能,系统中出现的问题要彻底解决也必须从系统内部寻找原因。因而必须适时观察系统在不同参数下的不同状态,从而科学地进行系统调整。[①] 而社区矫正是一个这样的系统,或者说是平台:由矫正对象、司法机关、行政机关、社会组织、民间人士等一系列矫正要素构成的一个开放式的系统;参与主体广泛;各主体并不是孤立的存在,而是相互发生作用;它是有机的,也是复杂的;系统具有丰富的层次感……所以,虽然表面上同为一个制度,参与的主体基本相同,但是系统内各主体相互间的作用、各自起作用的方式、权利与义务的不同,也决定了系统内的气候、生态环境以及系统运行的质量、效果的不同。本书选择对社区矫正做生态系统学的研究分析,试图构建一个这样的模块:恰如其分地对系统中的所有角色、参与者的地位、权利与义务、相互之间的关系进行定位,确保每个主体在既定的轨道上成熟地运行,并产生良性的活动效果,从而优化社区矫正系统的结构,增强社区矫正系统内各主体的性能,营造良好的社区矫正系统环境,从而达到社区矫正整体功能之目的。倘若本书的研究能形成一个相对成熟、规范的系统模板,那么对社区矫正在中国顺利地落地生根亦将是一个极大的帮助,这也正是作者所追求之目的。

需特别说明的是,本书的第五章、第七章在作者的指导下,由研究生郝玉婷、陈厚任完成。研究生林果丰承担了资料搜集、校对等工作,在此一并表示感谢。

---

① 黄荣辉、徐飞亚:《大气科学研究的一个前沿领域——气候系统动力学和气候预测》,《地球科学进展》1996年第3期。

目　　录

第一章 社区矫正体系构建与多元主体协同

第一节 行刑社会化背景下社区矫正的发展

"社会化"本是社会学中的概念,移植到刑事法学中来,通常是指在刑罚的执行过程中,尽量让罪犯保持与社会的联系,不与社会脱节,保有适应社会的知识与技能,以便刑罚结束后能顺利地回归社会。因此,基于监禁存在的某些无法克服的弊端,刑罚应当谨慎地使用监禁,应尽可能地寻找监禁之外的替代性措施。即使监禁,也应该使服刑人员得到来自社会的教育改造,同时让社会各界最大限度地参与服刑人员的矫正事业,确保刑事执行与社会发展保持同步,为服刑人员顺利回归社会创造有利条件。

一、行刑社会化已成为当今世界行刑发展的重要趋势

行刑社会化符合行刑人道主义原则和个别化原则的要求,反映了刑罚效益思想,是人们不断权衡监禁的成本与效益之后重新做出的选择,行刑社会化已成为当今世界行刑发展的重要趋势。监禁将服刑人员关押在一个与世隔绝的空间里,在一定程度上会导致服刑人员反社会化,甚至隐藏新的犯罪诱因。行刑社会化的举措始于 19 世纪末 20 世纪初英美等国家极力倡导的"狱外劳动"。他们认为"狱外劳动"能使服刑人员呼吸到新鲜空气,在更加广阔的空间里保持开朗的心情,从而避免因长期在狭窄、封闭的监室而情绪沉闷。"狱外劳动"还可以在监狱内外之间建立一个过渡地带,使服刑人员逐步回归社会,不至于在刑满释放回归社会时感觉到无所适从。[①] 经过两百年的发展,当今世界范围内,许多国家都形成了自己的社会化行刑举措。如在美国,行刑社会化的手段多种多样,其中"自由工资雇佣制"(监狱允许服刑人员白天接受狱外企业雇佣,提供有偿劳动,但晚上必须回监狱报到)是使用得最广泛的形式。德国行刑社会化的举措包含"狱外就业"(有监狱管理人员进行监督)和"狱外走廊"(无监狱管理人员进行监督)两种狱外

---

① 何鹏:《中外罪犯改造制度比较研究》,北京:社会文献出版社 1993 年版,第 250—257 页。

劳动形式。此外,还有"狱外散步""狱外放风"等相对自由的活动形式。从制度层面上,世界各国(地区)广泛采取的行刑社会化做法归纳起来主要有:公共服务(短期刑的服刑人员通过提供公共服务,如社区劳动等,来替代监禁服刑);请假探亲制度(允许符合特定条件的服刑人员短时间离开监狱回家探亲或从事其他活动);设置开放监狱,使服刑人员靠近社会或者在社会中服刑,如社区矫正;累进处遇制(将服刑的全过程分成若干层次或阶段,根据服刑人员的不同表现,确定不同的待遇。对于已经完全改过自新的,可以假释)。

行刑社会化的一个重要路径就是建立开放式处遇制度。开放式处遇制度最早起源于瑞士监狱改革家开勒海尔在 1891 年提倡的监狱改革运动。美国、法国、英国、德国等国家,以及我国的台湾地区都有开放式处遇制度,比如法国的"刑罚暂停"(对符合一定条件的罪犯变通执行方式或者暂停刑罚的执行,在一定程度上限制其自由)、美国的"周末监禁"(让符合一定条件的罪犯周末到监狱服刑,平时可以正常工作、学习、生活)。[①] 开勒海尔提出,因为传统监禁将罪犯囚禁在监狱,除了剥夺人的自由、蔑视人的尊严,在高高的围墙、森严的铁栅栏之下,罪犯基本上与社会脱节,极大地影响罪犯回归社会。因此,他建议取消监狱围墙、铁栅栏、手铐等,建立与社会环境尽可能保持一致的监狱。因为行刑环境与社会环境基本一致,所以罪犯的人格尊严和自主意识将得到保护,回归社会的障碍也会大幅度减少。开勒海尔的监狱改革运动因为效果良好,很快被许多国家效仿。从实质上来看,开放式处遇制度就是通过尽量缩小监狱生活与社会生活的差距,模拟与正常社会生活相一致的行刑环境,从而达到使罪犯再社会化之目的。当然,开放式处遇制度也不是尽善尽美,实践中也暴露出一些问题,如监管不当导致脱逃、再次犯罪、刑罚威慑力不足等。任何一种制度都必然存在副作用,相比而言,开放式处遇制度导致的副作用没有监禁的弊端那么突出与严重,而且规范化的管理以及成熟的制度能将开放式处遇制度的副作用降至最低。

行刑社会化的另外一个重要路径就是社区矫正。在上述介绍的所有行刑社会化手段中,社区矫正制度发展相对成熟,使用最为广泛,是当前行刑社会化中最具有影响力的制度。

---

① 丁道源:《中外监狱制度比较研究》,台北:台湾文物供应社 1989 年版,第 87—95 页。

二、社区矫正在西方的起源与发展

1.社区矫正的内涵

社区矫正由两个词组成，即"社区"和"矫正"。社区是矫正活动发生的物理空间与平台基础。什么是社区？社区是人们生活所在的共同体，其治理方式涉及国家、社会、公民之间关系的调整。学者们从不同的角度对社区形成了不同概念上的认知。德国社会学家腾尼斯首先在其1887年出版的著作《社区与矫正》一书中使用"社区"一词。当时的"社区"强调组成人员必须是关系亲密、价值理念相同或者相近的同质共同体。后来，美国学者查尔斯·罗密斯将"社区"一词翻译成英文"community"。费孝通先生在翻译《社区与社会》时，将"社区"一词引进中国。近年来，我国的一些社会学者、法学学者也开始对"社区"展开深入研究，但研究的角度和结论各有侧重。社区有一定的空间要素和文化要素，是由生活在一定地域内的家庭或个人，出于居住、学习、工作等目的而形成的特定区域范围。不同的社区具有不同的文化。社区不仅是一个地理学上的概念，也是一个社会学上的概念，其主旨是通过自上而下的方式，鼓励居民参与基层事务管理，建立国家与社会、公民良好的关系，推动政府改革与社会发展。我国官方对于社区概念的界定源于2000年11月3日颁布的《民政部关于在全国推进城市社区建设的意见》，该意见对社区做出了具体解释：社区是指聚居在一定地域范围内的人们所组成的社会生活共同体。而关于城市社区的界定，通常是指经过社区体制改革后、具有一定规模的居民委员会的辖区。该意见没有提及农村社区的范围。"矫正"在社会学中的运用，主要是指志愿人士或专业人员，在一定的理论基础和知识体系下，通过专业的技术、方法，对心理或行为异常的人员进行教育、辅导、纠正、帮助，以达到修正其行为模式，使其恢复正常，顺利回归社会生活的目的。

在西方国家，社区矫正作为一种非监禁性刑罚执行方式，虽然其制度与实践较为成熟，但对其界定理论界却莫衷一是。从各种概念界定的出发点和着力点来看，主要包含了如下三个观点。第一种观点，着力于"社区"这一空间范围。主要代表人物有博姆等人。他们认为，社区矫正就是将刑罚的执行从监狱、看守所内转移到社区这一生活区域内进行。[①] 第二种观点，着力于挖掘社区矫正的功能——矫正。德国、法国的许多学者坚持这一种观点，认为社区矫正的功能在于尽可能地减少罪犯与社区之间的疏离感。第

---

① 郭建安、郑霞泽：《社区矫正通论》，北京：法律出版社2004年版，第93页。

三种观点则是强调社区矫正的"非监禁"性质,主要代表如美国学者艾兹恩和蒂默等。他们认为,社区矫正与非监禁性刑罚的范围、内容基本等同,都包含判刑前的调查、释放、交付、社区监管和风险评估等。[①] 对于社区矫正,虽然各国有不同的名称和提法,但其基本含义却是相通的,那就是充分利用社区资源、社会支持,在使罪犯不与社会隔离的前提下,让符合法定条件的罪犯接受一定的监管,在社区执行刑罚。

2. 社区矫正在西方的起源与发展

社区矫正起源于西方国家,其产生与发展深受近代新派教育刑理论的影响,同时符合刑法谦抑和刑罚经济的原则。

(1)源于英国。社区矫正起源于英国的说法虽有争议,但大多数学者都认可这一说法。19世纪40年代,英国在管理澳大利亚犯人时,创造了罪犯通过做好事来折抵刑罚的制度,这便是社区矫正的重要方式——假释的前身。当时,英国政府还别具新意地创造了初次犯罪的少年经过有条件的宣誓便不需要执行刑罚的措施,这一措施便是社区矫正的雏形。最早的、正式的社区矫正法案是英国于1879年通过的《略式裁判法》。然而,社区矫正在英国的发展也并不是一路坦途。早期英国的刑罚也盛行"惩罚"理念,但是随着犯罪率的上升、人道主义思想的深入以及社会经济发展对劳动力的需求,社会大众开始反思原有的刑罚理念。英国逐步尝试不予关押某些情节较轻的罪犯,而是放在社区矫正,通过一系列的扶持、帮助、改造等措施,使罪犯重新融入社区。为巩固探索的成果,英国随后通过立法的形式,在原有的保护观察制度中设立了社区矫正机构,不断完善社区矫正的各项配套制度。

(2)成熟于美国。提及社区矫正,人们很自然就会联想到美国,似乎美国是社区矫正的"代言人"。的确,美国在全国范围内较早地全面推行了社区矫正,积累了许多有价值的经验。回溯历史发展,受政治、经济、文化等多方面的影响,借助于自上而下和自下而上的助推力,美国最终将社区矫正发展成为主要的刑罚执行方式,并建立起较为成熟的社区矫正法律制度。但这一过程也不是一蹴而就的,而是经过了长时间的探索与积累,甚至一定程度的反复。从时间上来看,美国推行社区矫正,主要经过了三个历史时期:萌芽(殖民地时期)、初步发展(独立战争后)和全面发展(奥古斯特行刑社会化改革之后)。作为英国的殖民地,早期美国的刑罚体系基本上是复制英国

---

① 刘旺洪、王敏:《法制现代化与中国法经济发展学术研讨会综述》,《中国法学》1996年第6期。

的。比如，当时普遍认为犯罪是邪恶的，应该消灭罪犯而不是改造罪犯，所以严厉的刑罚是他们的正当报应。独立战争后，行刑思想和理念在启蒙运动影响下发生了深刻的变革。对犯罪的态度发生了颠覆性的变化，认为对于犯罪的发生社会也具有不可避免的责任。犯罪属于正常的社会现象，犯罪者并不是不可挽回的、无可救药的，而是可改造的。加上这一时期美国经济快速发展，对劳动力有着旺盛的需求。大量的身体刑、监禁刑显然消耗了可有效利用的劳动力。于是，改革以生命刑和身体刑为主的刑罚体系的呼声便应运而生。尤其是发展到后期，人权理念的渗透，起到了极大的助推作用。当时的社会逐步认识到了监禁的弊端并反对这一行刑方式，认为对罪犯单独监禁，会对犯罪者的身体健康、精神状态和心理状态造成严重的损害。为了保障监狱中罪犯的人权，社会各方在行刑社会化的视野下，提出了一系列改善狱中罪犯待遇的措施。例如，设立民间组织，通过民间组织为出狱后的刑满释放人员提供就业、住宿、求学等帮助，帮助其回归社会。在这些行刑社会化的实践中，奥古斯特的个案工作方法（通过对单个矫正对象及其所处环境进行综合分析后，提出有针对性的行为改善方案，矫正对象由于其行为的有效改善而得到法院的宽大处分）影响尤其深远。由于奥古斯特对社区矫正工作的杰出贡献，因而被称为"感化工作之父"。随后，波士顿成为美国首个设立矫正专职工作的州，其他州也陆陆续续制定了与之相似的法律，最后形成了全国性的体制。

（3）全面繁荣。20世纪七八十年代以来，各国都在不断进行行刑制度的创新与改革。随着行刑社会化的发展，社区矫正在世界各国被广泛采用，国外较常见的措施有缓刑、假释、社区服务、暂时释放、"中途之家"、工作释放和学习释放等。司法部预防犯罪研究所的统计数字显示，2000年西方主要发达国家对罪犯适用缓刑和假释的比例达到全部被判处刑罚者的70%以上，其中加拿大79.76%，澳大利亚77.48%，新加坡76.15%，法国72.63%，美国70.25%，即使是适用率比较低的韩国和俄罗斯，也分别有45.90%、44.48%的人被适用缓刑或者假释。包括其他非监禁刑罚执行方式在内的社区矫正的适用就更加广泛了，例如：日本大概有3/5的罪犯在保护观察官的监督下接受社区矫正。[1] 历经半个世纪的快速发展，社区矫正的各项制度、机制在西方国家已经较为成熟、完备。

（4）在争议中调整。社区矫正并非完美无缺，而是存在先天不足，其作

---

[1] 汪凯：《社区矫正工作之我见》，载 http://www.njsfj.gov.cn/www/njsfj/njsf-mb_a39051 0081523.htm.

用也不能被无限夸大。比如,其适用范围受限,行刑效果存在不尽如人意之处。但在社区矫正被无限吹捧的时期,其甚至在某种程度上被滥用,进而发展到最后,社区矫正遭到怀疑以及适用的降温。西方学者的研究表明,一个社区矫正工作者管理的矫正对象应该不超过 30 人,但在实际执行中,一些矫正工作者管理的对象超过 100 人。还有的学者统计的全美国的数据结果更为惊人:有的负责缓刑的矫正工作者的管理对象达到 300 人,矫正工作者根本没有时间对被矫正对象进行当面的指导监督,这无疑与社区矫正设立的初衷不相符合。① 甚至一些国家对社区矫正的执行缺乏监管,矫正对象再次违法犯罪的案件时有发生。在美国,20 世纪六七十年代就由于过度推崇社区矫正,以至于出现滥用倾向,一些重刑犯、危险分子也被推向社区服刑,从而导致社区矫正赖以生存的社会基础发生动摇,这一制度一度面临夭折的危险。当时基于对社会公共安全的考虑,刑罚平民主义升温,并逐步取代刑罚矫正主义。但这并不意味着对社区矫正的全面否定,而是要进行理性思考,即如何最大限度地发挥社区矫正的功能,因此对社区矫正必要的改革与完善就必须及时跟进。

纵观西方国家百年来的社区矫正发展史,尽管当前西方国家对社区矫正这一矫正模式的热情已经有所降低,但是不可否认的是当今各国参加社区矫正的犯人远多于关在监狱中的。社区矫正作为一种非监禁性刑罚执行方式,目前已成为世界各国刑事政策中的重要组成部分。

第二节　社区矫正在中国的本土化探索

社区矫正并不是土生土长于中国,而是来自西方国家的舶来品。其在西方经过几百年的发展后,于 21 世纪初进入中国,并顺利铺开。这并不是对国外制度的简单移植,而是在国际、国内发展时机成熟的前提之下的必然选择。且对源于西方的社区矫正,不是照搬与复制,而是在保留其合理性的基础上,根据中国的国情,进行本土化的改良与适应。

一、人权时代的监狱体制改革铺垫了社区矫正引入的背景

人权实践取得了多项成果,人权理论蓬勃发展。现代各国纷纷通过立法的形式将人权确定为社会发展的最高目标。因此,任何制度的设计都必

① [美]罗纳德·J.博格等:《犯罪学导论——犯罪、司法与社会》,刘仁文、颜九红、张晓艳译,北京:清华大学出版社 2009 年版,第 586 页。

须充分关注人权的要素。被监禁的罪犯,因为犯罪而被排斥甚至厌恶,是一个特殊的、容易被忽略的群体。社会对被监禁的罪犯抱着一种复杂的情感,由此导致其人权保障水平整体低于社会其他主体的人权保障水平。因此,在人权背景下,对在押罪犯的人权保障可视为我国人权保障事业发展的风向标,极具"符号"意义。根据"木桶理论",监狱也成为考察一国文明发展程度的重要标志,可谓"欲知其国文明之程度,视其狱制之良否,可决也"①。因此,现代各国的监狱制度改革必须以人权保障为目标。社会化变革正是人权时代监狱改革的最佳选择。社会化变革既克服了传统监禁的不足,又具有良好的经济效益、社会效益,符合人权发展的需求。

1. 从经济学的角度

关押、监禁所产生的高额成本一直以来是各国财政的沉重负担。监禁的成本与开支主要包括:监狱本身的建设、维修费用;狱警的工资福利;监狱的伙食、服装、被褥采购等费用;基本的医疗费用、文体设施建制费等。据统计,我国平均关押一个罪犯每年需花费 8000 多元,国家一年花在监禁罪犯上的款项达 140 亿元左右。8000 多元相当于许多地方农民一年的收入和一个大学生一年的花费。即便如此,各地监狱依然感觉到经费紧张。原因有二:一是国家对监狱的投入有限,尤其是在犯罪率增长、人权保障水平提升的情况之下,国家的投入越发显得不足;二是监狱排斥社会资源、社会力量的支持与介入,各项经费来源单一,主要来自国家的财政支持。由于监狱工作与社会脱节,社会被排斥在监狱管理工作之外无法发挥作用,各项工作艰难进行,效果甚微。实际上,社会组织和团体、民间力量可以在监狱的教育、劳动、就业、医疗等多方面提供资助,如企业可以为罪犯进行劳动培训,社会志愿者可以对罪犯提供各种帮助等,以缓解监狱的经济压力。

2. 从社会学的角度

社会性是人的重要属性。每个人都存在于一定的社会中,离开了社会,人与动物就没有区别了。人们从他存在的社会,通过相互交往、相互影响,获得生存的技能、身份的认同和精神的归属。社会的期望、评价和社会环境是每个人获取营养和动力的土壤。刑罚也必须通过人性来唤醒罪犯沉睡或迷失的人性。没有人性的刑罚只会助长罪犯人性的灭失,导致罪犯的再次犯罪。罪犯因为犯罪已经遭到了全社会的谴责与否定,他们在情感上会感觉到特别的孤立、无助。而长期关押与监禁形成的封闭生活环境,犹如一潭死水,导致罪犯觉得自己被社会抛弃,因而人格分裂、心理异常。在关押期

---

① 孙雄:《监狱学》,北京:商务印书馆 1936 年版,第 6 页。

间,亲人的关怀与探视,犹如外界注入的活水,能够慰藉他们干涸的心灵,给予罪犯改造的精神动力。中国人一贯重视家庭与亲情,所以实践中"亲情探视""亲情教育"被当作监狱教育改造罪犯最主要的手段。所以监禁生活必须与外界保持某种程度的联系,因为社会的适当介入能有效地克服监禁所带来的弊端。在监狱管理工作中,狱警深刻感受到,一些罪犯在获得了社会的支持或与家人的见面抑或被害人的谅解后,心理状态和精神面貌会有很大的改观,生活的信心倍增,社会责任感与义务感也明显增强。

3.从我国传统文化以及现行法律、政策的角度

我国几千年的发展,一直遵循的是家庭、社会和国家的传统结构。家、社会、国家三者密不可分,紧密相连。国家对罪犯的管理也必须融合家庭、社会、监狱等各种力量,以促进家庭的幸福、社会的和谐与稳定、国家的发展。中国传统法律文化博大精深,其核心是以儒家思想为代表的"礼治""仁政""德治",典型特征是强调"礼法合一""德刑合一""德主刑辅",主张以礼治国,以礼来调整各种社会关系,规范社会成员的行为。具有鲜明中国特色的法律思想在当今中国的法治建设中不断被强调或重新再利用。以对罪犯的改造为例,通过潜移默化、润物细无声的"礼治""仁政""德治"途径,对罪犯产生影响。这种影响是无形的,但是它也是无所不在的、深刻的,在某种程度上影响的效果是法律疾风暴雨式的改造所无法替代的。实际上,我国对罪犯的改造,一贯坚持"惩罚与改造相结合、教育和劳动相结合""教育、感化、挽救"的原则以及"宽严相济"的刑事政策。如《中华人民共和国监狱法》(以下简称《监狱法》)第3、4条强调并明确了"惩罚与改造相结合、教育和劳动相结合""教育、感化、挽救"的原则,并强调通过生产劳动、思想教育、技术教育、文化教育等手段将罪犯改造成为守法公民。但无论从刑罚的制定还是行刑的实践来看,"重刑主义"观念的体现依旧非常明显。因而,监狱的社会化变革既有利于纠正司法实践中的报应刑主义、重刑主义的观念,使之回归法律原旨,又是对完善中国特色的刑罚执行制度的有益探索。

4.从行刑效果的角度

绝大多数监狱自成一个封闭的小社会,几乎与外界隔绝。监禁让人联想到的主要特征就是紧锁的大门、电网、铁门,高度的警戒、严格的秩序以及沉默的囚犯等。显然,监禁会阻断罪犯与外界的相互影响和交流。美国著名犯罪学者格雷沙姆·塞克斯在《囚犯社会》一书中论述了"监禁痛苦"。他认为,监禁给被监禁的罪犯造成五大痛苦:自由的剥夺、异性关系的剥夺、自主性的剥夺、物质及受服务的剥夺、安全感的丧失。监禁刑内容及执行方式不符合人道精神、违背人性集中体现于这五个方面的"监禁痛苦"。正是因

为监禁存在上述不可避免的弊端，人类社会一直在小心翼翼地处理封闭的监狱与开放的社会之间的关系，并力图实现两者的相互促进。我国监狱一般都戒备森严，有着电网、高墙以及荷枪实弹的警卫，罪犯一旦入监，家人难以与他们再见一面，罪犯与家人的沟通出现"家书抵万金"的困境。罪犯，特别是被长期关押的罪犯，刑满释放后发现社会变化太快，一切物是人非，完全跟不上时代的发展。因犯罪导致家人仇恨、长期的分离和无法履行家庭责任，使得亲情淡漠，以及工作无着落等，因此大多数罪犯对未来的生活充满了担忧与不安。一些罪犯在刑满释放后无法融入社会，自暴自弃，时常与昔日的"狱友"纠集在一起，"抱团取暖"，甚至再次走上犯罪的道路。罪犯的"再次犯罪率"（指罪犯刑满释放后再次犯罪）在一定程度上反映了监禁改造的效果不容乐观。

监狱的社会化变革在路径选择上是双向的。一方面，监狱对外开放，吸收社会力量，尽量使监狱的行刑环境与社会环境保持一致；另一方面，让符合一定条件的罪犯在监狱外服刑，以减少监禁的弊端带来的影响，节省司法开支。

二、社区矫正进入中国的步伐

社区矫正虽然源于外国，但在中国也并不是毫无基础。早在 1932 年，我国就设立了劳动感化院，当时主要设置在省、县两级。1954 年颁布的《劳动改造条例》也规定，对于病势严重需要保外就医的罪犯，可以准许取保监外执行。当时的保外就医由公安机关决定并执行。经过几十年的发展，我国的刑法、刑事诉讼法、监狱法以及相关的刑事执行法律都规定了缓刑、假释、监外执行、离监探亲等制度，这些制度构建了社区矫正实施的保障性条件。

与西方国家相比，我国社区矫正制度发展较晚。直至 2003 年 7 月 10 日，我国的社区矫正工作才正式启动。拉开我国社区矫正帷幕的是最高人民法院、最高人民检察院、公安部、司法部联合发布的《关于开展社区矫正试点工作的通知》，此次改革选择在山东、浙江、江苏、北京、上海、天津六省（市）开展社区矫正试点工作。两年的改革试点，取得了一定的成果，积累了一定的经验。2005 年 1 月，扩大试点范围，将内蒙古、黑龙江、河北、安徽、湖北、湖南、贵州、四川、重庆、广西、广东、海南十二个省（市）列为第二批开展社区矫正的试点地区。由于改革中社区矫正良好的发展势头和取得的突出成果，2011 年《中华人民共和国刑法修正案（八）》将社区矫正正式写入刑法，这是对社区矫正试点七年以来成果的全面肯定，也是我国在行刑社会化发展中的一个里程碑。2012年3月1日,《社区矫正实施办法》开始施行,社区矫正制度在我国全面实施。2012年3月14日,《中华人民共和国刑事诉讼法》修订,此次修订的重大亮点是将"人权保障"写入刑事诉讼法,并明确规定了社区矫正的条件、对象、执行机构等具体内容。此后,《中华人民共和国社区矫正法》列入国家的立法计划。2016年12月《中华人民共和国社区矫正法(征求意见稿)》正式在国务院法制工作办公室公开征求意见并系统刊登。在众多学者、实务人员的千呼万唤之下,社区矫正法作为国务院的立法计划终于付诸实践。2019年12月28日,十三届全国人大常委会第十五次会议通过了《中华人民共和国社区矫正法》(以下简称《社区矫正法》)。《社区矫正法》的最终通过是对十多年来社区矫正工作成果的立法表达,是社区矫正工作发展中的标志性事件。此次社区矫正国家立法具有务实性、开放性、引领性,将开启我国社区矫正法治化的新时代,也是我国国家治理体系和治理能力现代化的一项重要举措,更是在社区矫正的国家立法上贡献了中国智慧。

三、关于社区矫正:我们还有很多工作要做

美国学者巴特勒斯曾指出,社区矫正的任务包括在罪犯与社会之间建立一种密切关系,使其恢复与社会、家庭的联系。自2003年起,中国行刑社会化改革一直在进行各种尝试。其间有过争议、反复、阻力、困惑,但行刑社会化的方向与趋势始终坚定不移。当前中国监狱制度改革的症结即处理监狱的"封闭性"与"社会性"的问题。显然,社区矫正制度为监狱制度的改革提供了一个很好的思路。毫无疑问,每个人都必须生活在一定的社会关系中,离开了社会将无法生存。罪犯也不例外,除了终身监禁的罪犯,其他罪犯最终必须回归社会,成为社会的一分子。如何让罪犯真正融入社会,在监狱与社会之间搭建有效沟通的桥梁(让监狱走向社会,让社会在监狱工作中发挥应有的作用)应是自社区矫正制度建立后行刑社会化研究的重点课题。社区矫正措施是本次行刑社会化改革的重要成果。然而,这还只是一个理想与目标。欲将理想与目标转化为社会现实,实现立法的初衷,还有大量的工作要做。社区矫正并不是万能的,如不能很好地加以控制利用,社区矫正也将会步入一个危险的境地。因为倘使社区矫正方案为刑事司法人员所不当或过度适用,那么基本的司法正义即可能被危及而无从实现。实际上,如何在惩罚与罪行之间寻找一个平衡点是相当重要的。我国在建立与发展社区矫正之初,为防范制度被滥用,必须对社区矫正制度加以规范。

经过十多年的摸索,我国社区矫正的模式已经基本成形,但由于受到历史传统、政治体系、文化观念、公民素质等诸多因素的影响,社区矫正制度在

实践过程中暴露出来的问题也不少。如在立法层面：社区矫正的执行主体权责不明，协作不够；社会组织、社会力量参与社区矫正的渠道不畅通。在执法层面：经费缺乏，机构设置以及人员专业化水平不足；矫正措施单一，"漏管""脱管"问题严重。在宣传方面：社区矫正宣传力度不够。社区矫正这一新生事物，群众认知度低，还比较陌生，对将应该在监狱服刑的罪犯转移到社区服刑，或多或少存在着不安与担心，甚至对社区矫正存在抵触心理。从整体上来看，社区矫正的诸多措施较为凌乱、随意，全国尚未形成成熟的模式以及良好的氛围。此外，由于全国各区域的发展不平衡，各地对社区矫正的执行存在较大差异。正如有学者所言，社区矫正制度被看作我国刑事司法制度的"舶来品"，在本土化过程中反映出诸多问题，该制度仍处于探索阶段。①

　　国内有关社区矫正的理论研究起步较晚，研究成果从整体上来看显得较为单薄、粗糙。以对社区矫正的概念界定为例，立法以及学界缺乏权威、科学的表述。官方首次使用"社区矫正"这一概念是在 2003 年 7 月 10 日颁布的《关于开展社区矫正试点工作的通知》中。这一法律文件将社区矫正界定为：社区矫正是与监禁矫正相对的行刑方式，是指将符合社区矫正条件的罪犯于社区内，由专门的国家机关在相关社会团体和民间组织以及社会志愿者的协助下，在判决、裁定或决定确定的期限内，矫正其犯罪心理和行为恶习，并促进其顺利回归社会的非监禁刑罚执行活动。已通过的《中华人民共和国社区矫正法》也未直接、正式界定社区矫正的概念。《关于开展社区矫正试点工作的通知》对社区矫正概念的界定，明显存在以下不足：第一，在官方的定义当中，把适用对象界定为符合矫正条件的罪犯，这种界定有不妥之处。定义项中包括了被定义项，违反逻辑学中不可循环论证原则。对此，我认为把"符合社区矫正条件的罪犯"的表述改为"符合法定条件的罪犯"更加妥当。之所以要把该表述改为"符合法定条件"，是因为矫正的适用对象属于犯罪与刑罚事项。根据相关法律对犯罪与刑罚事项的规定，它属于基本法律绝对保留事项，必须经全国人民代表大会对相关事项加以规定。对于适用对象的界定主要规定于我国《刑法》《刑事诉讼法》中。此举也有利于扩大社区矫正适用对象。第二，官方定义把社区矫正的目的界定为"促进其顺利回归社会"，这种界定方式存在不妥。当下，相关法律已经把它的适用对象限定于判处管制、宣告缓刑、假释、监外执行的范围，然而，在讨论"回归社会"的论题时，所针对的对象都是刑满释放人员。从社会学的视角观察，回归社会指的是改变人原有的价值体系和世界观，引导其接受新的价值观

---

　　①　张绍彦：《社区矫正的现实问题和发展路向》，《政法论丛》，2014 年第 1 期。

和行为模式。但是,从社区矫正的目的看,其在改变罪犯原有价值体系和行为模式的同时,也更注重犯罪者能否再次为社会所接纳。因而,此处可修改为"矫正其犯罪心理和行为恶习,并为其再次被社会接纳提供帮助"。第三,非监禁刑罚执行活动与社区矫正之间存在类属与种属的关系,此举存在不妥。对于"非监禁刑罚执行"的理解存在着两种不同的情形:其一为执行相关的刑罚不需要对犯罪者加以监禁,其二为执行不需要对犯罪者予以监禁的刑罚。对于前者,其理解较为准确,因为其强调不剥夺自由的刑罚执行、监禁刑变更为监外的不剥夺自由状态的刑罚执行。[①] 但是,如果理解为非监禁刑罚的执行则存在不妥。一方面,虽然缓刑属于社区矫正的适用范围,但它并不等于非监禁刑罚,而是属于在规定期限内没有犯罪或者没有发现新罪则对于原判刑罚不予以执行的制度。另一方面,宣告缓刑、假释、暂予监外执行都不属于刑罚种类,它们只是监禁刑罚的替代制度或者变更执行制度。因此,它们并不属于非监禁刑罚。如果在社区矫正的定义中,把它们纳入非监禁刑罚,则会违反罪刑法定的原则。对此,较为适当的做法就是把"非监禁刑罚执行"的表述改为"刑罚执行"。

可以预见,在中国自上而下地实施社区矫正会遭遇各种各样的困难,对此我们必须做好充分的准备。只有充分发挥社会力量,建立和盘活良好的系统关系,并有效地激活各个主体的能量,才可能促使社区矫正取得适应性的长足发展,进而成为一种完备的社会管理制度以及社会教育模式,从而在中国稳稳扎根。

第三节　社区矫正生态系统的构建与多元化主体的参与

一、系统论为研究人与人、人与系统的关系提供了新的视角

1. 从系统论到生态系统论

系统论被喻为"当代的思想范式",是 20 世纪六七十年代从生物学领域引进社会学的一种研究方法。人们在以往的研究中时常着眼局部,并遵循单项因果决定论。直至 L. 贝塔朗菲(L. von Bertalanffy)在 1968 年出版了专著《一般系统理论基础、发展和应用》(*General System Theory:Foundations,Development,Applications*),实现了人类思维方式的深刻变化,由此也确立了系统论的学科地位。

---

① 王顺安:《社区矫正理论研究》,北京:中国政法大学,2007 年,第 15 页。

　　系统论是具有逻辑和数学性质的一种研究方法，它通过研究单个系统的规律、结构以及所有系统的共同特征、一般模式，用数学的方法来描述系统的功能与特征，以达到寻求适用于所有系统的原理、原则、模式的目的。将系统论融入社会学、生态学的知识体系，形成一种全新的基础理论——社会生态系统理论（society ecosystems theory），通常被简称为生态系统理论（ecosystems theory）。生态系统理论是系统论的一支，它兼具一般系统的特征，但它更是一个开放的理论系统，在不同的发展时期融合了很多不同的理论。生态系统理论的早期传统可以追溯到 1859 年达尔文提出的进化论。19 世纪后期英国的社会调查研究和 20 世纪 30 年代美国的生态学派均可看作其思想渊源。1935 年，英国生物学家阿瑟·乔治·斯坦利受植物学家的影响，对生态系统进行了深入的调查，首次提出社会生态系统的概念。20 世纪初期，玛丽·埃伦·里士满（Mary Ellen Richmond）和劳拉·简·亚当斯（Laura Jane Addams）[①]等学者提出的"社会处遇""人在情境中"等观点、理论，奠定了社会生态系统理论的基础。20 世纪 80 年代杰曼和吉特曼提出了"生命模式""生活模式"，并将其作为一种社会工作的实务模式的理论依据。在上述研究基础上，查尔斯·扎斯特罗（Charles Zastrow）等人将社会生态系统理论的研究推向繁荣。

　　2. 生态系统论的核心观点

　　生态系统论为社会研究提供了一个"人在情景中"的全新视角，因此更加形象生动地描述了个体与其他人以及整个系统之间的关系。查尔斯·扎斯特罗指出，每个人（包括社区矫正人员）生存在一个由系列关联因素构建的生态系统中。整个生态系统的环境由宏观系统、中观系统、微观系统三个层次组成。其中，宏观系统则是指规模较大一些的社会系统，比如国家、社区、机构和行业组织。中观系统是一种生物的社会系统类型，实质上更是一种社会的、心理的社会系统类型，是指小规模的群体或组织，比如家庭、工作单位或其他社会群体。微观系统，则是指个人系统，比如矫正对象、处在社会生态环境中的每个独立的个体、表层。[②] 宏观、中观、微观三个系统并不是彼此孤立存在、静止不动的，而是时时刻刻处于相互影响、相互作用的动态发展中。在社会生态环境中，微观系统与中观系统相互作用与影响非常

---

　　① 刘振、徐永祥：《专业性与社会性的互构：里士满社会工作的历史命题及其当代意义》，《学海》，2019 年第 4 期。

　　② Charles H. Zastrow &Karen K. Kirst-Ashman: *Understanding Human Behavior and Social Environment*, Sixth Edition, Thomson Brooks Cole, 2004, P12.

明显。毫无疑问,每个个体的行为会受到原生家庭的深刻影响,甚至一生都无法克服。个体也会受到交往较为密切的同学、同事等其他小规模群体的影响。个体行为对于这些系统也会产生重要的反作用。微观系统也不可避免地会受到宏观系统的影响。比如宏观系统中的机构、制度、习俗、社区、文化都会对个体或直接或间接地发挥作用。① 图 1.1 形象生动地描述了每个人所处的生态系统分层及相互作用。

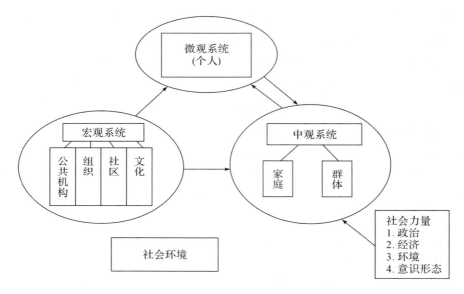

图 1.1 生态系统分层及相互作用

布朗芬布伦纳作为一个心理学家,通常被当作将生态系统观点应用到人文社会科学领域的第一人。布朗芬布伦纳将生态系统分为五个环境层次:微观系统,指个体直接生活的环境;中观系统,指各微观系统之间的联系;外围系统,个体不直接作用但外围系统可以通过作用于微观系统从而影响整个个体的发展;宏观系统,指存在于以上三个系统中的文化、亚文化与社会体系;时间系统,或称历时系统,指研究个体成长过程中不同时间节点的心理变化的参照体系。杰曼和吉特曼进一步发展了布朗芬布伦纳的理论,他们提出的"生命模式""生活模式"建立在生态比喻基础上,强调环境、行动、自我管理与身份认同,指出了人们相互依赖并与环境互依互惠,社会工作的目标就是要增强人们与环境之间的适应度。

① 师海玲、范燕宁:《社会生态系统理论阐释下的人类行为与社会环境——2004 年查尔斯·扎斯特罗关于人类行为与社会环境的新探讨》,《首都师范大学学报》(社会科学版)2005 年第 4 期。

从国内学者的研究来看，一般认为，系统由要素集合与关系集合组成。"要素"是系统中的有形构成，是指组成系统的个体元素或子系统。要素或子系统的来源决定了系统的特性。如果要素具有多元性、层次性，那么系统就会呈现多样性、复杂性和层次性。"关系"是系统中的无形构成，是指系统内部各要素之间、子系统之间、要素与系统之间、系统与系统之间的联系。"关系"决定了系统内的具体结构形态，良性的关系可以激发系统的功能，实现"整体大于部分之和"的功效。"集合"则是指系统的要素以及建立在要素之上的系统关系所形成的多元性和层次性。① 系统内各要素之间以及子系统之间彼此联系、相互渗透、相互交叉，形成一个复杂的网络。系统为了维持自身的发展，必须有能量的流动和交换，反映到社会生活中，能量主要是指情感、信息、需求、物质等满足人类生存、发展的资源。系统内部以及系统间能量的流动通常要经过四个环节：输入—流程—输出—反馈。正是通过能量的流动与互换，才能使各要素以及系统自身充满活力，否则，各元素会萎缩，系统会走向毁灭。

3. 系统论对法学研究与实践的启迪

查尔斯·扎斯特罗在他的经典著作《理解人类行为与社会环境》中阐述了社会生态系统如何对研究者、工作者产生影响的模式（the system impact model，SIM）（见图 1.2）。

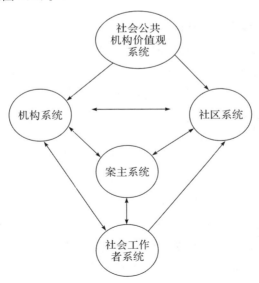

图1.2　社会生态系统对研究者、工作者的影响模式

① 陈建清：《社区矫正系统研究》，《湖南科技学院学报》2013 年第 6 期。

生态系统论的研究成果为当前法学理论研究与实践改革提供了一种全新的理论框架和实践范式。在法学理论研究方面，必须注重从宏观的角度去理解"人类的社会功能"，以系统全局的角度和宽阔的视野为开展理论研究的逻辑起点。这样，法学理论的布局以及各种理论之间的关系都必须遵守系统和谐共处、能量守恒、相互依存的关系，避免理论研究的"断裂""真空"抑或矛盾的出现。生态系统理论着力解决实际问题，其主要目标是提升人们适应社会环境的能力，科学、合理地影响环境，实现人与环境的良性互动。法治社会的建设正是一个建设法治环境、规范各主体之行为的进程。在法治系统之下，各项改革的开展以及措施的安排要从改变人与系统环境的关系入手。我们必须正确、全面地评估系统中存在的对主体不利的消极因素以及对主体起促进作用的积极因素，然后制定有效的方案，抑制消极因素，激活积极因素，促使系统更好地满足人们的需要。具体到社区矫正，更是具有最直观、贴切的指导意义。研究社区矫正对象违法犯罪后的根本问题，主要在于他们社会正常功能的缺损，如与社会关系支持网络的联结和自身的联结异常。如何重建或者恢复这一受损的生态系统？矫正工作以其预防、康复、发展功能来解决这些问题，从某种程度上说，社区矫正是修复受损社会功能的"黏合剂"。在整个矫正过程中，矫正工作以多种形式对矫正对象（微观系统）、家庭（中观系统）、社区（宏观系统）等产生影响，建立良好的案主系统生态环境。

搜索中国知网，输入关键词"生态系统论"或"系统论"，以"生态系统论"或"系统论"对社区矫正展开研究的非常稀少，仅有 4 篇论文，分别是：《社会生态系统理论视角下的社区矫正与和谐社区建设》（付立华，《中国人口、资源与环境》2009 年第 4 期），《社会生态系统理论在违法犯罪青少年矫正教育中的应用——以在 HD 区人民检察院开展的社会工作实务研究为例》（李柯，首都师范大学 2011 年硕士学位论文），《浅析社会生态系统理论下社区矫正的社会工作介入》（苗志超，《内蒙古农业大学学报》（社会科学版）2012 年第 6 期），《系统视角下的青少年社区矫正社会工作研究》（闫一石，中国社会科学院研究生院 2012 年硕士学位论文）。对全国社区矫正工作的调研发现，以"系统"为项目名展开建设的系统有：社区矫正管理系统、社区矫正信息系统、社区矫正社会支持系统、社区矫正监督管理系统、社区矫正定位系统等，上述项目都只是社区矫正生态系统中的一个子系统，或整个大生态系统中的一项技术、措施。当前，要做的是在生态系统理论的支撑下，将上述子系统连接起来，始终将矫正对象与其所生活的环境作为一个完整的整体和一个有机的系统来对待，并遵循"人在情境中"的基本理念，通过改善环境以及提升系统服务,来解决个体的问题、满足个人的需求。与传统的行刑矫正方式相比,社区矫正通过非关押的社区服刑能有效减少这一特殊群体回归社会的阻滞,帮助矫正对象快速融入正常的社会生活,促进家庭、社区与社会的和谐发展。①

二、社区矫正生态系统的生成与运行

查尔斯·扎斯特罗强调生态系统中的各要素是相互影响的,他举了一个 16 岁女孩的例子。因为受到家庭的重大影响,女孩与其他家庭成员之间的关系紧张甚至破裂,因而选择离家出走;而她的离家出走,会导致她的家庭成员之间的关系再次发生重大变化,如父母的伤心绝望、兄弟姐妹的指责或愤怒、亲人的忧虑等。这个案例与青少年犯罪之后的社区矫正所遭遇的情形有着惊人的相似。因此,在很大程度上我们可以将前人有关生态系统的研究成果,运用到社区矫正工作中,开阔研究视野,从而为当前我国的社区矫正的实施打开一个新的思路。

1. 社区矫正生态系统的生成

每个人都生活在以自己为中心的社会关系系统中,所以,每个人都是以自己为出发点和目的地的各种社会关系的总和,犯罪后的服刑人员也不例外。任何一次犯罪,都是因为行为人的心理、思维模式、价值观等发生了偏离,所以无法以正确的态度对待社会上的人和事,此时,以行为人为中心的社会关系已处于异化的状态。一旦实施犯罪,行为人的社会关系系统真真切切地被打破甚至颠覆。但基于人权、监禁的弊端等多种因素的考虑,不关押行为人,而是将其继续放在原来生活的社区进行监督改造即为社区矫正。关押、监禁这种相对简单的改造手段所产生的生态环境相对简单、封闭,参与主体较少,社会关系较为单一。社区矫正却较为特殊、复杂,因为虽然同样还在这个社会里,但是由于行为人此时所处的社会关系已经支离破碎,社会情感较为敏感,行为人意欲在这一生态系统中获得平衡有较大的难度。

以矫正对象为中心,将形成一个特殊的生态环境,我们姑且称之为社区矫正生态系统。何谓社区矫正生态系统? 查看所有的文献与参考资料,基本没有直接界定这一概念的文献。但是相关的概念可以给我们一些启示。如,对社区矫正系统的界定:一般认为,社区矫正系统是指由矫正主体、矫正对象、矫正活动、矫正资源、矫正规范等要素组成的一个开放式的罪犯矫正

---

① 付立华:《社会生态系统理论视角下的社区矫正与和谐社区建设》,《中国人口、资源与环境》2009 年第 19 卷第 4 期。

系统。① 此外,有些研究成果也间接地论述了生态系统理论与社区矫正的融合,指出在社区中,矫正对象并非完全独立于系统,而是和与他有关的外在环境息息相关。如果要达到矫正的预期目标,就必须把矫正对象在不同的层面遇到的问题放到不同层面的系统中去解决。必须开阔视野,解决上述问题,要跳出微观系统之外,充分利用社会网络的外在支援。② 面对社区矫正对象遇到的问题,应从不同层次介入,从微观系统(案主)、中观系统(家庭、单位及社区等)、宏观系统(如政策支持、群众认可等)寻求解决方法,最终达到增进案主回归社会、融入社区能力的目的。③

综上研究,本书尝试给出一个较为合理的社区矫正生态系统研究的定义,即以矫正对象为中心形成的,由国家机关、社会组织、个人以及其他主体共同参与、相互作用,以帮助矫正对象恢复社会关系、顺利回归社会为目的的生态系统。

社区矫正系统带着自身的使命,因而其产生、发展、变化,与一般的生态系统相比,具有自身的规律与特性。

(1)整体性。所有的生态系统都存在于一定的时空范围。在特定的时空范围内,多元主体以自己的方式建立较为稳定的网状联系,从而形成相对稳定、闭合的系统。社区矫正生态系统由各参与主体围绕矫正对象,通过能量和信息的交换,相互作用、相互影响,共同形成一种统一的整体。系统的整体性研究为社区矫正的结构布局、资源配置、模式重建提供了现代化理念,促进社区矫正生态系统整体合力的形成。

(2)特殊性。与一般的生态系统不同的是,社区矫正生态系统主要是以人的行为与活动来构建的,它所营造的是一种人文生态环境。该系统参与主体、行为方式、目标、手段、措施都具有明显的特色与风格。

(3)复杂性。犯罪与人性,目前在刑事法学的研究中依旧是重点、难点。关于犯罪的动机、原因、心理、阻断等,在研究中仍然存在诸多困惑。因此,犯罪后的教育与改造是一个需要长期探索的事业。社区矫正处于一个开阔的行刑环境,如何在正常的社会关系中教育改造矫正对象而不伤害其他人的生活环境,似乎是一项更为复杂的工作。

(4)层次性。系统中不同的层次都存在着相关的指标,并因此形成了一

---

① 陈建清:《社区矫正系统研究》,《湖南科技学院学报》2013 年第 6 期。

② 付立华:《社会生态系统理论视角下的社区矫正与和谐社区建设》,《中国人口、资源与环境》2009 年第 19 卷第 4 期。

③ 苗志超:《浅析社会生态系统理论下社区矫正的社会工作介入》,《内蒙古农业大学学报》(社会科学版)2012 年第 6 期。

个复杂的层级系统以及相应的指标体系。① 社区矫正生态系统也是由若干个子系统建立起来的，且每个系统的运行模式、评价体系各不相同。如包含社区矫正的启动决定系统、运行系统、社会支持参与系统、执行管理系统、监督系统等。

（5）开放性。系统的开放性是指系统内的每一个主体与其他主体、系统环境之间，可以通过信息、能量、资源等要素的传递与交换，相互作用、相互影响。② 社区矫正最大的特色是非关押，矫正对象继续在原来的环境中生活、工作、学习，只是对其活动行踪进行一定的限制。因此，社区矫正生态系统是一个开放式系统，主体间能量和信息的传递是相对自由的，相互作用和影响也是较为直接的。

（6）互动性。每一个生态系统都有一定的生物种群与其栖息的环境适应结合，并时时进行着物种、能量、物质的交流。在相对稳定的条件下，系统内各组成要素的结构、状态、功能处于动态的协调之中。在社区矫正生态系统中，矫正小组、学校、社区、单位等主体对矫正对象的帮助、监督、鼓励、支持，会被矫正对象体会和感受，并最终通过矫正效果反馈到社会关系中，促进社会关系的良性发展。反之，如若采用冷漠、歧视、暴力等负面的情绪对待矫正对象，会进一步启发矫正对象自暴自弃甚至报复社会的负面潜能，最终也会导致社会关系发展的恶性循环。

2.社区矫正生态系统的功能

功能，通常是指对象能够满足主体某种需求的属性，这种需求包含现实需求以及潜在需求。生态系统的基本功能包括：能量流动、物质循环、信息传递。社区矫正生态系统以自身的方式演绎并衍生出了如下具体的功能。

（1）能量的流动。能量流动是生态系统的重要功能。能量流动是指生态系统中能量输入、传递、转化、散失的过程。在生态系统中，可以通过能量流动来实现主体间、主体与系统间的密切联系。系统内的能量流动分为正能量流动与负能量流动，单向流动与双向流动。任何系统都是由错综复杂的网络关系构成的，并且自身也处于复杂的系统网络关系之中。主体间能量的流动正是通过网络结构来进行的。马克思主义法学理论承认贫穷是犯罪的诱因之一，实践中因贫穷引发的犯罪也的确屡见不鲜。不管是否直接源于贫穷，不可否认的是大多数犯罪者本身也是弱势群体，他们通常在物质、精神、能力、身体等方面存在缺陷。而当能量网络传递出现断层，或者接

---

①　孙东川、林福永：《系统工程引论》，北京：清华大学出版社 2004 年版，第 5 页。

②　苗东升：《系统科学精要》，北京：中国人民大学出版社 2006 年版，第 27 页。

收到负能量的传递,这些抵抗力较差或本身存在缺陷的潜在犯罪者,就顺势走上了犯罪的道路。所以,犯罪不仅仅是犯罪者个人的原因,同样有来自社会的诸多原因。能量网络中,能量的传递一般是双向或多向的,且这种传递是无法阻止的。因此,在社会矫正生态系统中,必须通过制度建设、文化培养等多种手段,挖掘正能量的来源,并通过顺畅的渠道,推动正能量的流动。

(2)资源整合。传统的行刑模式——监禁,主要依靠监狱、警察等国家暴力机构的力量来教育、改造服刑人员。其资源单一、狭窄,影响了改造的效果与质量。选择将服刑人员放在社区进行矫正,在很大程度上是考虑依靠以社区为聚焦点的社会资源,包括官方的力量、民间的力量、社会的力量。社区矫正的目标就是依托社区这样一个良性的社会平台,通过分析矫正对象在不同系统(微观、中观、宏观)中社会关系是否受损,以及具体存在的问题,然后根据问题的不同,从不同的层面,利用国家机关、社区、家庭、单位、公共机构等社会资源,综合运用网络影响模式,从不同角度向矫正对象提供正向的影响,帮助矫正对象找出解决问题的方法与路径,从而使矫正对象与其他主体之间的社会关系更加和谐与流畅。

(3)社会控制。人类社会生活的一个重要特征就是群体性,由此也决定了人们之间必然会建立这样、那样的各种关系。每个个体以自我为中心,向四周辐射,因此形成了自己的社会关系网络。社区矫正生态系统内的社会关系网络对于改造矫正对象、抑制其再次犯罪具有明显的控制效果。一般来说,这种改造与抑制效果受社会关系网络的紧密程度影响,关系越强,效果越明显;关系越弱,效果越差。犯罪学研究的成果表明,其实每个人都是动物,有犯罪的欲望与冲动。但是人之所以不犯罪,是因为他在乎周围的社会关系对自己的评价,不想因此破坏与同事、邻居、家人等主体的社会关系。如果他什么也不在乎,或者根本没有稳定的社会关系来束缚他,他就会放任自己的行为,为所欲为。所以,成熟、稳定的社会关系网络对犯罪发生的抑制以及服刑人员的改造都会有促进作用。调查研究表明,流动的"陌生人社会"犯罪率一般较高,因为社会关系的流动状态,所起到的束缚作用较弱。反之,相对稳定的"熟人社会",如村庄、社区等,关系稳定,大家知根知底,无形中形成一种强大的控制力量,所以犯罪率较低。社区矫正以矫正对象长期工作、生活的熟悉的场景为依托,形成较为稳定的、良性发展的社会关系网络,从而对矫正对象产生无形的约束作用。

(4)服务功能。生态系统服务功能的概念在20世纪70年代初被提出。此后,各国学者做了大量关于生态系统服务功能的研究,并取得重要成果。所谓生态系统服务功能,是指自然生态系统在按照自身规律运转的过程中,为人类的生存和发展提供了相应的产品、服务、资源和环境。[①] 生态系统给人类提供了关于自然资源以及生存环境等多种服务功能,这些服务功能是人类社会可持续的基础。显然,生态系统本身及其服务功能的研究都主要源于自然科学领域。随着系统学的研究方法与社会学、管理学、法学等人文社会科学的深度融合,关于系统或生态系统的诸多研究成果也被应用到相关领域,并取得意想不到的效果。社区矫正生态系统确实可为矫正对象以及其他主体提供各种现实的服务。以对矫正对象的服务为例,主要包括提供就业培训、提高劳动技能、咨询、安排就业;为无家可归的人提供临时住宿;心理辅导以及精神安抚;疏通、调解家庭成员之间的关系等。这种服务既包括物质层面的,也包括精神层面的。对其他群体服务而言,如果社区矫正生态系统运行良好,将会理顺社会关系,解决社会矛盾,为社会的和谐发展打下基础。显然,社区矫正生态系统的服务功能与自然界生态系统的服务功能在实质上并无差别。

三、社区矫正生态系统中的多方参与

在中国的乡土社会中,亲疏远近的社会关系构成了中国传统社会结构的一个面相,这被当代社会学大家费孝通称为"差序格局"。在差序格局中,社会关系是逐渐从一个、一个人推出去的,是私人联系的增加,社会范围实质上是一个个私人联系所构成的网络。[②] 梳理社区矫正系统的多个参与角色或者要素,如图 1.3 所示,分别由决定主体、监督主体、执行主体、被执行对象等构成。

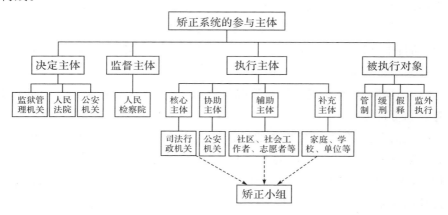

图 1.3　社区矫正系统参与主体

① Costanza R,D'Arge R,Groot R,et al.:*The Value of the World's Ecosystem Services and Natural Capital*. Nature,1997,38(15):253-260.
② 费孝通:《乡土中国》,北京:生活・读书・新知三联书店 1985 年版,第 32 页。

　　根据各主体与矫正对象的远近关系以及直接影响力的大小强弱,社区矫正生态系统同样可分为三个相互作用的子系统:微观系统,主要指矫正对象本身;中观系统,主要包括与矫正对象有着较为密切关系的家庭、社区、单位、学校、村(居)民委员会、社区矫正的执行主体、志愿者等单位或个人;宏观系统,主要包括国家、公共机构、社会环境与制度、公共组织等。

　　(1)在社区矫正生态系统中,矫正对象作为微观系统处于核心地位。

　　一切的工作、制度、措施都必须照顾矫正对象的感受、需求、情绪,矫正对象既是生态系统关系的发源地,也是归宿地。由于社区矫正的对象实施的犯罪行为曾经对他人和社会造成过伤害,由此导致社会对其充满了歧视甚至敌意,彼此之间的关系多为消极或负面的。矫正对象或许因此也会心理异化,或过于自卑,或过于自傲,或仇视社会,或回避一切,或自我否定。这些非正常的情绪都会阻碍社会关系的修复,影响他们真正地回归社会。

　　(2)家庭、社区等主体是中观系统中的具体联结点。

　　家庭、社区等主体是中观系统中的具体联结点。在社区矫正生态系统中,其他主体对矫正对象应当通过各种手段进行鼓励、支持、协助,整合社会资源,引导矫正对象认清自己,树立起回归社会的信心;中观系统是具体联结点,直接对微观系统发生作用,同时,微观系统对中观系统的反作用也最直接。社区矫正生态系统中,矫正对象与周围的社会生活环境是相互依存的,矫正对象只是其中的一个单独子系统,矫正对象之外还同时存在其他单位与主体,如矫正的决定主体、监督主体、执行主体、生活社区、家庭等。各主体之间及各个层级系统之间,通过个体或整体发生作用。一种要素发生变化,必然波及其他要素。对服刑人员的矫正,应从大的社会生态系统出发,动员来自社会各个方面的力量,形成社会支持网络,整体形成合力,去解决社区矫正对象在不同层面的系统中的问题。

　　(3)国家、社会构建的宏观系统是背景,事关社区矫正生态系统的长期建设和可持续发展。

　　表面上,宏观系统与个体的社区矫正生态环境距离较远,似乎影响不大。实际上,这种影响却是潜移默化、根深蒂固的。一个国家良好的法治环境、各项权利的有效保障是一个系统赖以生存、发展的基础和前提。国家作为社区矫正生态系统中最大的参与者,应建立完善的制度保障。同时,通过文化引领,形成全社会对矫正对象包容、接受的理性氛围。公共组织与机构应尽力为矫正对象提供就业指导、工作介绍等。全社会应以一种包容、理性、从善的心态,加入社区矫正生态系统,向系统输送更多的正能量,促进系统的良性循环和持续发展。

（4）社区矫正生态系统中的微观系统、中观系统、宏观系统三者之间直接或间接发生作用,相互触动。

从系统的运行效果来看,如果彼此间的互动是良性的,社区矫正的实施就会产生 1＋1＞2 的效果,反之,效果就是断裂的,甚至会产生新的社会矛盾。此外,在系统中,矫正对象与各个系统之间的关系是动态的、变化的,社区矫正必须根据个体在不同时期所处的社会关系的典型特征做出反应,并针对差异探寻解决问题的不同路径。

第二章　珠三角社区矫正生态系统现状扫描

第一节　调查研究的背景与思路

一、背景

1."先试点、后立法"的立法模式需要充分调研全国社区矫正的实际情况

自 2003 年北京市社区矫正试点工作实施开始,社区矫正制度在我国的发展已经经历了 17 个年头。当前,社区矫正逐步在全国范围内覆盖。司法部公布的数据显示,截至 2016 年,全国现有社区服刑人员 70 万人,新接收48 万人,解除矫正 49 万人,社区服刑人员在矫正期间重新违法犯罪率一直保持在 0.2% 左右的较低水平,取得良好法律效果以及社会效果。[①] 2003 年至 2019 年间,全国累计有社区矫正对象 478 万人,仅 2019 年就接受矫正对象 57 万人。[②] 而我国预防刑释人员重新犯罪的全国考核标准为 3%,显然,我国的社区矫正与监禁矫正相比,已经显示出毋庸置疑的优势。中国无任何社区矫正的传统与制度基础,实施社区矫正一定会遭遇诸多意想不到的困难。因此,在制度设计和立法上,国家采取的是先试点后逐步推进,然后根据试点的结果提升立法范围和层级,在空间范围上,先是 2003 年在北京、上海、天津、浙江、山东、江苏六省(市)试点,2005 年又将河北、广东等十二个省(区市)列为第二批试点省份。鉴于改革中社区矫正良好的发展势头和取得的突出成果,2011 年,国家决定在全国实施社区矫正。在立法形式上,2003 年 7 月,最高人民法院、最高人民检察院、公安部、司法部联合发布了《关于开展社区矫正试点工作的通知》;2005 年 1 月,最高人民法院、最高人

[①] 熊选国:《2016 年全国新接收社区服刑人员 48 万人》,http://www. moj. gov. cn/index/content/2017-03/09/ content_7045523. htm? node=7379。

[②] 参见《社区矫正法助力长治久安》,http://www. moj. gov. cn/Department/content/2020-01/13/607_3239921. html。

民检察院、公安部、司法部联合下发了《关于扩大社区矫正试点范围的通知》；2011 年全国人民代表大会常务委员会通过了《中华人民共和国刑法修正案(八)》；2012 年全国人民代表大会通过了《关于修改〈中华人民共和国刑事诉讼法〉的决定》；2012 年 3 月 1 最高人民法院、最高人民检察院、公安部、司法部联合制定了专门的《社区矫正实施办法》；2019 年底《中华人民共和国社区矫正法》出台。显然，社区矫正立法的每一步走来，都是边探索、边总结、边立法，从而确保了社区矫正在我国的平稳推进。在《中华人民共和国社区矫正法》出台之际，学者们必须继续不辞劳苦对 17 年来的社区矫正状况进行调研、分析，为新法提供切实可靠的数据材料，使新法更具科学合理性，实施起来更接地气。

2.全国各地社区矫正生态环境存在极大的地域差异

由于粗放式的立法，各地在实施社区矫正时可以说是各尽所能，由此形成了形式多样的社区矫正地域模式。通过查阅中华人民共和国司法部官网，当前各区域的特色与亮点有：四川严格落实"一人一矫正小组"制度，推进"4＋X"矫正小组建设("4"为司法所专职人员、社区民警、专职社工和志愿者，"X"为社区服刑人员家属或工作单位人员或社区工作人员或网格员)；上海市推动专门社会组织提供专业帮扶服务；江苏专职社工与社区服刑人员配比达到 1∶10；湖南将政府购买社区矫正社会服务纳入县(市、区)综治考评；河北落实企业安置社区矫正人员税收优惠政策；广东探索共青团参与社区矫正模式；安徽省创新社会力量参与体制机制，联合中国民主同盟安徽省委员会精心打造"黄丝带帮教行动"品牌，以品牌引领，典型带动，凝聚更广泛的社会力量与资源参与社区矫正；北京市创新社会工作方式方法，采取多种途径，引导和鼓励社会力量参与社区矫正，进一步完善党委政府统一领导，司法行政部门牵头组织实施，以司法行政工作者为主体，抽调社区矫正干警为骨干，以社会力量为补充，实施"3＋N"社区矫正工作模式；等等。上述宣传的成果与特色往往都在经济较为发达的大、中城市建立。那么，在人口和面积占较大比例的农村以及经济欠发达的西部地区，我们该如何推行社区矫正制度？

(1)以西部地区为例。由于地广人稀，根本无法建立社区，所以理论研究和立法所设计的诸多理想状态在西部欠发达地区很难实现，其社区矫正生态呈现出最为原始的风貌。首先，社区矫正的经费和人员配备严重不足。受经费和人员的限制，一些地区被动应付社区矫正工作的要求，司法行政机关没有成立专门的社区矫正科或社区矫正大队，而是简单直接地将其划归为对口的司法所工作的一部分。司法所工作繁杂，也无法安排更多的精力和人员来进行专业化的社区矫正。根据西部某省的文件规定,县级司法行政部门社区矫正工作经费(不含设备经费)按社区服刑人员人数每人每年不低于 1400 元。而 X 县 2015 年平均每月在矫 327 人,预算为 12.5 万元,人均约 382 元。① 一些地方的社区矫正经费甚至还未纳入本地区的基本财政预算。其次,由于西部地区社会组织发育不充分,很多地区的社会矫正根本没有社会力量的参与,使得社区矫正的工作力量、参与主体比发达地区单一、薄弱。最后,西部欠发达地区社会治理和社区矫正理念传统、守旧。社区或社区文化根本没有建立起来,无法从社区共同利益、长远利益的角度去考虑社区矫正的问题。广阔的地理空间也使得他们对矫正对象的再回归社会缺乏集中的关注与思考。

(2)以农村为例。市民社会的培育是社区矫正的逻辑起点和赖以形成的基础,社会力量的广泛参与是社区矫正的本质特征。现阶段,我国农村"民间社会"还没有发展到"市民社会"的程度,而是正处在传统的依附型社会向现代的自治型市民社会的过渡阶段。中国农村基层自治组织和民间组织还存在资源整合能力弱,社会公共管理、服务功能差,国家依附性强等缺陷,农村社会的管理仍然主要依靠国家权力,农村基层自治组织和社会力量目前还难以成为农村社区矫正工作的主角,农村社区矫正的顺利健康发展仍然需要国家和政府的主导和推动。② 从当前农村社区矫正的实际情况来看,农村作为一个新型社区,村民以及村民委员会被委以重任,但是由于农村社区的市民化程度没有同步跟上,使得整个农村各个主体对社区矫正的参与显得力不从心,甚至疲于应付。同时,自然地理环境、通信条件的影响,以及人口流动性大等情况,客观上增加了监督管理、教育改造和考核奖惩的难度。因此农村社区矫正只能基本实现"控制",而"矫正""教育"明显不足。③

(3)以少数民族聚居地为例。民族地区独有的民族风俗、禁忌、心理、习惯、宗教信仰决定其特殊性,对于一个有 56 个民族的国家而言,完善民族地区社区矫正的本土化构建,对于促进地区和谐发展以及多民族共同进步具有十分重大的意义。从目前民族地区社区矫正实施的实际情况来看,也存在较为突出的问题:缺乏针对民族地区民族心理、习惯的专门立法,只能按

---

① 陈嘉、陈丽:《西部山区农村留守未成年人犯罪社区矫正研究——以 S 省 X 县为样本》,《预防青少年犯罪研究》(甘肃理论学刊)2016 年第 6 期。

② 张旭光:《中国农村社区矫正制度研究——以国家和社会的关系为视角》,《西南农业大学学报》(社会科学版)2013 年第 11 卷第 2 期。

③ 章茜:《农村社区矫正工作的问题与对策》,《社区矫正评论》第 2 卷第 286 页。

照中央的政策和立法统一、机械地执行;一些少数民族地域狭窄、偏远,与外界接触少。人口数量少,居住相对分散,加之文化程度不同、法治意识淡漠,影响对社区矫正的理解和接受;经费、人员不足,机构设置不健全,人员专业化程度较低,在工作中不能根据少数民族的生活特性进行区别对待,容易引发矫正对象的抵触心理,不仅达不到矫正的目标,甚至还会激化矛盾,造成不必要的损失。因此,对于中国的重要组成部分,少数民族聚居地的社区矫正生态环境必须针对民族特色而建立,这是事关民族发展和法治建设的大事情。

3.社区矫正生态系统的理论研究薄弱,实践中生态系统乱象丛生

自2003年,社区矫正在中国开始起步,并逐步快速推广。但是法学理论就社区矫正的研究似乎准备不足,成果滞后,无法满足立法的需要。梳理自2003年以来我国法学界关于社区矫正的研究成果,发现理论研究多为对外国社区矫正理论的介绍和解释,鲜有结合中国实际情况的研究,所以研究成果无新意,无突破;研究范围最多的是关于青少年社区矫正、农村地区社区矫正、社区矫正的具体执行;多从文本规范的角度对社区矫正进行研究,从实证角度研究的较少,实证材料匮乏;多从单个部门法的角度研究,忽视了跨法律部门的综合的、系统的研究。在现有的理论研究中,从系统或生态系统的视角研究社区矫正的更是屈指可数。因此,社区矫正的理论研究必须在紧密结合中国现实情况的基础上,经过大量的调研,掌握实践数据与素材,并从系统的角度展开综合的研究。这样的研究成果才能更好地指导实践,形成自身的活力,从而建设中国自己的社区矫正理论体系。

某种程度上缘于理论研究的匮乏,实践中社区矫正的执行似乎缺乏明确的思路以及有效的指导。全国各地做法随意、零乱,五花八门。以至于制度的设计者、执行者、参与者、社会民众等,根本就没有系统或生态系统的意识。各项制度、措施不够衔接,甚至完全脱节。只有用科学的理论来指导实践,才能形成成熟的长效机制。可以说当前全国各地暴露出来的一些社区矫正的实践问题,如执行主体分工不清、权责不明、社会参与不够、矫正措施单一等,很大程度上都源于没有在系统理论指导下建立良好的社区矫正生态环境。所以,未来很长的一段时间内,各地的司法改革必须明确这一方向,即整合所有社会资源,建立符合当地实际情况的社区矫正生态系统。也许系统内的某些具体做法会有差别,但是基本的理念和模式相同。社区矫正对象有港澳台同胞,可以吸收港澳台同胞参与社区矫正的帮扶经验。比如在福建,因为台湾同胞服刑人员日益增多,福建省司法厅用创新的管理模

式,健全的社区矫正监管网络,将台商亲友、台企管理人员纳入矫正小组,及时掌握台湾同胞社区服刑人员矫正动态。总的来说,全国各地可以充分发挥地域特色,利用优势资源,因地制宜,开展本区域内社区矫正生态系统的建设。

二、为什么会选择珠三角作为调查研究的样本?

1. 调研样本要素齐全

珠三角一般指珠江三角洲,位于广东省中南部区域,珠江入海口,与东南亚地区隔海相望,具体包括广州、深圳、珠海、汕头、东莞、佛山、中山、肇庆、江门、惠州。大珠三角概念还包括香港特别行政区、澳门特别行政区。本章对珠三角的研究为狭义范围。珠三角有关于社区矫正调查研究的各种要素。首先,珠三角作为现代化的城市群落,比邻香港,理念先进、经济发达,可以作为建立现代化大城市社区矫正城市生态系统的范本。其次,珠三角是全国输入少数民族人口最多的地区,少数民族的社区矫正任务同样艰巨。据统计,珠三角有 3 个民族自治县和 7 个民族乡,少数民族人口达 300 余万人。其中,世居少数民族人口 60 余万人,主要是瑶族、壮族、满族、回族、畲族。居住半年以上的外省少数民族人口 250 万人左右,占广东省全省少数民族流动人口总数的 97.38%,主要分布在广州、深圳、珠海等 9 个城市。在 60 万少数民族人口中,20 多万人分布在连南瑶族自治县、连山壮族瑶族自治县、乳源瑶族自治县等 3 个自治县和连州市三水瑶族乡、瑶安瑶族乡,清远市阳山县秤架瑶族乡,韶关市始兴县深渡水瑶族乡,肇庆市怀集县下帅壮族瑶族乡,惠州市龙门县蓝田瑶族乡,河源市东源县漳溪畲族乡等 7 个民族乡,10 多万人分布在城市,30 多万人散居在 50 多个县(县级市)380 多个村委会。① 再者,对于社区矫正的重点关注对象——青少年,珠三角更是高度重视。珠三角现有青少年 5000多万人,青少年违法犯罪形势比较严峻。当前社区矫正服刑人员 32000人,其中青少年就有 8000 人,占比 25%。珠三角一直致力于探索青少年社区矫正工作的改革,其中在全国广泛宣传的措施有共青团组织建议力促青少年社区矫正服务。在广东省两会上,不断有人大代表提出诸如《关于构建青少年社会化服务体系,大力推动青少年社区矫正工作的建议》等议案,着力推动青少年社区矫正工作的发展。最后,就农村社区矫正工作

---

① 广东省民族宗教事务委员会:《广东少数民族人口及分布格局怎样?》,http://www.mzzjw.gd.gov.cn/view.aspx? id=8817。

的研究,珠三角有大量深受岭南文化浸染的传统村落。广东省住房和城乡建设厅统计的数据表明,目前,全省共有 22 个中国历史文化名村、56 个广东省历史文化名村,160 个中国传统村落、186 个广东省传统村落。此外,在珠三角还有一些典型的以流动人口为主导的"城中村";大多数青壮年外出打工,以老人、儿童为主的"空心村";华侨或华侨关系较多的"华侨村";居住偏远、经济贫瘠的"山村"。形形色色的农村形式也为农村的社区矫正本土化研究提供了丰富的样本。

2. 调研对象具有代表性和典型性

一方面,据官方数据统计,1989 年至 2019 年,广东 GDP 总量连续 31 年位居全国第一,2019 年突破 10 万亿元,占到全国的 10.8% 以上,同比增长达到 6.2%。珠江三角洲的经济总量占据了广东省八成左右的份额。所以,珠江三角洲的经济发达优势十分明显。而另一方面,人口的总数以及构成也颇具特色。广东省统计局的数据显示,2019 年末,广东省常住人口为 1.1521 亿人,人口总量比上年净增 175 万人,是全国唯一一个增量过百万大关的省份。1.1521 亿的数字还不包括一些临时居住的外来务工人员。实际上,广东实际居住的人口绝对大大超出这个数据。尤其是经济发达的珠三角地区,居住大量的外来务工人员。生活在珠三角城市区域的市民都有一个深刻的感受,每到春节,各个城市,尤其是大城市,空空荡荡。春节前的春运以及节后的返乡景象成为珠三角地区经济发达以及人口频繁流动的有力证明。在社会学以及犯罪学的研究中,一个区域的流动性越强,人际关系的约束性越弱,生态系统越松散,犯罪率会上升,对犯罪的矫正愈发困难。所以,在流动人口较多的区域,社区矫正就必须考虑这一实际情况。

广东的犯罪率在全国高居不下,关押罪犯全国最多,目前在押犯有 12 万人之多,占全国在押犯的 9%。由于关押成本过高以及犯罪率的上升,广东监狱缺乏足够的空间,每年往外省调犯最多,从 1983 年以来,20 多年间共往外省如新疆调犯近 20 万人。珠三角的社区矫正具有实现的必要性和紧迫性,且任务十分艰巨。犯罪的控制一直是政府最为关注的指标。"美丽广东"首先必须是"安全广东""和谐广东"。广东省在经济总量、人口总数方面的主导地位,决定了这一区域的社区矫正生态系统建设能很好地开展,对全国其他各地方会起到示范的作用。

3. 调研对象具有试验田和推广示范效用

珠三角作为国家改革开放的前沿阵地的战略地位,在 20 世纪 80 年代得到确立。正是得益于国家在政策、制度方面的扶持以及珠三角自身在地理位置、文化传统、历史渊源等方面的优势,珠三角地区人民发挥"敢为天下先"的改革探索精神,从而取得如今的成果与成功。诸多的模式、措施都是在珠三角进行试点改革,取得成功后再向全国其他地方推广。2015 年 9 月,国务院批准广东省设立珠三角国家自主创新示范区。2019 年 2 月,中共中央、国务院印发了《粤港澳大湾区发展规划纲要》,正式启动粤港澳大湾区建设。借助珠三角国家自主创新示范区与粤港澳大湾区的建设,珠三角在法制建设上可以更上一个阶段。以社区矫正为例,由于珠三角与香港同饮一江水,在经济、文化的发展上有着千丝万缕的联系,在社区矫正上可以与香港进行广泛的交流与合作。香港的志愿者、义工组织参与社区矫正已形成较为成熟的模式,珠三角可以借鉴香港的成熟做法,先行先试,从而带动全国社区矫正改革工作的发展。

4.珠三角的社区矫正工作已有条不紊地全面推进,并形成良好的基础

广东于 2005 年进入社区矫正第二批试点名单范围。第二年 3 月,广东省颁布《广东省社区矫正试点工作意见》,规定社区矫正工作的总体要求、具体措施、操作程序,并确定广州、深圳、湛江、江门四个城市为广东省社区矫正工作的试点城市,2010 年社区矫正在珠三角全面实施。经统计,截至2020 年 4 月底,广东累计接收社区矫正对象 23.5 万人,累计终止和解除矫正 20.2 万人,目前在册社区矫正对象约 3.3 万人。社区矫正对象重新犯罪率始终保持在 0.2% 以下的较低水平,2019 年重新犯罪人数比 2016 年下降35%。珠三角社区矫正较为成熟的广州,资金和配套较为充裕,如从 2009年至 2019 年,10 年内广州投入 7000 余万元购买社区矫正服务,因而使得广州的社区服刑人员再犯罪率保持较低水平,社区矫正监管秩序持续安全稳定。① 从整体上,相较其他试点省份,广东省的社区矫正在基础建设、管理手段、监督制约等多方面都有积极的表现,整个社区矫正工作已处于有条不紊的推进过程中。

三、调研思路与目的

1.研究方法

本书的研究将充分立足于跨学科合作,特别是谋求生物学、社会学、心理学、经济学等学科与法学的有机结合,涉及学科范围广泛,是一个具有多元化、多向度、多领域、多层次的交叉项目,课题所要解决的问题除法律问题

---

① 《广州 10 年投入 7000 余万元购买社区矫正》,https://www.sohu.com/a/305221180_280188,2020 年 11 月 5 日访问。

外还涉及诸多相关的技术问题、经济发展与社会问题。探寻该课题所涉及问题的解决办法，仅靠某一学科的单一研究方法是不够的，需要将法学科学与社会科学、经济和管理、行政等领域的分析方法进行有机结合。值得注意的是，研究方法的综合应用并不是不视情形的刻板使用，而是根据研究的实际情况灵活地结合应用。具体而言，我们将综合采用计量模型及方法、比较分析方法、规范分析方法、成本一效益分析方法、SWOT 分析法等多样研究方法，寻求一种综合性、整体性和交叉性的探讨。

2. 研究计划

城市是社区矫正的主战场，代表了社区矫正执行的最高水平。同时，中国约有 7 亿人口生产、生活在约 100 万个村庄，是一个农业人口比重很大的国家。作为农村人口的社区矫正人员，约占中国现有社区矫正人员总数的 70.1%。① 所以，城市选择广州、农村选择花都大某村为分析样本。同时，基于珠三角对外交流发达，外国人人数较多，犯罪发生概率较高，依法被社区矫正的外国人在全国处于较高水平，所以选择珠三角的外国人作为主体样本调研。这样，从整体上，研究范围既包含了城市区域，又包含了农村区域；研究主体既包含了中国人，又包含了外国人。研究大致分为如下三个阶段进行。

（1）调研。分成三个小组，奔赴目的地。制定大纲、明确问题，分头进行调研。通过书面、微信、QQ、电话等形式发放调研问卷，面对面访谈，实地走访，座谈等，进行实地调研。

（2）对数据进行定性、定量分析。主要做法是利用建立的数据模型分析对象的性质、特点、发展变化规律，预测发展走势。虽然是利用 EXCEL 或 SPSS 软件进行分析和计算，但是分析者的经验、专业能力对结论的准确性亦非常重要。

（3）调研成果的提炼与固化。找出调研中存在的问题，运用理论联系实际的方法，探寻解决问题的路径。

3. 调研思路

本次研究调研思路如图 2.1 所示。

---

① 张凯、张东：《河北省农村社区矫正工作的发展策略》，《河南司法警官职业学院学报》，2013年第 1 期。

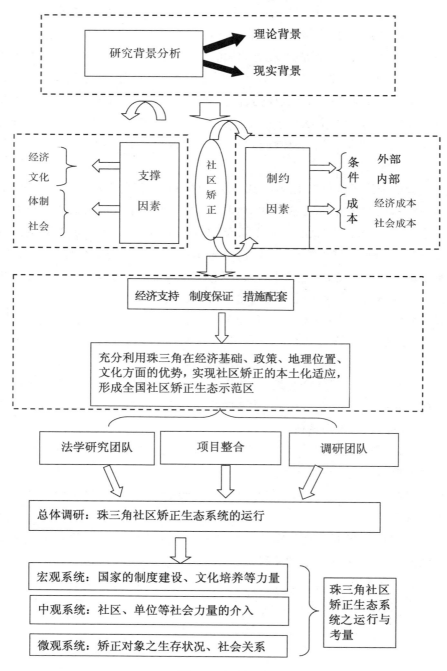

图 2.1　调研思路

第二节　珠三角社区矫正生态系统调查研究的结果分析

一、以广州市为代表的城区社区矫正生态系统调查研究结果分析

1.亮点与特色

珠三角作为国家多项"改革开放的试验田",通过自身的发展,为全国的改革开放和社会主义现代化建设提供了宝贵的经验。在社区矫正领域,一些成功的做法与制度也多次引起最高人民法院重视,并被推广到全国。

(1)充分利用现代信息科学技术,提升了社区矫正信息化管理水平。利用经济上的优势和理念上的先进,广东省开发了"广东省社区矫正信息管理系统"。该社区矫正信息管理系统的软件包括通信、数据的发送与接收。硬件是矫正对象所佩戴的电子手铐。系统实现了看守所、监狱、司法局等各个部门的联网,做到了信息共享、动态监控,解决了社区矫正中一系列监管脱节、沟通不畅的问题。2015年11月,广州市海珠区司法局、天河区司法局创新监管模式,试行启用电子手环对社区服刑人员进行24小时实时监控。2016年年底,广州市在册服刑人员总数30%~50%的比例,全面适用了电子手环定位监管。广州、深圳、中山、江门四区域已经建立信息管理平台,利用GPS定位技术和发放定位手机的方法对矫正对象进行监控。清远、河源等地开始尝试通过视频、人脸识别、声纹识别等技术对矫正对象进行报到考察。受益于珠三角科技的快速发展,社区矫正的信息化管理水平也相对较高。

(2)创立"四分开"制度。珠三角未成年人犯罪率逐年攀升,2012年更占全国总数的14.8%。数据显示,珠三角未成年人犯罪的主要特点是流动人口占大多数,其中52%是外省籍,48%的广东籍未成年罪犯中大多数也为省内流动人口。2009年,广东省高级人民法院联合省人民检察院、公安厅、司法厅,决定对未成年人犯罪贯彻"四分开"(分开羁押、分案起诉、分案审理、分开矫治)以及判后矫正建议、心理测评与干预等制度。为便于对外地户籍矫正人员的执行,2011年,广东省高级人民法院、省公安厅、省人民检察院等部门联合制订实施细则,将读书、就业或家庭成员经常居住地在广东的外地户籍未成年罪犯也纳入社区矫正范围。这些成功的经验后来都获得肯定,并通过最高人民法院向全国推广。

（3）推行扣分考核制。自 2013 年 12 月，广东省司法厅《关于社区矫正人员考核及分类管理的暂行规定》规定，对正在接受社区矫正的人员启用扣分考核制。广东省司法厅将社区矫正人员管理分为普通、重点、特殊三类。同时明确了考核社区矫正人员应采取实时记载扣分的办法，包括 24 项扣分考核，如未经批准擅自短期离开所居住的市县，情节轻微的，一次扣 3～5 分；变更通信联系方式但未及时报告，一次要扣 1～2 分等。以 3 个月为一周期进行"负分制"考核，一个考核周期过后，社区矫正人员分数优劣将影响下一周期的奖惩。扣分考核制在对社区矫正对象改造反省中起到了很好的促进作用。

（4）发挥珠三角在经济、政策、理念等方面的发展优势，建立广泛的社会参与社区矫正系统。公益的理念、组织、行为在珠三角地区已经较为成熟、普及，其社会工作者、志愿者、义工等社会力量已经关注到社区矫正这一特殊的领域。广东省已经建立健全司法社会志愿者的聘用、管理、考核、激励机制，有效提高了社区矫正志愿者的服务水准。此外，通过募捐、公益活动、慈善捐助等多种渠道，与企业、事业单位以及其他社会组织建立广泛的联系，构建了丰富的社区矫正社会参与系统。社会的广泛参与既解决了社区矫正资源不足的困难，同时社会参与在矫正对象社会功能恢复、重建人际关系、顺利回归社会等方面将发挥重要的培育与支撑作用。社会参与在开展矫正过程中发挥着越来越重大的作用，并逐步成为该项工作开展的主要力量。社会参与已成为广东社区矫正工作的另一亮点。

2. 数据说话：存在的问题

围绕珠三角社区矫正的社会效果，项目组以微信派卷的形式，不论身份、不限范围地随机发出 160 份问卷，收回有效问卷 154 份，有效问卷收回率达到 96％以上，达到了预期的调查效果。以下简要分析调查者的年龄与学历分布。从学历来看，填写问卷的人群样本以高学历人群为主，拥有本科及以上学历的受访者达到九成以上（见表 2.1）。从年龄段分析，有近九成（87.01％）的调查样本分布在 18～25 岁年龄段。从所学专业角度看，有共计 31 人（20.13％）所学专业与法学相关。调研分析，珠三角社区矫正的社会效果具有如下几个特征。

表 2.1　受访者文化程度情况

文化程度	人数/人	比例/％
初中及以下	1	0.65

续表

文化程度	人数/人	比例/%
高中	11	7.14
本科	138	89.61
硕士及以上	4	2.6
合计	154	100

（1）社区矫正的概念尚未深入人心，民众了解甚少。

在将近160名受访者中，只有不到三成的人表示了解或听说过社区矫正，有高达七成（70.78%）的受访者表示没有听说过相关概念（见表2.2）。同时在解释社区矫正相关概念以及被问及"您身边是否有社区矫正人员时"，有59.74%的受访者表示不清楚，也就是说能够明确回答身边矫正人员情况的只有四成左右。从这一组设问可以看出，广大民众对社区矫正的概念及身边社区矫正的执行状况缺乏普遍认识，而当被问及"您认为是否有必要制定一部规范社区矫正行为的法律"时，竟有高达23.38%的受访者表示很难说。其中更有受访者明确表示，对通过上升到法律层面来规范社区矫正的必要性存有疑问，足以说明部分受访者不仅不了解社区矫正的相关概念，而且对社区矫正的意义也未能引起足够的重视，认为规范与否都无所谓。民众对于社区矫正概念认识的缺失，让人感到意外，也让人心痛。

表2.2　受访者是否了解社区矫正情况

是否了解社区矫正	人数/	比例/%
了解	12	7.79
听说过	33	21.43
没有听说过	109	70.78
合计	154	100

（2）对社区矫正人员的包容度远远不够。

当被问及"您是否能够接受有过社区矫正经历的人员成为你的同事或下属时"，明确表示能接受的只有41.56%，尚未达到半数。与此相对应的，有56.49%的受访者表示"很难说"，充分反映出有过半数的受访者对正在或者曾经接受社区矫正的人员抱有戒备心理。另外在后半部分对社区矫正法的期待中,有高达74.03%的受访者认为"应当严格限制社区矫正的适用情形,更加谨慎地适用社区矫正",说明仍有相当多的受访者对社区矫正的执行效果存有怀疑。比起明确表达个人的态度,受访者更偏向于含糊其词,不愿正面回答自己的态度,足以说明社区矫正作为一种执行手段,仍未获得全社会的认可。然而与收监执行相比,社区矫正的一大比较优势就在于,可以使监外服刑的服刑人员更好地走出犯罪的困境,早日融入社会。但是当社会的接受度如此之低,有相当多的民众戴着有色眼镜看待社区矫正人员时,他们能否融入社会,或者说能在多大程度上融入社会,便成为一个未知数。

表2.3　受访者对社区矫正的看法

是否能够接受有过社区矫正 经历的人员成为同事或下属	人数/人	比例/%
能接受	64	41.56
不能接受	3	1.95
很难说	87	56.49
合计	154	100

(3)普遍对社区矫正的监管工作表示担忧。

虽然在对社区矫正的影响上,分别有64.29%和66.88%的受访者表示"可以使服刑人员更好地回归社会"以及"重视感化,法理与情理并重,是法治进步的体现"(见图2.2),对社区矫正工作的社会影响给予了积极的评价,不过相当一部分的民众表达了自己的担忧。在对受访者提出"你对社区矫正法的期待"时,有75.32%的受访者选择了"进一步完善社区矫正的执行程序,减少监管真空"一项(见图2.3)。超过3/4的受访者选择该项,要求加强监管,说明民众难以对当前社区矫正的执行状况感到满意。同题中选择"进一步明确执行主体及其职责与义务,规范从业人员的执法行为"选项的占比67.53%(见图2.3)。七成左右的受访者选择上述两选项,反映出目前社区矫正执行过程中确实存在一些问题,难以消除群众顾虑,进而在无形中增加了民众对于社区矫正及社区矫正人员不信任的风险,从而也加大了普及社区矫正相关概念的难度。

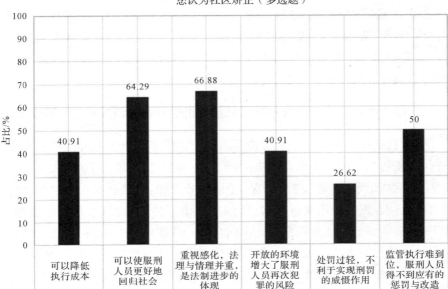

图 2.2　受访者对社区矫正的看法

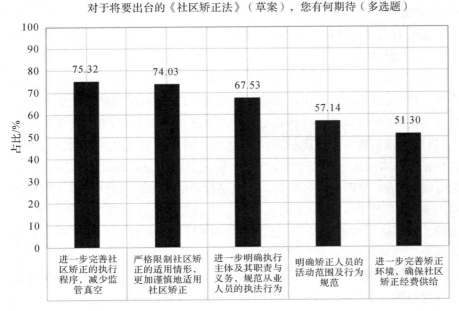

图 2.3　受访者对《社区矫正法》(草案)的期待

(4)对社区矫正法的立法完善充满期待。

"敢为天下先"的珠三角地区,从自身的经历与感受出发,围绕社区矫正的主体、程序、适用对象、经费配置、机构设置等多个方面,对社区矫正未来的立法完善提出了许多可行的建议。尤其是监管方面,希望矫正程序能更加规范、谨慎、严格,防止脱逃、腐败等违法犯罪行为发生。

二、以大塘村为代表的农村地区社区矫正生态系统调查研究结果分析

大塘村是珠三角地区一个很普通的村子。位于广州市花都区花都大道以南,面积约 2.1 平方千米,下辖 10 个村民小组,总人口 2170 多人。距离市区不足 20 千米,离花东镇 3 千米,地缘优势较好,交通较为便利。大塘村利用本地特点发展村级集体经济,已经形成山上种植果树,水田种植水稻、花生,鱼塘养殖的传统发展模式。本次调研一共收回 185 份问卷,此次调研覆盖了大塘村的主要村民小组,同时还包括了大塘村周边的村庄及其支队。为了充分了解农村地区社区矫正的实施情况,我们还专门走访了该村并动员附近中学的学生向家长派发调查问卷。为了得到访问对象真实的回答,问卷设计非常简单,主要包含以下几个问题:你知道什么是社区矫正吗?你们村有社区矫正的对象吗?你受过社区矫正人员的帮助、扶持、监督吗?如果有,你是怎么参与的?

通过对问卷的分析,得到以下结论。

1. 亮点与特色

近几年来,在村里执行社区矫正的对象共有 3 名。所涉及罪名为:故意伤害、寻衅滋事和盗窃。比预想中的情况要好许多,村民对社区矫正有了一定的了解和接受,认为被社区矫正的对象都属于问题不大,不需要关押的人员,所以不存在恐惧与歧视心理,与社区矫正对象能够正常地接触。对于社区矫正对象有一定的监督意识,当社区矫正对象出现违规、违纪、违法的行为时,能够进行提醒、检举、揭发。尤其是村里的大家族,当社区矫正对象遇到困难时,都会伸出援手,予以支持。一些村民能够理解社区矫正的意义,支持社区矫正工作的开展。通过观察与分析,发现该村执行社区矫正表现出自身的优势与特色,归纳起来有如下几点。

(1)道德的教化和家庭、家族的帮扶发挥重大作用。农村社区是一种基于乡村情感而建立起来的富有乡情味的、具有农村人共同价值观念、关系紧密的由农村人口组成的社会生活共同体。① 大塘村也是一个传统的农村村

① 刘津慧:《我国社区矫正制度研究》,天津:南开大学,第 55 页。

落,有几百年的历史,村中主要由付、谢两个姓氏的村民组成。村民比较重视与乡亲邻里的感情,"远亲不如近邻""乡里乡亲"这些朴素的情感依然占据十分重要的地位。农村社区矫正对象都是在自己的户籍所在的村落接受矫正,村中的村民多为亲戚、朋友、邻居、宗族同胞,对社区矫正对象的情况非常了解。社区矫正对象的家庭和社会资源,是帮助其改过自新的重要支持系统。同时,该村的村规民约、家族族规等"软法"规则以及传统的伦理道德也依然对村民起着强大的约束、规范作用,成为社区矫正系统中一股强大的能量来源。

(2)农村社会关系简单,方便执行监管。农村地区多为世代而居,传统文化留存度较高。大塘村是一个典型的"熟人社会",村民以家庭为单位,长期受传统文化的熏陶。由于经济结构简单,村民居住情况比较稳定,所以该村的人际关系也比较简单、明了。社区矫正对象在村中的任何行为几乎都处于"透明"状态,容易被监管。同时,这种简单的人际关系也避免了社区矫正对象受到外界的影响与诱惑,危害社区矫正的执行效果。如社区矫正中对"禁止令"的执行,责令社区矫正对象不得从事特定活动,不得进入特定区域、场所,接触特定的人。禁止令具体内容各不相同,有的禁止开设赌场者参与博弈性质的活动,有的禁止从事按摩、洗浴等娱乐休闲场所经营活动,有的禁止与被害人接触等等。农村社区简单的环境与风气为禁止令的执行提供了天然的土壤与保障。

(3)村民委员会等农村基层自治组织是社区矫正的主要依靠对象。依据《中华人民共和国村民委员会组织法》第2条之规定,村民委员会是村民自我管理、自我服务、自我教育的基层群众性自治组织。协助维护社会治安,调解民间纠纷,管理本村的公共事务,如参与社区矫正,是村民委员会的重要职责。同时,《中华人民共和国社区矫正实施办法》也规定,农村地区的社区矫正,村民委员会必须协助。在大塘村的社区矫正执行中,乡镇司法所都是直接联系、对接村委会的干部。当前随着社会主义新农村建设以及"大学生村官"等制度的推进,村干部的素质与能力已经有了很大的提升。大塘村的村干部5人中,2人为高中文化,2人为大专文化,1人本科毕业。村干部素质与能力的提升,使其能够理解社区矫正的精神与实质,胜任社区矫正的相关工作。

(4)社会主义新型农村社区的形成为社区矫正提供了一个良好的平台。农村社区是人们持久和真正的共同生活的载体,是在农村生产方式基础上由一定的人群、一定的地域、一定的生产和生活设施、一定的管理机构和社区成员的认同感等要素构成的社会实体,具有经济、政治、文化、社会等多重功能,是农民参与各种国家社会生活的基本场所。① 2005 年 10 月,党的十六届五中全会通过《"十一五"规划纲要建议》,提出要按照"生产发展、生活宽裕、乡风文明、村容整洁、管理民主"的要求,扎实推进社会主义新农村建设。经过 12 年的新农村建设,大塘村不仅村容村貌发生了巨大的变化,村民的精神风貌、法治观念、权利意识等也有了巨大的发展。大塘村已将执行社区矫正列入和谐农村建设的重要内容,从而为社区矫正生态系统的形成注入了法制、政策的力量。

2. 存在的不足

现有的社区矫正工作没有区分农村、城市,在农村采用城市社区矫正的一整套制度。与城市尤其是大城市社区矫正的执行相比较,农村地区社区矫正生态系统可以说是完全没有建立起来。农村和城市社区矫正制度实施的无差别性,显示出当前我们对农村社区矫正制度设计上的不足。大塘村的调研结果虽然不代表全部中国农村,但至少提示我们必须注重农村社区矫正的特殊性。从调研结果来看,大塘村社区矫正生态系统存在以下不足与缺陷。

(1)认识上的误区。基于对司法的不信任或者对社区矫正法律精神的不理解,许多村民认为社区矫正就是"不用坐牢""没事了""放出来了"。且大多数人认为之所以能够放出来,肯定是"有关系、有门路",抑或存在其他司法腐败、交易。调研小组向村民发放 200 份调研问卷,实际收回 185 份,调研问题是:为什么罪犯会被社区矫正?答案选项分为 ABCDE 5 个选项。A:花了钱,有关系、有门路,存在司法腐败;B:罪行不严重;C:罪犯危险性不大;D:身体不好、年龄大等不适合关押的原因;E:其他原因。

数据统计结果如表 2.4 与表 2.5 所示。

表 2.4　问卷数据统计的结果

类别	有效问卷	选择 A 项	选择 B 项	选择 C 项	选择 D 项	选择 E 项
数量	185	151	9	7	5	13

(2)新生代农民工犯罪后社区矫正执行效果差。在当代中国,越来越多的农民工子女进入城市务工,成为新一代的农民工。新生代农民工具体来说,是指出生自 20 世纪 80、90 年代,户籍、家庭主要生活在农村,但长期在城市打工生活的年轻农村务工人员。新生代农民工同时脱嵌于乡村和城市

① 陆红、束丽莉、陶国中:《论农村社区矫正的理念重构》,《北方民族大学学报》(哲学社会科学版)2012 年第 6 期。

社会,成为"双重脱嵌"的特殊群体,而且这个群体有逐步增大的趋势,因为长期游离于城市和农村的边缘,其犯罪率也呈现上升趋势。有社会学者对珠三角新生代农民工进行大规模的问卷调查,调查结果显示,与老一代农民工相比,珠三角的新生代农民工具有年龄低、受教育程度较高等几个典型特征[①],如表 2.5 所示:

表 2.5　新生代农民工的典型特征

	年龄	婚姻状况	性别比例	受教育程度	务农经历
新生代农民工	23～59 岁	未婚比例近 70%	女性占 50.59%,性别比为 0.97	初中以上学历的人数较多,其中大专和技校学历者明显增多。获得证书、参加培训的比例明显增加	有过务农经历的比例明显少于 16.63%
老一代农民工	39～83 岁	未婚比例近 5%	女性只有 39.11%,性别比为 1.53	较多是初高中学历	绝大多数人有过务农经历

大塘村现在外出务工的青年男女越来越多,由于脱离了熟悉的传统农村的约束,无法很好地融入打工地的城市社区生活,容易放松或者放纵自己的行为,因此走上犯罪道路。大塘村被执行的 3 名社区矫正对象中,有 2 名是在城里犯罪后,回到户籍所在的农村执行的。回到大塘村,这 2 名社区矫正对象无论是情感上,还是价值观念上,都与农村社区偏离。户籍所在地与经常居住地的分离,增加来往对其教育、监管的难度,农村社区矫正的天然优势无法在其身上得到很好的实现。

(3)农村流动性增强,农村社区发育不成熟。经济发展的巨大差异已经吸引了中国一大批的农民进城务工。人口的流动与迁徙使得中国许多地方出现了"空心村",土地荒芜,村里只剩下所谓的"9638"人员(老人、小孩、妇女)。"留守儿童"成为庞大而特殊的群体。留守儿童的犯罪或者侵害留守儿童的犯罪时有发生。但是随着国家一系列的惠农政策以及社会主义新农村建设的推进,农民工返乡创新的越来越多,农村开始呈现出复苏的景象。大塘村在 20 世纪 80、90 年代,去往广州、深圳等城市打工的人员占到村民人口总数的一半,当时村中较为凋敝、凌乱。近几年,返乡的村民增加,村中的基础设施建设、制度建设、文化建设、法制建设逐步恢复。但是有关社区

---

① 刘林平、王苗:《新生代农民工的特征及其形成机制——80 后农民工与 80 前农民工之比较》,《中山大学学报》(社会科学版)2013 年第 5 期。

的建设,显然是先从城市社区开始。农村社区是伴随新农村建设提出的一项措施。但是,社区建设显然不是一蹴而就的,尤其是农村的社区建设。第一次给"社区"定义的美国芝加哥大学的社会学家罗伯特·E.帕克(Robert Ezra Park)认为,社区是"占据在一块被或多或少明确地限定了的地域上的人群汇集","一个社区不仅仅是人的汇集,也是组织制度的汇集"。① 虽然当代社会有关社区研究的理论有多种说法,但比较一致的人为社区绝对不仅仅是区域范围或者主体。在 140 多种有关社区的定义中,社区多被界定为群、过程、社会系统、地理区划、归属感和生活方式等,相当一部分都涉及三个因素:地域、共同联系和社会互动。② 大塘村在社区建设方面已经初步具备形式要件,但是社区要求的制度、系统、互动、联系等实质严重不足,而这些实质要素正是社区矫正最为重要的环节。

(4)传统的逐渐没落,农村社会新的道德尚未形成。快速发展的中国社会,一切都处于转型的发展阶段。在这个时期,人们感叹社会发展日新月异的时候,也无可奈何地发现:传统的中国社会正在消失。传统消失最为明显的是最注重传统的农村社会。受市场经济的冲击,一些农村产生了"读书无用论""金钱至上"等错误的观念,传统的"尊师重教"及其他礼俗逐渐淡化。而农村社会无法自生法治秩序,所以,当前中国的许多农村逐步形成了一个传统消失而新的道德理念、法制秩序尚未完全形成的"真空地带"。在大塘村,虽然经济发展水平提升,但一度出现了适龄学童弃学打工的潮流。同时,在村内,家族长辈、村干部的威望不断下降,以前通过家族长辈、村干部做做思想工作可以调解解决问题,现在也失去效果。大塘村一部分村民对社区矫正工作的冷漠、不配合,很大程度上就是缘于过于追求自身利益的严重利己主义思想影响,认为不关我的事,我没有必要多管闲事。现代社区相互守望的精神与传统社会互助互爱的要求是一脉相承的,社区矫正的生态环境中,相互守望或互助互爱是主体间关系的润滑剂、黏合剂,不可或缺。

三、珠三角外国人社区矫正生态系统调查研究结果分析

1.背景与形势

随着珠三角对外开放的不断深入和对外交往日益密切,来粤的外国人越来越多。这些外国人主要居住在珠三角的大中城市,从事经商贸易、

---

① 帕克、伯吉斯、麦肯其:《城市社会学》,宋俊岭、吴建华、王登斌译,北京:华夏出版社 1987 年版,第 110 页。

② 黎熙元:《现代社区概论》,广州:中山大学出版社 1998 年版,第 3—4 页。

旅游探亲、学习交流等活动。根据国家统计局公布的数字,截至 2010 年底,居住在广东省的外国人有 31 万人,居全国首位。2014 年广东省公安厅公布了在粤外国人数量、国籍分布、人员构成等相关情况,其中 2014 年 1 月至 11 月在粤常住外国人数量为 9.5 万人;国籍分布以日本、韩国、美国和东南亚、南亚等国家和地区的为主;在粤常住外国人的国籍前五位分别是日本、韩国、美国、委内瑞拉、印度,总人数约为 4.7 万人,占在粤常住外国人总数的 49.5%,具体如图 2.3 所示。

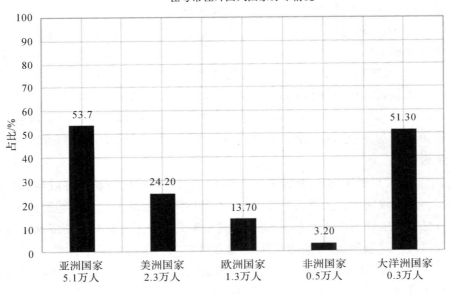

图 2.4　在粤常住外国人情况

在所有来粤外国人中,只有极少数外国人违法犯罪。近年来,广东省外国人违法犯罪以"三非"(即非法入境、非法居留、非法就业)活动和涉嫌贩毒、诈骗及组织他人偷越国(边)境等犯罪活动为主。2014 年 1—11 月,广东省公安机关立案涉嫌刑事犯罪外国人 433 人。①

面对这一特殊形势,珠三角必须认真探索外国人社区矫正的实施机制。对外国人社区矫正实施机制的探索,还关乎中国的国际声誉与地位,尤其需要谨慎。作为国际化的大都市聚集区,国家改革开放的"窗口",珠三角必须率先面对这一问题。

---

① 洪奕宜:《广东省公安厅首次披露:广东的"老外"哪个国家最多?》,http://reporter. southcn. com/r/2014-12/28/content_115136374. htm。

2. 珠三角外国人社区矫正机制的探索

自 2006 年以来,广州市已累计接收韩国、印度、俄罗斯、英国等外籍社区服刑人员百余名。如 2014 年 11 月,外籍人陈强(化名)因酒驾,被判处拘役两个月,缓刑 3 个月,按照相关规定到广州市荔湾区司法局西村司法所接受社区矫正。2016 年 6 月,印度籍社区服刑人员安瓦尔因犯危险驾驶罪,被判处拘役一个月,缓刑两个月,依法在白云区接受社区矫正。2014 年 5 月,深圳南山区司法局也有首名外籍人员在蛇口接受社区矫正。与国内一般人员相比,外籍人员的社区矫正存在诸多困难。作为探索性的工作,珠三角政府高度重视,针对存在的困难,逐步进行克服和解决。

(1)语言和文化的障碍克服。为克服语言障碍、文化差异等问题,广州市司法局与广东外语外贸大学合作,建立了社区矫正外语翻译志愿者队伍以及"社区矫正话语研究和语言服务平台",为社区矫正执法、教育矫治等工作提供志愿者翻译服务。此举有效提高了广州对外籍人员社区矫正的针对性和工作效率。此外,深圳、东莞也有类似举措,通过加强对社区矫正社工的英语培训,或者通过招聘外语特长志愿者,形成专门的涉外志愿者队伍。

(2)管理制度创新,执法更加人性化。在办理社区矫正手续时,需要填写多份表格文件。为提高执法效率,方便外籍社区矫正对象及其家属了解社区矫正工作的具体要求,一些司法局用英文编写了一整套表格以及《外籍社区矫正对象须知》等法律文件,凸显了珠三角执法的国际化水准。

(3)与海关、边检、外事办等单位形成联动机制。珠三角对外事工作的处理非常规范,所有对外籍人员的刑事诉讼、刑罚的执行都会与外事部门取得联系,并充分研究相关国际法,依法开展每一项工作。由于社区矫正涉及外籍人员的出入境、居住等诸多问题,司法局已与公安局、海关、边检等多部门建立广泛联系,形成对外籍社区矫正人员矫正工作的联动机制。如珠三角某一较大城市,有一外籍社区矫正对象,在我国的签证已过期。该市司法局通过省司法厅,先后多次与省出入境管理局、省边防局、原判法院协调,最后达成共识,确定对社区对象在社区矫正期间实施边控,限制其出境,有效防止了外籍社区矫正对象擅自出境从而导致其"脱管"、脱逃。

3. 存在的问题

应该说,珠三角因为面对问题较早,所以在外国人社区矫正方面的探索起步较早,也取得了一些初步的成果。但是,这也仅仅是一个开始。因为涉外的特殊性,珠三角良好的外国人社区矫正生态系统,必须建立在国际化水平提高的基础上。国际化水平的提高是一个长期的过程,它需要依赖国家综合实力的加强。通过观察与调研,目前珠三角在探索外国人社区矫正工作机制的方面,还存在以下几个突出的问题。

(1)缺乏针对外国人社区矫正的针对性措施。梳理现有的社区矫正法律规定后发现,目前没有一条专门针对外国人进行规定,导致一些针对国内普通人社区矫正的措施,针对外国人实施起来,很难执行。如规定社区矫正人员会见亲属以外的境外人员应当报告司法所批准,外籍人员其接触的大部分人员均属于境外人员,如果逐一审理,工作量大,且难度大。

(2)无法有效发动社会力量,参与矫正工作。外国人在中国的社会关系相对比较狭窄、封闭,加之语言、文化的差异,外国人一般很难融入当地的社区。在创新外籍社区矫正管理模式方面,有在全国广泛宣传的"义乌模式",其主要做法是:建立"7+1"监管机制。"7"是指市社区矫正办工作人员、镇(街)社区矫正办工作人员、辖区民警、社工、翻译人员、外商志愿者、亲属7个主体,由他们组成工作小组。"1"是指矫正对象本人。区分不同外籍矫正对象的情况,制订个性化、人性化的矫正方案。如单独组织他们参加学习教育和公益劳动,准备好中文和外文两份法律文书,为矫正对象聘请翻译人员,充分发挥外事部门等组织的作用等。韩国籍社区矫正对象李某,因出境限制不能回国与亲人一起过春节,情绪非常低落。对此,义乌市社区矫正办及时与义乌韩商会联系,韩商会安排李某妻子来义乌团聚,起到了很好的效果。① 但是,"义乌模式"所提供的经验只能适用于长期在中国经商贸易的外籍矫正人员,对其他旅游探亲、学习访问等外籍矫正对象,应进一步思考如何建立适合外籍人的社区平台,从而发动社会力量参与矫正工作。

(3)缺乏专门的涉外社区矫正工作队伍,涉外社区矫正工作在日常管理方面存在诸多现实困难。除了广州、深圳等大城市的工作人员、志愿者外语水平较高,其他中小城市的工作人员和志愿者缺乏必要的外语工作能力。具体实施社区矫正工作的矫正小组由司法所工作人员担任组长,由社会工作者、志愿者、有关部门、保证人等组成,社区矫正人员为女性的,矫正小组应当有女性成员。组成这样一个具有涉外工作能力的矫正小组在大城市也许问题不大,但是对于中小城市而言,存在现实困难。根据社区矫正实施办法的规定,外籍社区矫正人员要定期递交思想汇报、电话报到、到所报到、参加教育学习、参加社区服务,矫正小组要时时跟踪。由于没有专门从事涉外

---

① 陈正明、骆跃军:《义乌创新外籍社区矫正对象管理模式》,《金华日报》2007年7月23日第1版。

社区矫正的工作队伍和区域协调机制,整个珠三角的外国人社区矫正工作发展严重不平衡。

第三节　珠三角社区矫正生态系统中
存在的共性问题及完善对策

一、系统中的共性问题

社区矫正对于司法行政机关、服刑人员以及全社会,都是一个前所未有的改革与创新。珠三角在十多年的试点工作中,通过试错性的改革与探索,积累了一些经验,也发现了一些迫切需要改革的困难与问题。基于区域发展的不平衡和主体的差异性,农村地区、城市地区、少数民族聚居地,以及针对中国人的矫正、针对外国人的矫正等,各个生态系统内存在的问题的程度、范围各不相同,但是以下问题确实是共性存在的,需要从宏观层面探讨解决机制。

1. 社区矫正的经费和人员配备不足

2014 年中国民主促进会广东省委员会《关于进一步推进我省社区矫正工作的提案》显示,广东省每月新增社区矫正人员逾千人,但司法所的社区矫正工作人员平均仅为 2.5 人,还有不少"一人所"。由于经济发展不平衡,广州、深圳以及经济发展速度较快的南部、东部地区,社区矫正经费支持力度较大,机构设置较完善,人员安排较为充分,社区矫正工作的现代化水平较高。但经济欠发达的粤西、粤北地区,发展严重滞后。在粤西、粤北地区,目前还有 10 多个县级司法局未建立社区矫正机构,约占总数的 16%。一些已设立的县级社区矫正机构,有的与基层合并,社区矫正人员编制不足。除了人员不足,经费不足也是社区矫正实施无法实质推进的一大障碍。当前珠三角还有近 40 个县级政府没将社区矫正经费列入本级财政预算。由于经费和人员的不足,粤西、粤北地区的社区矫正工作推进缓慢。

2. 社区矫正手段较为单一

未能针对矫正人员的个体差异进行个性化的矫正活动,使得矫正效果大打折扣。从调研所获得的数据看,在广州市处于矫正期内的 3755 名社区服刑人员中,未满 18 周岁的矫正人员占 7.72%,已满 18 周岁、未满 45 周岁的矫正人员占 65.86%。此外,处于矫正期的人员中,拥有高中或中专以上学历的人员占 51%,这说明了接近一半的矫正人员的学历处于初中及以下水平。① 虽然，调查数据上显示了矫正人员在年龄结构、教育水平上的差异性，但是我国社区矫正手段却统一地规定为矫正人员每月参与劳动以及学习的时间不得少于八小时。这种统一性的做法值得商榷，因为如果矫正人员处于青壮年时期，所接受的教育程度较高且所犯罪行较轻，如果整个矫正期内都要遵循每月参与劳动以及学习不少于 8 小时，那么无疑不利于矫正人员积极参与矫正。此外，对于未满 18 周岁的矫正人员，由于其可塑性较强，如果强制统一其每月参与劳动与学习至少八小时，极有可能会引起这部分矫正人员的抵触，最终将适得其反。因此，丰富矫正手段、增强矫正手段的弹性，并针对矫正人员的个体差异而制订个性化的矫正计划，尤其是针对未满 18 周岁这一部分矫正人员，这样才能有效发挥社区矫正本身应有的作用。

　　3. 社区矫正工作的专业性、技术性不足

　　社区矫正工作是一项专业性、技术性较强的社会工作。因此，社区矫正工作者必须具备一定的专业素质，而不是简单对服刑人员进行监管、控制。目前珠三角社区矫正人员以司法行政人员和司法警察为主，然后吸收一定的社工参加。司法行政人员以及司法警察基本上都没有参加过社区矫正工作的相关素质培训，除了少部分是应届、往届大学生外，更多的是从其他法律部门"转岗"甚至是照顾性安置以解决就业问题的中老年同志。由于这些人普遍缺乏法律专业知识及社区矫正专业技能和经验，且大多年龄偏大、学历偏低，思想观念陈旧，难以适应全新的社区矫正价值理念，因此他们很难从事专业性、法律性强的社区矫正工作。社区矫正工作中尤其缺乏受过专门训练的心理学方面的人才，实践中所开展的心理矫正，也仅仅是简单的心理咨询或心理测评，谈不上真正有效的心理治疗。各个区域普遍存在心理矫正基础薄弱、效果差的问题。正如在调研过程中，广东省某基层司法所所长指出的："在我们所里，负责社区矫正这块的人才的确是太少了，现负责的人更多的是兼任此职，其实不光光是我们这个县，像隔壁某某县，他们同样也是面临着这个问题，没有专业人才，我们只能当自己是专业人才，只能一边干一边总结经验了。"②

　　在实际工作方面，一些工作还是依靠传统的人工监管、书面汇报等方式。由此导致社区矫正工作效率低下，甚至出现一些漏洞与缺失。如，按照

---

　　①　吴善积：《广州市社区矫正工作调研报告》，《中国司法》2015 年第 2 期。

　　②　朱世海、朱帝焕：《广东省社区矫正的亮点、问题、对策》，《广东行政学院学报》2016 年第 5 期。

法律规定,对拟适用社区矫正的被告人、罪犯,可以委托县级司法行政机关对其所居住社区的影响进行调查评估。但是在调研过程中,笔者发现广州的判前评估程序实践尤不到位。在采访某司法所工作人员时,他们称工作中并没有此块内容。"公安和法院在判前会发一个函到所里,根据被矫正人员自己填写的居住地进行核实,确定居住地属实则在此司法所进行矫正。"①因此,对拟适用社区矫正的被告人、罪犯并没有将社会调查纳入审判的考虑因素,而是仅仅为对其居住地的简单确认。如果在技术层面,有可供考核的量化指标与监督程序,那么,调查评估的意义才可能真正实现。

4. 由于监管上的漏洞,社区矫正实践中出现各种违法犯罪现象

当前有关社区矫正的立法文件主要有《社区矫正实施办法》《广东省贯彻落实〈社区矫正实施办法〉细则》等规范性法律文件。从整体上来看,不仅效力层级较低,而且内容本身也不尽完善。加上执行中配套保障制度的不足,由此导致在社区矫正实践中钻法律漏洞的各类违法犯罪行为不断涌现。

有数据统计,2012年,广东省人民检察机关通过检察监督,发现违法或不当监外执行 1950 件(次),其中"脱管"281 人,"漏管"234 人,监外服刑人员违法犯罪 123 人。截至 2013 年 12 月,广东省在册社区矫正对象 29045人,2013 年广东省检察机关纠正监外服刑人员"漏管""脱管"515 人次,监外服刑人员重新犯罪 37 人,还查处了该省修改刑诉法并实施以来的首宗社区矫正职务犯罪案件。②

二、珠三角社区矫正制度的改革与完善

契合国家层面《社区矫正法》的出台机遇,珠三角应在法律、政策许可的范围内,结合本地的实际情况,在社区矫正工作中进一步发挥自身优势,弥补不足,将珠三角的社区矫正工作形成样本,在全国起到示范作用。针对当前存在的问题,可在如下几个方面进行改革与完善。

1. 完善社区矫正立法及相关配套制度

"不少学者认为,我国社区矫正制度严重落后,主张及早制定中国的《社

---

① 张继承、李允健、刘璇、梁多纳、彭熙扬:《广州社区矫正工作调研报告——以海珠区、荔湾区为例》,《探求》2015 年第 4 期。
② 朱香山、韦磊:《广东查处首宗社区矫正背后的职务犯罪案件》,《检察日报》2014 年 3 月 16日第 1 版。

区矫正法》或与其配套的《刑罚执行法》，从而更进一步地规范社区矫正制度。"①《社区矫正法》已经获得通过，《刑罚执行法》虽然学界和实务部门千呼万唤，但目前依旧没有眉目。在《社区矫正法》的范围内，珠三角应该通过地方性立法，制定完备的保障制度，以便于贯彻与实施社区矫正法。

（1）完善判前调查评估制度。《社区矫正法》第十八条规定："社区矫正决定机关根据需要，可以委托社区矫正机构或者有关社会组织对被告人或者罪犯的社会危险性和对所居住社区的影响，进行调查评估，提出意见，供决定社区矫正时参考。居民委员会、村民委员会等组织应当提供必要的协助。"《社区矫正实施办法》第四条则更为明确地规定："人民法院、人民检察院、公安机关、监狱对拟适用社区矫正的被告人、罪犯，需要调查其对所居住社区影响的，可以委托县级司法行政机关进行调查评估。受委托的司法行政机关应当根据委托机关的要求，对被告人或者罪犯的居所情况、家庭和社会关系、一贯表现、犯罪行为的后果和影响、居住地村（居）民委员会和被害人意见、拟禁止的事项等进行调查了解，形成评估意见，及时提交委托机关。"从实践中的评估主体看，一般是由县级司法行政机关进行调查评估，但是由于司法行政机关缺乏心理学、社会学等学科知识，以及司法行政机关在人力上的匮乏，因而无法对矫正人员予以充分、有效的调查。对此，司法行政机关可通过委托符合一定条件的社会组织承担调查评估的职责，以弥补司法行政机关在人力、专业知识上的匮乏。此外，调查评估的内容限于被告人或者罪犯的居所情况、家庭和社会关系、一贯表现、犯罪行为的后果和影响、居住地村（居）民委员会和被害人意见以及拟禁止的事项等，并未对矫正人员的主观情况予以调查评估，因而其结果缺乏全面性。对此，调查评估的内容应当包括矫正人员的主观情况，以全面调查评估矫正人员，对矫正人员作出正确的结论。

（2）对社区矫正期限的完善。虽然现行的《中华人民共和国刑法》（以下简称《刑法》）、《刑事诉讼法》、《社区矫正法》以及《社区矫正实施办法》等相关规定并未对社区矫正的期限直接予以明确的规定，但是仍然可以间接得出社区矫正的期限。例如，对于被宣告缓刑的犯罪分子，依据《刑法》第七十三条、第七十六条，被宣告缓刑的犯罪分子，在缓刑考验期内，要实行社区矫正。缓刑考验期与刑种有关，拘役的缓刑考验期限为原判刑期以上一年以下，但是不能少于二个月，而有期徒刑的缓刑考验期限为原判刑期以上五年以下，但是不能少于一年。因此，对于被宣告缓刑的犯罪分子，其社区矫正

---

① 屈学武：《中国社区矫正制度设计及其践行思考》，《中国刑事法杂志》2013 年第 10 期。

的期限最长为五年,最短为两个月。然而,在《广东省司法厅关于社区矫正人员考核及分类管理的暂行规定》中,规定了社区矫正的每个考核期为三个月。对于被宣告缓刑的犯罪分子,其社区矫正的期限最短为两个月。因此,对社区矫正的考核期限不应当统一地规定为三个月,而是应当根据矫正人员的具体矫正期间确定考核期限,以达到个性化矫正的目的。

(3)完善对社区矫正机关的监督。依据《广东省司法厅关于社区矫正人员考核及分类管理的暂行规定》:"群众、社区矫正人员对奖惩有异议的,可以自公示之日起三日内向审批部门或上一级主管部门提出。审批、主管部门应在五个工作日内认真审查,并作出决定。"然而,由决定作出部门或者其上一级主管部门进行审查而作出的决定,从程序上看缺乏公正性,因而该决定的公正性不足。此外,虽然《社区矫正实施办法》规定,由人民检察院对社区矫正的各个执法活动进行监督,但是由于检察院既承担提起公诉、批准与决定逮捕等职能,又承担着监督的职能,因而对社区矫正的各个环节予以监督实际上是力不能及的。因此,为了更好地对社区矫正机关予以监督,在社区矫正机关作出相关决定前除了要向社会通告,接受社会的监督外,还应当征得原案中受害一方的同意,而且还应当让社会公众都参与到做决定的过程中。

2.丰富社区矫正的实施方式,切实保障矫正质量

从调查结果看,广州市各地区的被矫正对象情况差异很大,罪犯不仅受教育程度不同,经济水平及社会地位也明显不同,但《社区矫正实施办法》中,一概而论地规定"劳动、学习八小时",即社区服刑人员每月参加教育学习时间及参加社区服务时间均不少于八小时。这明显与个体文化素质的差异化不相匹配。根据犯罪心理学,每个个案的犯罪,其作案心理极度不同,社区矫正更多地承担了罪犯再社会化、再教育的任务,以减少再犯罪率。由此目标出发,"劳动、学习八小时"本应是社区矫正的重点及核心任务,现实中却没有根据服刑人员的差异化情况设计契合矫正人员犯罪类型、个体文化素质的矫正内容,制定个性化的矫正方案,致使被矫正人员的处理方式个别化滞后。并且,在矫正中,许多负责安排矫正人员进行"劳动八小时""学习八小时"的居委会敷衍了事。在司法所查阅档案时我们发现,许多居委会上交的劳动记录、学习记录内容重复单调,明显是批量填写的。应根据不同的个案设计与之相适应的课程和劳动,让矫正方案个性化,避免千篇一律的机械化矫正,同时也应注意个案中学习和劳动的比例分配,比如对于学历较高的,劳动时间占比就应当更多。此外,还应配套心理课程,根据犯罪心理

学及犯罪原因等因素设计课程,方能实现矫正个别化的效果。① 《中华人民共和国社区矫正法》第三十七条规定以及第五章"教育帮扶"都强调了应组织和发动社会力量,丰富教育矫正手段,将社区矫正教育与技能教育、亲情教育、社会教育相结合,引导家庭成员、单位学校、村(居)基层组织、志愿者有序融入矫正系统,修复和重建社区服刑人员的社会关系网络,提高教育矫正效果。

此外,加强对矫正对象的监督与管理。对于不遵守社区矫正管理制度的社区矫正对象的监督和处理,是长期以来困扰司法行政机关乃至社会公众的一道难题。司法行政机关应当依法提请批准、决定机关撤销社区矫正,也就是说,即使正在接受社区矫正,如果违反相关规定,也有可能被重新收监。制度设计当然好,体现了有法必依、严格执法的法律精神与理念。然而现实中,能不能发现问题,或者说发现问题后怎样处理,将会成为全社会关注的焦点。人们对于社区矫正的不信任及顾虑,很大程度上源于执法过程中监管的缺失及收监执行的敷衍。要加强对矫正人员的监管,同时严格落实重新收监执行的规定。矫正人员在监外服刑的过程中可能会产生懈怠心理,认为自己已经"出来了",也就没有什么约束了,在改造过程中于言于行都可能会降低对自己的要求。而后期监管与执行的不力,更是在很大程度上加重了矫正人员的侥幸心理,使得他们容易"旧病复发"或是"重操旧业",对社会造成新的危害。如果等到矫正人员较为严重的犯罪行为发生后再引起足够的重视,显然已经危害到社会公共利益,对社会秩序和人民群众的安全感形成了威胁,不利于社会的长治久安,也容易让人产生"社区矫正即为法外之地"的错误认识。只有通过对矫正对象的严格监督与管理,给予违法矫正人员以足够约束力、威慑力,才能真正发挥社区矫正的作用,实现立法的初衷。

3.充分整合社会资源,通过购买社会服务等多种方式,建立多样化的社区矫正社会工作模式

依据《社区矫正实施办法》第三条的规定,县级司法行政机关负责矫正人员监督管理和教育帮助工作的统筹协调,司法所则负责日常管理。因此,定期对矫正人员进行走访与考核以及对矫正人员的实际情况予以实地检查等均由司法所承担。实际上,司法所的工作人员在承担社区矫正的工作职责的同时,还承担了人民调解、法律咨询等其他职能,并且平均每个司法所

---

① 张继承、李允健、刘璇、梁多纳、彭熙扬:《广州社区矫正工作调研报告——以海珠区、荔湾区为例》,《探求》2015年第4期。

仅有 2 到 3 名人员。因而对于定期走访、定期考核等需要耗费较多时间与精力的职能往往力不能及,而且由于缺乏心理学、社会学等其他专业知识,无法对矫正人员予以有效引导。

因此,必须加强对社区矫正的宣传,营造全社会参与社区矫正的氛围。让广大群众全面了解社区矫正的实质意义,消除对社区矫正的误解,打消顾虑,真正参与到社区矫正中来,实现社区矫正依靠群众的本意。具体方式上,政府可通过购买社会服务,让更多具备专业知识的人员参与社区矫正,此举不仅有利于减轻司法所的工作负担,而且还有利于对矫正人员的有效引导,避免矫正人员由于受到非专业性指导而导致其再犯罪。同时,鼓励社会组织、企事业单位、个人等多元主体,参与社区矫正工作。从某种意义上讲,社区矫正的实施成效如何,很大程度上取决于社会力量的参与是否充分。

4.创新工作机制,切实提高社区矫正工作的专业化、科技化、现代化水平

(1)加大经费投入,制定具体经费保障标准。社区矫正工作的顺利开展,充足的经费保障是前提。截至 2019 年,珠三角社区矫正平均每位社区矫正人员经费维持在较低水平。由于经济发展的差异,一些地区的社区矫正适用前审查评估、收监押运、脱管追查等经费严重不足,更无力购买电子监控设备、指纹采集仪、扫描仪等现代化设备。鉴于社区矫正的工作性质以及珠三角经济发展的差异,必须将社区矫正的各项工作经费纳入财政预算,探索形成财政转移支付、经费人头划拨等制度。同时,根据工作需要,对经费进行动态的调整,为社区矫正工作提供物质保障。

(2)机构设置以及管理人员的专门化、专业化。建立各级社区矫正专门机构,配备一定数量具有警察编制的执法人员,使其执法更加强有力。通过社会招聘和社会采买的形式,雇佣一定数量的辅助人员。社区矫正工作人员在选拔时,必须考虑社区矫正工作对专业素质、沟通能力、心理素质、身体素质等方面的要求,设定相应的条件。此外,还必须定期对矫正人员进行职业技能培训,打造一支专业化的、科学化的工作队伍,为社区矫正的长足发展提供人才保证。

(3)开启"互联网+"工作新模式,提升社区矫正质量。将现代科学技术发展的成果充分运用到社区矫正过程中,扫除工作的"盲区""暗点"。"社区矫正+互联网",是社区矫正现代化发展的必由之路。现代化的管理手段能够使得各部门之间(纵向包括省、市、县、乡四级社区矫正机构,横向包括公、检、法、监、司法行政部门)信息共享、互联互通,"无缝对接",形成成熟、快

捷、有效的工作机制。珠三角应以全省电子政务系统网络为依托,采用数据库技术、移动通信技术、电子文档管理技术、位置信息定位技术,通过一体化监控电子腕带、"指纹＋面部"识别系统、身份证读取器等监管设备的运行,提升区域内社区矫正的执法水平和管理效能。

社区矫正是一项需要全社会共同参与的系统工程,做这项工作,不仅需要国家机关、社会团体的努力与付出,也同样需要每一个普通公民对社区矫正工作的关注与包容,真正形成全民参与的良好氛围。珠三角在社区矫正的实施中,已建成诸多亮点与特色,但仍需一如既往地发扬"敢为天下先"的改革创新精神,力争以成熟、自信的经验积累和创新模式迎接《社区矫正法》的出台实施,从而引领全国社区矫正的发展。

第三章　社区矫正生态系统中的决定主体
——人民法院

第一节　人民法院对社区矫正生态系统的参与

人民法院作为司法机关,在刑事诉讼中行使的主要职能是审判,具体地说,就是定罪量刑。因为审判职能以及审判职能的延伸,人民法院必然会与社区矫正产生千丝万缕的联系,成为社区矫正生态系统中一个重要的主体角色。

一、参与社区矫正生态系统的具体路径

人民法院除了行使传统的审判职能之外,还必须在社会管理创新的背景下参与社会治安的综合治理,探索中国特色的刑罚制度,推进法制建设的纵深发展。具体而言,人民法院可以凭借自身的权威优势,充分调动社会资源来关心和支持矫正对象,在全社会营造一种大众参与管理、文明向上的社会氛围。[①] 从《中华人民共和国宪法》展开,对我国《刑事诉讼法》《刑法》《人民法院组织法》《法官法》《社区矫正法》《社区矫正实施办法》等相关法律文件进行梳理,总结出人民法院参与社区矫正生态系统的具体路径如下。

1. 社区矫正的决定适用

我国社区矫正的四种适用对象中,管制作为刑罚的种类,缓刑作为刑罚的执行方式,都是在人民法院做出判决时,直接在判决书中明确规定的。而监外执行的决定,根据《刑事诉讼法》第二百五十四条规定,在交付执行前,同样是由人民法院决定的。而假释只能是在刑罚执行的过程中,针对被判处管制、拘役、有期徒刑或者无期徒刑的罪犯而实行的。因此,对被判处管制、宣告缓刑、暂予监外执行、假释的罪犯,依法进行社区矫正,绝大多数情况下都是由人民法院来决定的。

---

① 田甜:《人民法院参与社区矫正存在的问题及对策》,《福建警察学院学报》2011年第2期。

2.社区矫正的撤销

在社区矫正执行的过程中,如果出现新情况,不适宜继续实施社区矫正的,就应该立刻终止社区矫正的执行,将服刑人员收监或者变更采取其他强制措施。与决定权一样,社区矫正的撤销权也主要由人民法院行使。如《社区矫正实施办法》第二十五条规定了原裁判人民法院对符合一定条件的缓刑、假释社区矫正人员的撤销权。而第二十六条对暂予监外执行社区矫正人员的撤销,则是遵循"谁批准决定、谁撤销"的原则,如果是人民法院在交付执行前决定的,由原来做出决定的人民法院撤销。而对于被判处管制社区矫正的服刑人员,则不存在撤销的问题,主要是根据其在矫正期间违反禁令的情节轻重,由公安机关依照《中华人民共和国治安管理处罚法》的规定处罚,或依法追究刑事责任。

3.矫正对象的减刑

减刑的目的在于教育、矫正服刑人员,促进其积极悔过自新。对于减刑制度促进罪犯认罪服法、积极改造的明显功效,学界研究达成了较为一致的认识。研究普遍认为,在刑事法律中执行减刑制度,意义重大。[①] 我国《刑法》规定的减刑对象很广泛,包括被判处管制、拘役、有期徒刑或者无期徒刑的罪犯,当然也包括社区矫正的对象。对此,《社区矫正实施办法》第二十八条规定,在社区服刑的矫正人员,如果符合法律规定的减刑条件,通过居住地县级司法行政机关提出减刑申请,最终提请社区矫正人员居住地的中级人民法院裁定。从此条的规定来看,与监狱服刑罪犯的减刑程序一样,减刑都是由人民法院裁定,且减刑都必须符合悔改或者立功的条件,只不过管辖以及相关程序不同:社区矫正对象的减刑,由其居住地中级人民法院裁定,其他对象的减刑、拘役、有期徒刑由服刑地中级人民法院裁定,无期徒刑则由服刑地高级人民法院裁定;社区矫正对象的减刑,由居住地县级司法行政机关提出减刑申请,其他对象的减刑由监狱提出申请。

4.与其他机构的配合与衔接

社区矫正工作融合了行刑社会化、监狱体制改革、刑罚改良、人权保护、社会治理等多项内容,因此,它是一项综合性系统工程,单靠任何一个主体都无法完成,必须多主体、多部门有机结合。人民法院参与社区矫正,必然会产生与检察院、公安机关、司法行政机关、民政部门、村(居)民委员会等国家专门机关以及社会主体密切协作的需要。[②] 首先,在社区矫正的决定环

---

① 高铭暄:《刑法学原理》(第 3 卷),北京:中国人民大学出版社 1994 年版,第 567 页。
② 葛健:《法院参与社区矫正的思考》,《国家检察官学院学报》2006 年第 2 期。

节,人民法院需要对拟矫对象进行危险性评估,以决定是否进行社区矫正。此时,人民法院必须与司法行政机关联系,委托对方进行调查评估,并在调查评估报告的基础上做出决定。其次,社区矫正开始执行时,人民法院也必须通知居住地县级司法行政机关,且将相关裁判书、决定书、执行通知书等法律文书抄送其居住地县级公安机关和人民检察院。相关文书的送达、交接等工作,需要法院和其他主体形成默契,实现"无缝对接"。对需要撤销假释、缓刑、人民法院决定的监外执行的,以及对矫正对象减刑的,司法行政机关也必须同时报送相关材料。最后,人民法院与其他机构之间,应形成联动工作机制。人民法院与司法行政机关、公安机关、人民检察院建立社区矫正人员的信息交换平台,实现社区矫正工作动态数据共享。一些地方法院已经与当地的司法局在街道建立社区矫正工作联络点,确定了开展判前调查评估、无缝衔接、法官入街道推进工作、及时撤销缓刑和收监执行四个工作机制。建立"一庭一室一所"的工作模式。通过当地党委牵头、政法委协调、政府主导,建立"人民法庭、检察室、街道司法所"联合办公制度,形成"党委领导、政府主导、社会参与、上下联动"的合理格局。建立了社区矫正联席会议制度,通报辖区"一庭一室一所"联合矫正的情况,对社区矫正对象进行评审,研究解决社区矫正工作中遇到的困难和问题。[①] 这些探索,使得人民法院与其他机构在社区矫正中形成合力,有效地预防了矫正对象"漏管""脱管"现象发生。

5.其他路径

人民法院作为国家的审判机关主要行使审判职能,但也不能仅限于审判工作本身,而应该在完成审判工作的同时,进行能动司法,积极参与社会管理。司法机关是社会管理创新的重要力量。人民法院积极参与社会管理,既是司法审判工作的重要内容,也是司法机关的一项重要责任。[②] 社区矫正是社会管理创新的重要方式,人民法院将审判职能延伸至社区矫正的每一个环节,充分发挥自身的优势,从而最大限度地发挥好人民法院参与社会管理的积极作用。因此,人民法院对社区矫正的参与,应当不仅仅局限于法律规定的方式、方法,可以在此基础上,创新参与方式。人民法院对实施社区矫正的,不是"一判了之",应与社区矫正工作机构保持定期联系,了解矫正对象的表现和矫正情况,为将来审判适用社区矫正总

---

① 侯佳、孙敏:《人民法院参与社区矫正之困境与路径选择——以 A 市 B 区法院司法实务为研究视角》,《湖南社会科学》2016 年第 2 期。

② 公丕祥:《当代中国能动司法的意义分析》,《江苏社会科学》2010 年第 5 期。

结经验和教训,确保社区矫正的准确适用。同时,因为审判人员通过审判,对案情、当事人的家庭、社会关系等较为熟悉,可以通过普法宣传、家庭走访、个别谈心等途径,帮助矫正对象恢复社会关系,以增强矫正效果,预防重新犯罪。

二、在社区矫正生态系统中的地位与作用

1. 人民法院是社区矫正的发动者、决定者、变更者、终结者

立法对人民法院在社区矫正中发动者、决定者的身份做了毫不含糊的规定。2009年9月颁布的《最高人民法院等部门关于在全国试行社区矫正工作的意见》规定了人民法院适用非监禁刑罚、非监禁刑罚执行措施的制度与程序。2012年的《社区矫正实施办法》更是开宗明义,直接强调了人民法院对社区矫正的适用。2019年《社区矫正法》第十七条直接将人民法院作为社区矫正的决定机关。人民法院对整个程序的质量的审核、把关起着至关重要的作用。人民法院必须在源头上把好关,对于缓刑、监外执行、假释、管制的标准准确把握。不符合条件的,一律不能进入社区矫正程序,也绝不漏掉一个可通过社区矫正程序回归社会的对象。英国哲学家培根曾经指出:"一次不公正的审判,其恶果甚至超过十次犯罪。因为犯罪虽是无视法律——好比污染了水流,而不公正的审判则毁坏法律——好比污染了水源。"同样,对于社区矫正的适用而言,一次不公正的决定,将会对多个主体苦心经营的系统造成巨大的伤害,甚至是毁灭性的打击。尤其在当前,由于社区矫正与中国行刑传统、刑罚理念存在冲突,全社会对这一新事物认同度较低,存在普遍担心的心理。社区矫正生态系统缺乏扎实的基础,系统单薄、脆弱,任何一个失误都可能打击社会对社区矫正的信心,影响社区矫正的法律效果。在调研中,项目组发现许多地方的老百姓对社区矫正存在误解,认为其中一定存在"权钱交易""权权交易"等司法腐败现象,这也与当地曾经出现过一些被告人违规获得社区矫正待遇,而又再次违法、犯罪危害社会的案件有关。所以,人民法院必须从源头上把关,为社区矫正生态系统的良好环境与氛围奠定基础。

2. 人民法院是社区矫正的积极参与者与配合者

对社区矫正的主导,世界范围内基本是两种方式:一种是由行政机关执行,如日本、英国;另外一种是由法院主导,如法国、德国。在试点社区矫正之初,也有学者建议采用由法院管理社区矫正的模式,在人民法院内部或者在人民法院的指导下,成立专门的社区矫正执行机构,一方面可以使工作落到实处;另一方面又可以发挥人民法院的优势,实现对社区矫正工作的具体

指导。① 但考虑到人民法院的审判任务繁重以及司法改革的现实需求,立法最终决定由司法行政机关主导社区矫正的具体执行,人民法院参与并配合社区矫正的执行。经过多年的探索与实践,一些法院在社区矫正工作中进行了大胆、耐心的尝试,摸索了一些行之有效的措施,取得良好的法律效果与社会效果。如:建立专门的矫正对象档案,登记造册,对在册人员进行动态监管,做到一人一卷,卷中附判决书、本人的保证书、定期思想汇报材料等;对于未成年社区矫正对象,要求定期向人民法院汇报他们的生活和矫正情况;定期回访教育等。② 一些法院正确界定了自己在社区矫正工作中的地位,出台了比较完备的工作制度,工作流程规范,从细节入手,强化人民法院与社区矫正相关机构的衔接。从江苏省法院系统参与社区矫正的重要经验来看,除了准确把握社区矫正的适用对象外,值得向全国推广的做法有:及时审理和裁判检察机关、执行机关及矫正机构提出的撤销缓刑建议、减刑建议;参与对重点对象的回访和帮教;协助社区矫正机构进行法律宣传,提供法律帮助等。为了配合社区矫正组织从事教育转化工作,以达到预防犯罪和减少犯罪,维护社会稳定的目的,江苏省特别要求人民法院应充分利用审判资源,积极配合社区矫正组织对矫正对象进行法制教育,定期回访考察,适当辅之监管令、社区服务令、训诫、责令具结悔过等非刑罚的处罚手段,将人民法院在延伸帮教、综合治理工作中一些行之有效的做法纳入社区矫正工作中,参与延伸帮教。此外,各级人民法院主动与其他试点成员单位联系,交流情况,商议解决问题,联合出台规范性文件,及时总结经验教训,改进和完善各衔接环节的工作。③ 因此,在整个社区矫正执行的过程中,人民法院必须以审判职能为基准,以社会管理创新以及综合治理为目标,积极参与社区矫正健康生态系统之建设,促进文明、和谐社会的发展。

第二节　社区矫正生态系统中人民法院遭遇的困境

在社区矫正逐步试点运行的十多年里,人民法院一直在扮演自身的角色,成为社区矫正生态系统中不可或缺的重要主体。但源于观念、制度等多方面的原因,人民法院似乎被束缚了手脚,只是勉强应对社区矫正的工作,

---

① 李希慧、徐立:《对完善我国缓刑考察制度的几点思考》,载李希慧、刘宪权主编:《中国刑法学会论文集》,北京:中国人民公安大学出版社 2005 年版,第 709—716 页。

② 王梅霞:《浅析人民法院在社区矫正中的作用》,《河北广播电视大学学报》2010 年第 6 期。

③ 沈利、邮习顶:《江苏省法院参与社区矫正工作之若干经验总结》,《法律适用》,2005 年第 10 期。

其潜能并没有被完全激活。归纳起来,目前法院在社区矫正工作中存在的主要问题表现在如下几个方面。

一、非监禁刑适用率较低

人民法院判处决定的非监禁刑是进入社区矫正程序的最主要对象。我国的非监禁刑适用率较低,这是学界、实务界已经公认的事实。我们先来看几组数字:最高人民法院统计公布的数据显示,2004 年至 2008 年,全国法院共适用缓刑人数为 1022406 人,缓刑适用率为 23%;适用管制 77270 人,管制适用率仅为 1.74%。2005 年底全国各级监狱在押犯人数达到 170 万余人,而当年全国法院核准假释人数仅 18430 人,假释适用率仅为 1% 左右。2009 年由法院判处缓刑的人数则为 25.1 万人,美国 2009 年缓刑犯总人数已高达 419.8 万人,到 2015 年底其社区监管人口已达 465 万人。[1] 从地方来看,2013 年北京市假释率比例为 3.4%,和同期美国 38.1% 的假释率形成对比。[2]

当今法治发达国家一般都是通过扩张非监禁刑来追求刑罚政策的轻刑化,扩大非监禁刑的适用比率已经成为一个世界性趋势。自 2010 年起,我国非监禁刑的适用率明显上升,增长了 3 倍多,但整体仍处于较低水平。异地籍被告人适用非监禁刑的比例较低。在所有的非监禁刑适用中,对未成年被告人适用率相对较高,但与西方国家未成年被告非监禁刑适用相比,依然是一个较低的水平。从某区人民法院的司法实践情况看,2011—2015 年五年间,监禁刑适用比例均在 50% 以上,占据未成年人犯罪刑罚适用的主体地位;而非监禁刑适用比例在 40% 上下浮动,总体略有攀升,由 2011—2013 年的 35% 左右上升至 2014—2015 年的 40% 左右。绝大部分未成年人被判处三年以下有期徒刑、拘役、缓刑、罚金等轻刑,但在这 90% 以上的轻刑中,非监禁适用率最高也仅达到 42.3%。可见,尽管未成年人犯罪非监禁刑适用率总体有所上升,但在可以适用非监禁刑刑种的轻刑犯罪中,实际适用比重并不高,更多地适用了短期监禁刑。[3] 从当前国家的司法改革动态来看,非监禁刑适用率的提高并不是重点,没有得到应有的关注,因而极大地牵制了社区矫正发展的动力与空间,影响了社区矫正制度最大限度地发挥社会效应和法律效应。

---

[1]　石丽:《关于我国非监禁刑执行若干问题及其思考》,《佳木斯职业学院学报》2018 年第 5 期。

[2]　北京市人民检察院课题组:《"三类罪犯"刑罚变更执行检察监督机制研究》,《中国检察官》2016 年第 237 期。

[3]　夏艳:《未成年人犯罪非监禁刑适用的实证分析与展望——以 S 市 A 区人民法院 2011—2015 年审判实践为样本》,《青少年犯罪问题》2016 年第 4 期。

为什么人民法院对非监禁刑比较敏感、谨慎,甚至不愿意适用?究其原因,主要有三个。

(1)重刑主义观念根深蒂固。传统的中国社会,无论是基于对犯罪的预防、惩罚,还是厌恶而产生的报复心理,我们都特别信赖并提倡严厉的刑罚。战国时期的法家代表人物商鞅完整地提出了"重刑主义"思想,其主要刑罚观点有"以刑去刑,以杀去杀""刑不善而不赏善""禁奸止过,莫若重刑"等。重刑主义思想"源远流长",对中国社会的刑事立法和司法活动产生了深刻的影响。发展到现在,在立法上,刑法整体上倾向于重刑。执法上,会开展各种名目的"严打""专项整治",提出"从严、从快处罚"等多项政策。司法中,深受重刑主义观念影响的法官认为只有判处了严厉的刑罚,才能满足被害人以及整个社会的精神、情感需求,判决才能体现正义,所以在量刑上,普遍较为严格。

(2)立法本身规定过于抽象,可操作性不强。以缓刑适用条件为例,我国《刑法》第72条的诸多条件都给予了法官较大的自由裁量权。什么是"犯罪情节较轻""有悔改表现""无再犯罪的危险"?不同的法官有不同的理解,由此导致较长的一段时间内,缓刑的适用较为随意,甚至沦为司法腐败的工具。缓刑制度的精神被完全扭曲,法官无法正确地面对和适用缓刑。

(3)顾虑维稳的压力,担心被追究责任。维持社会稳定,促进社会和谐发展,是国家法制建设的一个重要目标,也是衡量各项工作的一个重要指标,对法院也不例外。绝大多数法官担心判处非监禁刑,罪犯如果再次犯罪或者脱逃,社会一定会把矛头指向法院或法官,甚至追究该法官的责任。所以,从法官个人利益考虑,与其承受非监禁刑无法预测的风险,还不如稳妥地将罪犯判处监禁刑,关押在监狱这个最为安全、保险的地方。人都是趋利避害的,因而,法官也就十分谨慎、保守地适用非监禁刑了。

二、假释、监外执行、减刑程序不规范,容易被滥用

假释、监外执行、减刑都属于我国刑罚执行中的变更方式,其目的是根据服刑人员改造的实际情况,调整刑罚的内容。假释的实质就是附条件的提前释放,监外执行是将罪犯的服刑场所从监狱内变更到监狱外,减刑就是缩短原判刑期。这些变更,于服刑人员而言,可以鼓励他们认真改造、服从监管、遵守制度、真诚悔改,早日重新回归社会。于国家和社会而言,减少监管的成本、狱政费用,有利于社会参与罪犯的改造,从而实现刑罚之目的,促进社会的稳定。依法获得假释、监外执行、减刑是服刑人员的基本权利。但因为假释、监外执行、减刑程序设计不尽合理,在执行中出现了"走样",使得

本为服刑人员应当享受的权利蜕变成了司法腐败的"温床",要获得假释、监外执行、减刑待遇,必须通过特别的关系走特别的渠道。

1. 假释的程序问题

首先,假释适用条件较为严格。实践中,我国的假释率严重低下的主要原因在于法律规定的条件过于严格以及对于假释在观念上的认识偏差。假释已经从"恩典"发展到了权利的时代,假释对于节省司法资源、淡化"监禁人格"以及保障罪犯及其家人的各项权利的意义重大。在具体的法律规定上,现行法律中存在诸多不合理的规定,应予以调整。如根据《刑法》第81条规定,被判处十年以上有期徒刑、无期徒刑的杀人、爆炸、抢劫、强奸、绑架等暴力性犯罪分子以及累犯,不得假释。这一规定在内容上不明确,导致实践中对于"等暴力犯罪"缺乏统一的认识。而且上述几种暴力犯罪的情况各异,一律不准予假释,有违刑罚个别化原则。同时,从法律上禁止对于累犯以及因杀人、爆炸、抢劫、强奸、绑架等暴力性犯罪的假释也完全不利于罪犯的改造。假释的考验期可以适当缩短,并且有相对灵活的设置。将假释撤销的条件简单、机械地规定为犯新罪或发现漏罪或严重违法,而不对犯罪性质、犯罪类型、动机、危害结构进行区分,也不做危险性评估,凸显立法的粗糙和前后矛盾。

其次,假释程序不尽科学、合理。我国现行假释减刑模式是:监狱根据罪犯的表现,提出假释、减刑的申请,服刑地人民法院在监狱提交的书面材料的基础上进行书面审理并做出裁决。这一过程似乎不是审判,而是"行政裁决"。实际上,减刑假释的审理,如同一审、二审一样,关乎罪犯刑罚的轻重、刑期的长短,其程序必须满足公平、公开、公正等基本要求,而不是法院的单方行为。故应按照司法的一般原理、规律,设计减刑、假释的程序:减刑、假释应由罪犯本人或通过代理人提出申请,监狱在初步审核并搜集相关材料证明后,认为符合减刑假释条件的,向人民检察院提出减刑、假释建议书。人民检察院认为有必要的,向法院提出请求。法院依法组成特别法庭,在审理过程中,必须听取服刑人员本人的意见并调查核实相关的证据材料。[1] 实践中,一些地方的法院为确保减刑假释的公平、公正、公开、透明,开始推行听证或者公示制度。需要强调的是,有别于其他类型权利,罪犯减刑、假释权的行使受到国家假释权力与行刑法律关系之特殊性的双重规制,注定了减刑假释权的行使会遇到诸多理念的、制度的、程序的等多方面的障碍。因此,除了程序的构建,还在于全社会对假释"权利"的认同,"制度的指

---

[1]　付磊:《减刑程序之模式化检视》,《国家检察官学院学报》2010 年第 3 期。

令性运作也许能够实现,但法律观念、法律文化的转型实在是任重道远。刑罚观念实质是建立在社会心理基础之上的,而社会心理的转变是一个漫长的过程。"①

2. 监外执行的程序问题

罪犯在交付执行前的监外执行由人民法院决定。但人民法院在裁决监外执行时,同样遇到许多现实的问题。

(1)认定病情是否符合保外就医条件的组织诊断工作,法官力不从心。2014 年 4 月全国人大常委会做出的《关于〈中华人民共和国刑事诉讼法〉第二百五十四条第五款、第二百五十七条第二款的解释》明确了由人民法院负责申请监外执行罪犯的妊娠检查、生活不能自理的鉴别、病情诊断。同年 10 月,最高人民法院、最高人民检察院、公安部、司法部、国家卫生计生委(现为"国家卫生健康委员会")联合印发《暂予监外执行规定》(司发通〔2014〕112 号)第十七条也规定了人民法院负责组织罪犯交付执行前暂予监外执行的相关工作。但无论是从医学专业能力,还是从时间、精力的保障来看,人民法院在完成这一任务时都显得非常吃力。

(2)程序中各主体地位不明确。监外执行关乎社区矫正对象的实体命运,其程序的规范性、合法性应与审判程序一样,受到同等的关注。但是监外执行程序似乎没有受到同等的关注,从程序的运行来看,显得非常随意。如,谁能提出监外执行的申请?各个主体在程序中的关系地位如何?各主体具有哪些权利?对裁定有异议如何救济?律师可否介入程序?等等。立法中存在诸多需要解决的问题。

(3)管辖权行使遇到阻碍。罪犯的矫正地通常是居住地,而暂予监外执行案件的审理(包括决定、撤销)主要是由审判该案的法院负责,多为犯罪地法院。由于居住地、犯罪地的不一致,这样就导致一些现实的问题:一是犯罪地法院与矫正地的司法行政机关、检察机关的衔接问题,比如开庭的地点、委托评估的配合、平级异地的监督等;二是基于暂予监外执行的对象主要是怀孕或有重病需保外就医的人,这些人大多行动不便,到异地参加审判都存在困难。②

① 王素芬:《教育刑理念的彰显与背离:近代中国假释制度考论》,《法制与社会发展》2007 年第 3 期。

② 崔杨、李天民、谭劲松、赵瑞罡、陈丹:《严格规范暂予监外执行 切实防范司法腐败——北京市第二中级人民法院关于审理暂予监外执行案件情况的调研报告》,《人民法院报》2014 年 6 月 19 日第 008 版。

3. 减刑的程序问题

这里所说的减刑，专指社区矫正对象的减刑。按照《社区矫正实施办法》，社区矫正对象如果表现较好，有悔改或者立功表现的，也属于减刑对象。但是简单的法律条款规定，使得当前针对社区矫正对象的减刑程序显得相当空泛、粗糙。严格来讲，减刑属于决定实体的重要程序，因此也必须参照审判程序，严肃、规范、科学、合理。基于目前的法律规定，对于减刑程序的运行，有以下几个困惑急需解决：提出减刑申请的司法行政机关在程序中处于什么地位？律师是否可以参与减刑程序？社区矫正对象在程序中有什么权利？程序是否应该公开？法官应做哪些调查？等等。当前针对社区矫正对象的减刑程序基本上没有直接具体的规定，期待立法进一步明确。

三、参与社区的工作机制不成熟

1. 委托调查评估制度没有落到实处，甚至在一些地方流于形式

依据《刑事诉讼法》《社区矫正法》《社区矫正实施办法》的相关规定，人民法院在做出社区矫正决定前，可以委托县级司法行政机关就拟矫正对象的社会危险性进行评估。但是通过调研的情况来看，除了对青少年社区矫正较好地利用了委托调查评估制度外，其他成年人案件，有的是根本不适用该制度，有的法院虽然也有委托调查评估，但基本是走个过场，流于形式，意义不大。G省G市中级人民法院 2016 年决定适用社区矫正的案件 25 件，但是适用委托调查制度的仅仅 6 件。在这 6 起案件中，调查意见书格式较为简单，内容寥寥数字，且比较雷同。基本都只讲好话，不提反对意见。通常表述为：某某一贯遵纪守法，思想稳定，对犯罪悔恨，家庭关系和谐，村（居）民委员委、司法所、家庭愿意对其进行社区矫正，也有条件对其进行监督管理等。从实际情况来看，大多数调查人员没有责任意识，不认真履行职责，有的并未实地走访，只是简单、随意通过电话等了解相关情况，对有被害人的案件也未听取被害人的意见。有的调查人员甚至刻意隐瞒相关情况。① 委托调查评估制度流于形式有着如下现实的原因。

①司法行政机关社区矫正工作人员本身人手不足，根本抽不足专门的人员进行详细、具体的调查评估。所以，对于委托的任务，也只能敷衍塞责，应付了事。②尚未建立专业的评估机制、评估标准、评估办法。无专业性作为保障，所以评估结果也无法得到权威的肯定，甚至被无视。③对于人民法

---

① 侯佳、孙敏：《人民法院参与社区矫正之困境及路径选择——以 A 市 B 区法院司法实务为研究视角》，《湖南社会科学》2016 年第 2 期。

院而言,之所以适用评估制度的积极性不高,一个关键原因在于审限制度的限制。决定社区矫正的案件,绝大多数适用简易程序。依据《刑事诉讼法》第十百二十条规定:适用简易程序审理案件,人民法院应当在受理后二十日以内审结;对可能判处的有期徒刑超过三年的,可以延长至一个半月。对假释、监外执行、减刑案件的审限,《最高人民法院关于减刑、假释案件审理程序的规定》第一条也做了规定:一般的减刑、假释案件,人民法院应该在一个内做出裁定,案情复杂或者情况特殊的,可以延长一个月。对暂予监外执行罪犯的减刑,应当根据情况,分别适用前款的有关规定。显然,由于人民法院决定社区矫正的审限都较短,为了省事,节省时间,各方都不愿意在调查评估上浪费时间。

2.与其他机构衔接不紧密

首先,在区域范围内,全国性或跨省的社区矫正数据库尚未建立。由此导致信息不对称,尤其是当社区矫正对象的居住地与户籍地不一致时,由于沟通不畅通,容易导致矫正对象"脱管""漏管",一些地方法院也因此不愿意对外地人适用社区矫正。其次,区域内,与公安机关、人民检察院、司法行政机关、街道办事处等主体,对于材料文书的送达、工作的交接等,尚未形成成熟的机制。一些单位尚未建立专门负责社区矫正的岗位或工作人员,有的单位有建立专门的部门与岗位,但名称与叫法五花八门、不统一,从而影响了法院与其他社区矫正主体的沟通与配合,如法律文书寄送、送达上的混乱。2007年福建省的法院开展了一次监外执行罪犯"脱管""漏管"核查纠正专项行动,经过清查发现,因为送达具体部门的名称不统一、岗位设置缺位,许多文书没有按时、准确送达,最终由于信息不对称而导致罪犯"脱管""漏管"事件发生。最后,各主体之间的信息沟通与反馈机制没有常态化,在社区矫正工作方面,各行其是,尚未形成合力。对于一些社会关注的个别社区矫正案件,法院与其他主体之间也偶尔有过共同交流与合作,但是这种交流与合作仅仅停留在个案,缺乏长效机制。实际上,社区矫正的行刑效果和矫正对象的具体表现,这些重要的数据信息,对于法官把握社区矫正决定的裁量尺度、纠正偏差,具有重要的指导意义。但可惜的是,由于没有与社区矫正的其他主体建立专项沟通机制,法官无法及时获得上述信息,除非法官自己亲自去走访和调查。但法官基于繁重的审判压力,偶尔的、个别的回访只能获得零碎的、陈旧的信息。①

---

① 田甜:《人民法院参与社区矫正存在的问题及对策》,《福建警察学院学报》2011年第2期。

3.参与社区矫正的内容不明确

从现有的法律规定来看,社区矫正工作中各主体的权利与义务不明确,社区矫正工作的内容、程序规定过于笼统,社区矫正工作的具体流程、各个阶段如何有序衔接等规定缺乏可操作性。包含《社区矫正法》在内的所有法律文件也没有明确人民法院在社区矫正中具体应该承担什么样的任务和职责,因而人民法院在社区矫正中无法认清自己的身份与位置,感觉到无所适从。一方面,有的法院虽然有一腔参与社区矫正的热情,但由于职责不明,不知如何参与,不知该做些什么,导致其不但没有帮助司法行政部门有效地进行社区矫正,反而帮了倒忙,给社区矫正部门添乱。部分法院在作出适用社区矫正的裁判后干脆就撒手不管。[①] 另一方面,有的法院积极主动,甚至欲谋求在社区矫正中的管理者、主导者地位,因此造成与其他主体之间关系的紧张与不睦。

第三节　社区矫正生态系统中人民法院职能的勘误与回位

系统良好运行的前提是每个要素或构建必须处于正确的位置,否则会造成混乱。根据上述对人民法院参与社区矫正生态系统的理论分析与运行考察,针对当前存在的问题,生态系统中的人民法院应从如下几个方面进行自身的修复与完善。

一、充分发挥人民法院的优势,明确人民法院参与社区矫正的具体内容

生态系统中每一要素得以稳定立足,主要依赖于其优势与特长的作用发挥。离开了优势与特长,这个主体在系统中会变得可有可无,最后甚至被淘汰。在社区矫正生态系统中,人民法院角色的安排以及位置的确定,也必须着眼于其优势所在。人民法院裁判者的身份决定了他与社区矫正具有天然不可分割的联系。与其他主体相比,人民法院参与社区矫正具有其他主体无法比拟的优势。

(1)社区矫正归根到底是刑罚的执行活动,专业性较强。无疑,人民法院在所有的社区矫正参与主体中,法律专业方面的知识、素养、能力、技巧是最强的,这种专业的保障能够确保社区矫正在法治的轨道上运行。也正是基于这种法律专业性,西方许多国家的社区矫正都是由法院来管理和主导

---

① 何军兵:《论人民法院参与社区矫正的困境与对策》,《南昌大学学报》(人文社会科学版)2012 年第 6 期。

的。我国的一些学者也曾有过类似的建议与探讨。所以,人民法院参与社区矫正,可以很好地弥补其他主体专业知识的不足,建立社区矫正生态系统内法治、公平、正义的氛围。

(2)通过法庭的审判,法官对案情,包括犯罪动机、当事人心理、当事人之间微妙的关系等,有了最为深刻的了解,通过接触,与社区矫正对象也建立了一定的感情。尤其在少年法庭的审判中,一些"法官妈妈"帮助青少年悔过自新,温暖感化了青少年被告人,青少年被告人也对法官心存感激,充满了信任。一旦青少年被告人被社区矫正,该法官继续参与、跟进社区矫正工作,将会起到事半功倍的效果。某种程度上,法官也对被他判决决定命运的社区矫正对象本能上存在关注的愿望。让法院或者法官审判后继续参与社区矫正,可以基于前期的了解,针对具体案件的特定对象,提出更具有针对性的建议,使得矫正的质量更为明显。

(3)法院在引导社会价值导向、整合社会资源方面,具有较强的凝聚力。在社会管理创新与国家的法制建设中,人民法院的张力与影响力可以吸引社会更多的力量来参与社区矫正,从而搭建起全社会高度关注、广泛参与的社区矫正平台。在社区矫正生态系统建设中,只有将上述优势通过种种制度转化为力量与效能,人民法院才能持久地为社区矫正生态系统源源不断地输送能量,促进系统的良性循环。

立足于人民法院的优势,借助《社区矫正法》出台的契机以及实施细则的制订,明确人民法院参与社区矫正的具体内容,如人民法院参与社区矫正的具体工作分配、参与路径、与其他主体的衔接、配合模式。除了对已有的职能进行归纳肯定之外,还应该将人民法院在社会帮教、法制教育、综合治理工作中的一些行之有效的做法纳入社区矫正工作中,以便于法院的优势在社区矫正中的完全转化。

二、依法扩大非监禁刑的适用

1.增加社区服务刑

社区服务作为一种刑罚最早适用于英国,通常是法院对于符合一定条件的罪犯,判决要求其在一定的时间内在社区无偿从事公益劳动或者提供服务。社区服务刑因为能够避免短期自由行的弊端,得到各国广泛的适用,近20年来有扩大适用的趋势。近年来,有不少学者提出在我国增设社区服务刑。尤其是随着社区矫正执行的深入,社区服务刑进入我国的刑罚体系有着更为现实的基础以及意义。①我国刑罚的种类单一,且多年来基本没有发生太大的变化。随着社会形势的发展和变化,犯罪形态、刑罚理念、刑罚的执行,都在不断更新,刑罚的种类应根据社会形势的发展变化,做出相应的调整。当前刑罚体系主刑中非监禁刑只有管制,法院在适用时无法根据具体情况做出更为灵活、恰当的选择。如果能够将社区服务刑引入我国的刑罚体系中,实现监禁刑和非监禁刑之间更好的衔接,无疑会让大众改变原有的错误观念,并大大地提高法院对一些轻微案件处罚的灵活性。①②我国社区矫正的执行中,已经包含了社区服务的内容,因此,社区服务刑的建立有了一定的现实基础。根据《社区矫正实施办法》第十一条规定,有劳动能力的社区矫正人员,应当参加社区服务,且每月参加社区服务时间不少于八小时。因此,如果增设社区服务刑,同样可将其作为单独的刑罚种类,纳入社区矫正的执行体系,不会引起立法、司法的过多负担。显然,社区服务刑对于刑事立法、司法、执法而言,都将是一个推动与促进,尤其会使得当前的社区矫正制度的改革更加丰满,更具活力。③劳动在我国的犯罪改造、违法教育中一直属于重要的依赖手段。劳动对于修复社会关系、增强个体责任感意义重大,社区服务刑将充分实现劳动对罪犯教育、改造的重大价值。

2.适当放宽已有非监禁刑条件

人民法院参与社区矫正主要通过非监禁刑罚措施和非监禁刑罚执行措施的适用,前者包括管制,由法院在判决时裁决;后者包括缓刑、监外执行、假释,主要是在执行过程中根据情况的变化对刑罚执行方式的调整与变更。随着人权理念的深入发展,行刑社会化、刑罚轻缓化已经成为国际社会的发展趋势。我国非监禁刑适用的单一、狭窄,显然已经不能满足社区矫正制度发展的需要。在现有法律框架内,人民法院应最大限度地发挥法院参与社区矫正的作用,坚持依法适用、充分适用的原则,适当放宽或扩大管制、暂予监外执行、缓刑、假释等非监禁刑罚适用的范围,实现法院非监禁刑适用与社区矫正工作的同步发展。

(1)扩大管制的适用范围。管制是刑罚主刑当中最轻的,不对犯罪分子进行关押,而是实行社区矫正,刑期也较短,在三个月以上两年以下。适用管制刑的犯罪分子必须是行为性质不十分严重,社会危害性、人身危险性较小的。我国刑法中管制主要适用于妨害婚姻家庭罪、妨害社会管理秩序罪两大类罪名。实际上,实践中对管制的适用范围有扩大适用的需求与探索。如 2003 年上海市高级人民法院颁布的《上海法院参与社区矫正工作的若干

———————————

① 林玙:《我国社区服务刑相关问题之研讨》,《长春工业大学学报》(社会科学版)2011 年第 1 期。

意见》第 3 条对非监禁刑的适用范围扩大到了七类,而且还通过"其他符合非监禁刑条件的人员"的弹性条款给了法官适用非监禁刑的自由裁量权。立法必须立足于实践发展的需求,因此,可参照上海法院的探索,扩大管制刑的适用范围,由法院根据犯罪是否具有上述情节,酌定判处罪犯管制。

(2)进行假释的宽缓化变革。对于假释的适用,应当主要考虑其假释后对所居住社区的影响。显然,我国的假释政策相对严格,主要表现在两个方面:一是我国立法对符合条件的是"可以假释",而不是"必须假释""应当假释",到底假释还是不假释,由司法机关自由裁量。反观国外假释的适用,一般来说,除了触犯法律、违反义务规定,具备了不得假释条件的,一般都要假释。我国的服刑人员在符合特定条件的情况下才可能假释,国外的服刑人员是符合特定条件的才不能假释。二是我国的不得假释范围宽泛。不得假释范围是法律对特定罪犯假释适用方面设定的禁止性规定。我国的不得假释范围是累犯和 8 类暴力型罪犯被判处 10 年以上有期徒刑和无期徒刑的犯罪分子。据不完全统计,我国累犯约占在押犯总数的 12.5%,原判 10 年以上的 8 类暴力型罪犯约占在押犯总数的 33.8%。将上述罪犯均列入不得假释范围,则意味着在押犯总数近一半的罪犯将完全被排除在假释范围之外。[①] 假释政策的宽缓化变革可以通过适度收缩不得假释范围、扩大法定假释范围来进行,唯有如此,才能真正改变我国假释适用长期低迷的司法现状。

(3)明确缓刑的适用条件,规范缓刑的适用。缓刑矫正是社区矫正最主要的形式。我国的缓刑适用率同样存在长期低迷的问题。但近几年,随着刑事司法改革的推进,情况有所改观。据 2014 年全国社区矫正工作会议的统计,2009 年至 2013 年,全国法院每年判处缓刑人数分别达 35.7 万人、35.5 万人、30.9 万人、26.5 万人、25.1 万人,逐年增长比率分别为 0.3%、14.9%、16.6%、5.82%。整体上的增长不能掩盖区域之间、法官之间、案件之间在适用缓刑上的不平衡。调查显示,某经济相对落后的县 2003 年判处的 438 人中,130 人被适用缓刑,比例达 30%。而经济相对发达的邻县,2003 年判处的 1256 人中,123 人适用缓刑,比例仅为 9%。[②] 要改变这一状况,必须对症下药。除了加强司法人员对国家宽严相济的刑事政策以及缓刑重大意义的理解外,更重要的是必须在立法上明确缓刑适用的具体标准。

---

① 刘政:《扩张非监禁刑视野下的假释政策宽缓化初探》,《法学论坛》2016 年第 2 期。

② 魏东、唐丹、魏英:《中国缓刑的实证考察与完善建议》,载:《中国刑法学会论文集》,北京:中国人民公安大学出版社 2005 年版,第 807 页。

只有标准具体明确了，法官才能更自信、更准确地适用缓刑。

3. 把好"入门关"，防止非监禁刑滥用

人民法院是社区矫正工作的起点，哪些对象可以进入社区矫正系统，哪些对象不能进入社区矫正系统，主要由人民法院决定。人民法院在做出决定时，应全面了解相关信息，充分听取各方意见，依据有效的调查评估，按照"宽严相济"的刑事政策，严格适用刑事法律及刑事司法解释，正确运用非监禁刑中的管制、缓刑、暂予监外执行制度和减刑、假释等鼓励罪犯改过自新的刑罚执行措施，实现罪犯、社会、国家三方利益的最大化。一方面，达不到社区矫正条件的，杜绝因为司法腐败违法违规进入社区矫正系统，从而避免损伤社区矫正之精神实质。另一方面，转变重刑观念，理解当前社会背景下刑罚之要义，充分体现了以人为本的人文主义精神，对可适用社区矫正措施的，尽可能适用，最大限度实现社区矫正之利益。

三、完善假释、减刑、监外执行的裁决程序

以往的司法改革理论研究与实践探索主要关注的是审判程序，强调追求程序的公平、公正、正义。主要原因是审判关乎定罪、量刑，涉及被告人的实体权利，所以应予以高度重视。但对于判决生效后的假释、减刑、监外执行的裁决程序，同样关乎服刑人员的实体权利，然而立法轻描淡写、一笔带过，理论研究也未曾给予应有的重视。以假释、减刑为例，其决定程序立法规定非常简单。如《刑法》第七十九条、八十二条，简单提及假释、减刑的程序。在法律上，所有涉及公民重大实体权利剥夺、限制、减免、变更的行为，都必须经过严格、规范的程序，确保所有利害关系人全面参与，保证结论的公平、正义。假释、减刑、监外执行的裁决程序也不例外。以刑诉法规定的程序正义的基本原则为基础，当前我国的假释、减刑、监外执行的裁决程序必须从以下几个方面进行完善。

（1）保障服刑人员对程序有效介入。假释、减刑、监外执行已经不再是国家对公民的恩惠或慈善行为，而是所有公民的一项最为基本的权利。因此，该程序的启动、进行，公民都应该有效参与。以程序的启动为例，按照现行法律规定，能够申请减刑、假释的主体是刑罚的执行机关，服刑人员不能提出申请。在整个程序进行的过程中，服刑人员有没有参与并表达自己意见的机会？立法应将拟假释、减刑、监外执行的对象，均列入假释、减刑、监外执行申请权行使的主体范围，并保障其对整个程序充分参与，行使表达自己意见、建议的权利。

（2）完善公示、公开制度。法谚云：正义不仅应当得到实现，而且应当以

人们能够看得见的方式得到实现。公开、透明是程序公正的一项基本要求，目的在于保持执法、司法过程、结果的正义性，树立裁决的权威，建立公民对国家法制的信任。我国目前的减刑、假释程序仍旧采取的是一个相对封闭的裁决模式，以国家机关及其工作人员为主导，涉及监狱、检察院和法院等部门。减刑、假释、监外执行的决定程序公众基本无法了解，更谈不上参与。一些重大、敏感案件的减刑、假释、监外执行都是经媒体报道后公众才知晓，由此引发对程序以及结果的质疑。如 2019 年云南"孙小果死缓复活案"、2020 年内蒙古"巴图孟和'纸面服刑案'"、2020 年北京"郭文思违规减刑案"等，经由多家媒体报道评论才为公众所知晓，并引发了舆论对该裁定的质疑。① 同时，黑暗容易滋生腐败，导致权力被滥用。自 2014 年 3 月，全国检察机关启动了减刑、假释、暂予监外执行专项检察活动，发现全国减刑、假释、监外执行乱象重重，尤其是监外执行。其中公布的典型案件有：健力宝集团原总经理张海通过行贿等非法手段，凭借虚假鉴定材料违规减刑；广东省江门市原副市长林崇中在案件审理期间违规办理"保外就医"；广西阳朔县国土局原局长石宝春"被判刑 10 年未坐一天牢"等。"阳光"是最好的防腐剂，假释、减刑、监外执行的公示、公开可以有效预防权力的腐败。实际上，一些地方法院很早就开始探索假释、减刑、监外执行的公示、公开措施，河南省于 2012 年 7 月 1 日起实施新规，要求法院审理减刑、假释案件应一律公示。广州市中级人民法院是全国首家减刑、假释案件网上公开常态化的法院，自 2014 年起，所有提请广州市中级人民法院审理的减刑、假释案件，都必须在网上裁前公示、网上公开裁决结果，自此完成确保减刑、假释公正的"第一部曲"。② 综合各地法院改革的成果，应对社会发展的实际需要，最高人民法院于 2014 年 6 月颁布《最高人民法院关于减刑、假释案件审理程序的规定》，其中第三条、第九条明确了人民法院审理减刑、假释案件的公示以及公开审理的制度。减刑、假释公示、公开制度增加了减刑、假释案件的透明度，使减刑、假释案件的审理能够更好地接受社会各界的监督。但是，上述关于减刑、假释的公示、公开，许多都只是例行公事、敷衍的规定，基本上是一种事后的告知，公示的诸多材料普通公众很难判断是否真实有效。此外，监外执行的公示、公开没有得到同等的关注。假释、减刑、监外执行的公示、公开，不仅仅是文书的公示、公开，也不仅仅是审判环节的公示、公开，而是每一个环节，包括申请的理由、证据的来源、裁决合议庭

① 程绍燕：《我国减刑、假释听证制度研究》，《政法论坛：中国政法大学学报》2016 年第 4 期。
② 刘冉冉、申卉：《减刑假释案裁前全在网上公示》，《广州日报》2014 年 2 月 22 日第 004 版。

的意见等全方位的公示、公开，只有这样才能拓宽公众参与、监督的渠道，让减刑、假释、监外执行回归本位。

（3）建立听证制度。假释、减刑、监外执行的决定与撤销，目前采取书面审理的方式，一些服刑人员怀疑当中有"交易"，裁决不公平、公正，引入公开听证程序，能够很好地解决这一问题。听证程序的引入，实现了假释案件单一书面审查模式到书面审查与听证相结合的复合模式的转变，进而使假释程序更趋向规范、公正，也起到"假释一个人，影响一大片"的社会效果。① 在听证程序的探索方面，各地法院根据工作需要，实际上已开始在特定案件中适用，显然，实践探索远远走在立法的前面。如，2004 年沈阳中级人民法院就率先制定了《关于减刑、假释听证制度暂行规定》，听证会的程序与一审、二审的流程基本相同，由合议庭审判人员主持听证，监狱管教干警、检察官、罪犯本人及其近亲属、社会各界代表均可参加。② 2005 年，陕西省高级人民法院推出了《陕西省高级人民法院关于审理减刑、假释案件的规定》，文件要求，为防止暗箱操作，确保假释、减刑案件的审理更加透明，所有假释、减刑案件的审理均适用公示程序，特定情形下一些案件可以引入听证程序。③ 2007 年，广州中级人民法院则首次举行了减刑、假释案件公开听证会，听证的条件设定为"在刑罚执行过程中发生重大事由、需作出重大变更或者有可能影响公正的案件"。具体听证范围包括：执行机关拟提请假释的案件；执行机关拟提请减刑幅度达到两年以上（含两年）的减刑案件；执行机关以罪犯在服刑期间有重大立功表现为由建议减刑的案件；人民法院认为应当进行听证的其他案件。④ 实践中，虽然各地法院制定了一些听证程序、规则，积累了不少经验，但这些零散的规定存在着效力层级低、内容狭窄、不统一等局限性，如，就听证参与人、主持人、内容、范围、程序等，各地做法五花八门。根据我国《立法法》关于立法权限的设置与分配，有关犯罪、刑罚、司法制度、诉讼程序的规定只能由法律创制，假释、减刑、监外执行中听证制度的建立，也期待立法来解决。

（4）律师有权介入程序并提供法律服务。任何一个法制程序的建设都离不开律师的参与。遗憾的是，查阅所有的法条，都没有找到关于律师参与

---

① 傅召平：《湖南减刑假释听证公开透明》，《人民法院报》2007 年 11 月 27 日。
② 王贵廷、刘宝权：《沈阳减刑假释听证"六方"参加》，《人民法院报》2004 年 9 月 13 日。
③ 孟婧、张娅：《透明审理过程防止暗箱操作——陕西省启动减刑假释公示听证程序》，《西部法制报》2005 年 10 月 9 日。
④ 肖文峰：《广州：减刑假释公开听证制度有望今年下半年实施》，《新华每日电讯》2007 年 1 月 19 日。

减刑、假释、监外执行程序的法律规定。《最高人民法院关于减刑、假释案件审理程序的规定》中规定的参与主体主要是：人民检察院，执行机关，被报请减刑、假释罪犯和有必要参加庭审的其他人员。《中华人民共和国律师法》规定的律师业务也没有代理参与减刑、假释、监外执行案件的权限。律师介入假释、减刑、监外执行领域并提供法律服务，已经成为社会的期待。这就需要通过调整国家刑事法律，建立减刑、假释、监外执行律师代理制度，让律师介入裁决程序，为罪犯提供相关法律帮助。①

四、建立人民法院与其他社区矫正参与主体密切合作的长效机制

2014年5月27日召开的全国社区矫正工作会议，强调人民法院要严格把好社区矫正工作的三个关口：准入关、衔接关、监督关。其中的"衔接关"要求人民法院充分发挥自己的资源优势，通过法制宣传教育等途径，协调社区矫正机构、社区、村（居）民委员会、单位、学校、矫正对象的亲朋好友、被害人及其亲属等多方主体，摒弃分歧，达成共识，形成有效的矫正方案，促进社区矫正功能的发挥。从当前的实际情况来看，围绕法院与其他主体的衔接，重点要做好以下几个方面的工作。

1. 加强大数据时代信息共享平台建设

科技的发展能为社区矫正工作带来极大的便利。为此，司法部于2010年开始了关于基层工作综合平台信息化技术标准的制定工作，经过3年的努力，于2013年1月发布了《社区矫正管理信息系统技术规范》，该文件详细规定了社区矫正管理信息系统中有关数据采集结构、编码以及数据交换等规则。自此，司法部和各地司法局牵头，开发建设了一系列平台，如信息管理系统、定位系统、管理系统、监控系统等。但这些平台都是由司法行政机关主持开发以及管理、运行的，人民法院、公安机关、人民检察院等主体无法共享。而且社区矫正信息系统本身存在数据集成不规范、标准不统一、更新不及时等问题。这些障碍导致了实践中各主体信息不对称以及普遍不愿意对外籍犯进行社区矫正。当前工作的燃眉之急就是建立一个全国性的、各主体共享的信息管理系统，并充分利用现代信息技术的成果，通过运用科学合理的集成策略，实现对社区矫正系统相关部门的数据集成，让大数据的信息技术更好地服务人民法院以及各主体的社区矫正工作。

2. 理顺横向、纵向合作机制

首先，在机构、岗位的设置上，各主体应明确并统一规定负责社区矫正

---

① 刘政：《扩张非监禁刑视野下的假释政策宽缓化初探》，《法学论坛》2016年第2期。

衔接工作的部门或者岗位及其职责,做到各主体社区矫正工作由专人负责。其次,规范委托评估制度的适用。在某种程度上可以说,委托评估制度实施的好坏是社区矫正成败的关键。西方国家高度重视判前的社会调查。调查主体一般由专业人员充当,调查内容翔实、具体,极具说服力。调查结论对法官的裁决具有直接的影响力。据统计,美国法官的判决与缓刑官的建议,一致性在 70%～90%。[①] 我国当前的委托评估制度实施较为随意,调查官不能正确理解“社区影响”评估的含义,调查内容简单、敷衍,调查报告对法院的判决未产生实质的影响。开展评估工作有助于人民法院精准适用非监禁刑的,人民法院与司法行政机关应形成工作上的默契。在目标一致的前提下,司法行政机关应高度重视对拟矫正对象的“社区影响”调查,成立专业化的调查队伍,制订具体的调查项目与指标。只有经过认真调查形成的评估报告,才能对人民法院的裁决产生实质的影响。最后,做好文书的送达和矫正对象的交接工作。在社区矫正系统中,人民法院与其他主体之间有大量的文书送达与接受。文书的送达是一项烦琐的工作,需要法院与公安派出所、人民检察院、社区矫正机构、街道办事处等主体之间建立畅通的沟通机制,确保衔接工作不留空当,实现无缝对接。对矫正对象及时依法交接,防止“脱管”“漏管”等问题发生。

3. 建立定期交流、反馈机制

矫正系统内的生态状况不是一成不变的,矫正对象的身心状况也会随着系统内的能量变化而产生波动,人民法院对社区矫正的参与也并不随着生效判决的作出而终结。人民法院应通过定期座谈、意见反馈、回访、个案关注等多种形式,了解社区矫正生态系统的运行状态,并适时动态调整自己的工作,以便更好地在社区矫正生态系统中发挥效能。

---

① 武玉红:《社区矫正管理模式研究》,北京:中国法制出版社 2011 年版,第 36 页。

第四章 社区矫正生态系统中的监督主体

——人民检察院

第一节 人民检察院对社区矫正生态系统的参与

从《中华人民共和国宪法》《中华人民共和国检察院组织法》到各部门法,都明确规定了我国人民检察院的根本性质是国家法律监督机关。虽然为了与当前国家监察体制的改革衔接,人民检察院具体职能分工适当作出了调整,但其国家监督机关的根本性质不会发生变化。于 2018 年 10 月 26 日修订的《中华人民共和国人民检察院组织法》继续强调了人民检察院法律监督的职能、地位、手段。人民检察院对社区矫正生态系统的参与,也主要以监督者的身份出现,这种监督贯穿于社区矫正生态系统的每一个环节。《社区矫正法》第八条明确了"人民检察院依法对社区矫正工作实行法律监督"的身份与地位。

一、参与社区矫正生态系统的具体路径

1. 对社区矫正决定适用的监督

在人民法院判处缓刑、管制、监外执行时,人民检察院通常是国家公诉人,直接参与了案件的整个审判过程。如果人民检察院认为判决有问题,可以通过上诉、提请再审等渠道,发挥监督作用,督促法院纠正判决的错误。人民法院在审理假释申请时,人民检察院有权参与庭审,并发表检察意见。根据《最高人民法院关于减刑、假释案件审理程序的规定》第十八条、第二十条之规定,人民法院作出假释裁定后,应当在七日内送达同级人民检察院。人民检察院认为人民法院假释裁定不当,在法定期限内提出书面纠正意见的,人民法院应当在收到纠正意见后另行组成合议庭审理,并在一个月内作出裁定。对于监狱作出的监外执行,人民检察院同样也必须进行监督。依据《刑事诉讼法》第二百五十四、二百五十五、二百五十六条规定,在交付执行后,暂予监外执行由监狱或者看守所提出书面意见,报省级以上监狱管理机关或者设区的市一级以上公安机关批准。监狱、看守所提出暂予监外执

行的书面意见的,应当将书面意见的副本抄送人民检察院。人民检察院可以向决定或者批准机关提出书面意见。决定或者批准暂予监外执行的机关应当将暂予监外执行决定抄送人民检察院。人民检察院认为暂予监外执行不当的,应当自接到通知之日起一个月以内将书面意见送交决定或者批准暂予监外执行的机关,决定或者批准暂予监外执行的机关接到人民检察院的书面意见后,应当立即对该决定进行重新核查。可见,人民检察院对社区矫正在决定适用时,就有着严格和全方位的监督。

2.对社区矫正交付执行的监督

社区矫正决定作出以后,社区矫正对象是否及时依法移送,相关的法律文书是否齐全,人民检察院同样需要及时进行监督。根据《社区矫正实施办法》第五条规定,对于适用社区矫正的罪犯,人民法院、公安机关、监狱应当核实其居住地,在向其宣判时或者在其离开监所之前,书面告知其到居住地县级司法行政机关报到的时间期限以及逾期报到的后果,并通知居住地县级司法行政机关;在判决、裁定生效起三个工作日内,送达判决书、裁定书、决定书、执行通知书、假释证明书副本等法律文书,同时抄送其居住地县级人民检察院。这一环节因为存在多个主体的衔接问题,有效的监督可以防止社区矫正对象因为交接不力而"脱管"、"漏管"、脱逃。

3.对社区矫正具体执行环节的监督

对具体执行社区矫正工作、流程的监督,是人民检察院对社区矫正监督的重点。因此,《社区矫正实施办法》在开篇(第二条)就强调了这一宗旨:人民检察院对社区矫正各执法环节依法实行法律监督。从监督的对象来看,主要包含两类:一是社区矫正对象的行为与活动。如对于人民法院禁止令确定需经批准才能进入的特定区域或者场所,社区矫正人员确需进入的,应当经县级司法行政机关批准,并告知人民检察院(《社区矫正实施办法》第十二条);社区矫正人员未经批准不得变更居住的县(市、区、旗)。经批准变更居住地的,县级司法行政机关应当自作出决定之日起三个工作日内,将有关法律文书和矫正档案移交新居住地县级司法行政机关。有关法律文书应当抄送现居住地及新居住地县级人民检察院和公安机关(《社区矫正实施办法》第十四条)。二是社区矫正交付执行机关和执行机关的执法活动与措施。如人民检察院发现社区矫正执法活动违反法律规定的,可以视具体情况提出口头纠正意见、制发纠正违法通知书或者检察建议书。交付执行机关和执行机关应当及时纠正、整改,并将有关情况告知人民检察院(《社区矫正实施办法》第三十七条);在实施社区矫正过程中,司法工作人员有玩忽职守、徇私舞弊、滥用职权等违法违纪行为的,依法给予相应处分,构成犯罪的,依法追究刑事责任(《社区矫正实施办法》第三十八条)。

4.对社区矫正减刑、撤销、解除、终止的监督

社区矫正的减刑,主要是指矫正对象符合一定条件的,对其减轻原判刑罚(《社区矫正实施办法》第二十八条);社区矫正的撤销主要是指社区矫正对象因为违反法律法规的规定,假释、缓刑被撤销,监外执行被收监执行(《社区矫正实施办法》第二十五条、第二十六条);社区矫正的解除,主要是指矫正期限届满,依法解除社区矫正(《社区矫正实施办法》第三十条);社区矫正的终止,是指矫正对象死亡从而导致矫正程序消亡(《社区矫正实施办法》第三十一条)。上述对社区矫正减刑、撤销、解除、终止等决定的作出,司法行政机关和人民法院必须及时通知相应的人民检察院,并接受人民检察院的法律监督。

二、在社区矫正生态系统中的地位与作用

1.依法监督,防止社区矫正生态系统内各项权力的腐败与滥用

历史上血淋淋的教训告诉我们,有权力即有腐败,绝对的权力导致绝对的腐败。权力的天然属性就是腐败,要防止权力腐败,必须有监督与制约。现代社会,大到国家,小到一个民间组织,只要有权力存在的地方,必然设置有监督与制约的权力。生态系统本身是一个相互联系、相互制约并具有自我调节功能的复合体,系统调控功能主要靠反馈、监督等作用,通过相互制约和转化,保证系统达到一定的稳态。正是意识到了系统内监督的重大意义,《社区矫正实施办法》在开篇就明确了人民检察院对社区矫正法律监督的职能设置(《社区矫正实施办法》第二条)。

人民检察院开展社区矫正监督工作具有先天的优势。首先,在整个国家的组织体系以及法律体系中,人民检察院的重要身份和职能就是监督。为此,人民检察院建立了一整套监督机制,并因此汇集了大量的信息和监督的资源,这些业已形成的资源将在很大程度上促进社区矫正工作的有效进行,使其监督更具专业性。其次,在机构的设置上,我国人民检察院组织体系完备。《中华人民共和国人民检察院组织法》第十二条、第十三条规定了我国人民检察院的组织体系和机构设置,主要包括:最高人民检察院、地方各级人民检察院(省、自治区、直辖市人民检察院;自治州和省辖市人民检察院;县、市、自治县和市辖区人民检察院)、军事检察院等专门人民检察院。为完善我国司法体制,进一步推进基层治理法治化,最高人民检察院《2009—2012年基层人民检察院建设规划》中提出了"坚持工作重心下沉,积极探索派驻街道、乡镇、社区检察机构建设"的原则。同时,根据最高人民

检察院《关于进一步加强和规范检察机关延伸法律监督触角促进检力下沉工作的指导意见》,2008 年海南省检察机关积极探索在全省设置 37 个派驻乡镇检察室,形成了覆盖 160 个乡镇、59 个农场、13731 个自然村的服务农村检察组织体系。山东、河南、上海、重庆、浙江等多地检察机关,也正积极深入贯彻落实最高人民检察院要求,加快推进以派驻基层检察室为主要模式的机构建设。正是因为基层检察室在畅通群众诉求渠道、化解基层社会矛盾、推进基层法治化建设等方面发挥了积极作用,《中华人民共和国人民检察院组织法(修订草案)》作出回应,即在第二条增设一款作为第四款:"基层人民检察院根据工作需要,可以在街道、乡镇、社区等区域设置若干派驻基层检察室。派驻基层检察室是基层人民检察院的组成部分。"最后,人民检察院与社区矫正各主体存在业务与职能上的多种交集,便于开展监督工作。在解决犯罪与刑罚的问题上,人民检察院、人民法院、监狱、司法行政机关各司其职,但彼此之间存在密切的配合与衔接问题。目前,检察机关开展的法律监督,主要是由检察机关对同级法院、公安机关开展法律监督,如侦查监督、审判监督等,派驻监狱、劳教所检察室经过"县改市"工作后也基本实现了同级监督。这种同级监督模式存在相互熟悉情况、相互对等,有利于沟通和相互制约等优势。此外,在同级监督存在的前提下,由上级检察机关开展的法律监督也会有更多的斡旋余地。①

2. 积极参与社会管理创新,建成社区矫正系统"善治"之境界

党的十八届四中全会决议提出了全面推进依法治国的总目标和具体任务,再次强调了法治的核心是通过社会管理创新实现"善治"。何为"善治"?联合国亚洲及太平洋经济社会委员会在其发布的《什么是善治?》中,对于善治提出了八项标准,分别为:共同参与(participate jointly)、厉行法治(rule of law)、决策透明(decisions transparent)、及时回应(timely response)、达成共识(reach a consensus)、平等和包容(equality and inclusion)、实效和效率(effectiveness and efficiency)以及问责(accountability)。② 建设一个政治开明、经济发达、人民幸福、国泰民安的法治国家,就是我们要追求的善治。作为一种治国理政的方略,善治应当包括如下几个方面的内容:善治是民主治理,善治是依法治理,善治是贤能治理,善治是社会共治,善治是礼法

---

① 朱为学、顾浩:《基层检察室开展社区矫正检察工作初探——以浙江省湖州市长兴县人民检察院的探索实践为例》,《河北法学》2012 年第 6 期。

② United Nations Economic and Social Commission for Asia and the Pacific. "What Is Good Governance?". http://www.unescap.org/resources/what-good-governance.

合治。①

社会管理创新,是指在现有的社会资源和管理经验的基础上,引入新的社会管理理念、知识和方法,对传统的社会管理模式及管理方法进行完善,从而建构新的社会管理机制,更好地实现社会管理目标的活动。② 伴随着中国社会快速发展与深刻变革,当前我国的社会管理正面临着许多前所未有的新问题和挑战。而社会管理创新,就是对症下药,力求尽快突破旧有的管理格局和机制,建设和谐社会。其具体目标在于形成更为良好的社会氛围、秩序,产生理想的政治、经济、社会、文化、法治效益,从而走向"善治"。足见社会管理创新是迈向"善治"的重要路径。人民检察院在社会管理创新中肩负着重大的历史使命。检察机关作为重要的法律监督机关,既是社会管理创新的主体,又是推进社会管理创新的力量,在推进社会管理创新工作中,检察机关承担起了纽带的作用。检察权的介入将会为社会管理创新提供协调的尺度。检察机关参与社会管理的形式可分为两个层次,第一个层次是"间接参与",第二个层次是"直接参与"。"间接参与"体现为检察机关通过具体个案的妥善解决,在微观层面上达致化解社会矛盾、恢复被破坏的社会秩序的效果,为社会管理创造良好的法制环境,以维护社会和谐稳定,促进社会在稳定有序的状态中不断发展。"直接参与"则体现为两种情况:第一种情况,检察机关将检察职能进行横向延伸和深化,即在原有检察职能范围中、在各项工作从入口到出口形成的线性管辖区间内把两端向外延伸,即"入口"前提和"出口"后置,以达到延伸检察职能、完善社会管理的目的。第二种情况,检察机关基于宪法赋予的法律监督权采取多种形式主动参与社会管理。③ 2010 年,最高人民检察院出台了《关于深入推进社会矛盾化解、社会管理创新、公正廉洁执法的实施意见》,该文件对检察机关参与社会管理创新的内容作了具体规定,其中第十三条涉及人民检察院对社区矫正系统的创新管理:人民检察院应积极参加社区矫正工作。认真履行检察职责,积极参加社区矫正试点和推广工作,确保纳入社区矫正的服刑人员必须符合法定条件和程序,促进建立适应宽严相济刑事政策要求的社区矫正工作体系。完善对社区矫正进行法律监督的方式和措施,依法开展对社区矫正各执法环节的法律监督,防止和纠正"脱管""漏管"等问题,促进社区矫正

① 王利明:《法治:良法与善治》,《中国人民大学学报》2015 年第 2 期。
② 应松年:《社会管理创新引论》,《法学论坛》2010 年第 6 期。
③ 李建超、李斌:《社会管理创新的法治保障——以检察职能的延伸为视角》,《中国检察官》2012 年第 9 期。

工作依法规范开展。协助有关部门和基层组织加强对社区服刑人员的矫正帮教,依法受理社区服刑人员的控告和申诉,维护社区服刑人员的合法权益。在社区矫正生态系统中,人民检察院面对复杂多样、变化万千的社会形势,开启智慧创新管理,必然会对系统内"善治"的形成发挥重大促进作用。

第二节　社区矫正生态系统中人民检察院遭遇的困境

伴随着社区矫正的深入实施,社区矫正的检察监督也不断努力,与社区矫正系统建设共生发展。但通过目前对司法实践的观察发现,人民检察院对社区矫正的监督虽然在一定程度上弥补了社区矫正工作中的错误,但由于配套制度的建设尚不健全,人民检察院的监督效能并没有完全发挥,在某些环节,检察监督甚至处于"尴尬"境地。归纳起来,目前掣肘社区矫正系统中检察监督发挥效能的问题主要表现在以下几个方面。

一、法律规定笼统,监督缺乏可操作性

作为一个新生事物,我国的社区矫正本身处于探索过程中,有关社区矫正的相关法律不充足、不健全。涉及检察机关社区矫正监督的法律规定更是如此。当前我国检察机关社区矫正法律监督工作面临的首要问题是有关在社区矫正工作中检察机关的职能和作用,现有法律规定较为模糊。由此导致了一些检察院对自己在社区矫正中的身份模糊不清,到底是监督者,还是参与者?如果既是监督者,又是参与者,又如何自己监督自己?检察院在社区矫正中的监督职能在《宪法》《刑事诉论法》《社区矫正实施办法》等多个法律文件中都做了明确规定,但同时多个法律文件也强调了检察院对社区矫正的参与、配合职能。2005年最高人民法院、最高人民检察院、公安部、司法部联合下发了《关于扩大社区矫正试点范围的通知》首先强调了人民检察院必须配合公安、法院、司法行政等部门更好地履行职责,发挥职能作用,形成权责明确、相互配合、相互制约、高效运行的司法体制。地方在立法与司法实践中似乎更加强调检察院社区矫正的参与与配合职能。如《上海检察机关参与社区矫正工作试行办法》第二、三、四条规定:本市各级检察机关应当积极参与社区矫正工作,结合履行检察职能,支持配合社区矫正工作机构,不断推进社区矫正工作深入发展。参加社区矫正组织的工作机构,应当在社区矫正工作机构的领导下,积极主动地开展工作,努力完成社区矫正工作机构分配的各项任务。参加社区矫正工作机构检察人员的主要职责是:积极宣传社区矫正工作的方针、政策,积极宣传检察机关在社区矫正工作中

的职能作用,参加对监外罪犯的犯罪思想、犯罪行为的矫正,为社区矫正组织和被矫正人员提供法律咨询和法律帮助。检察机关参与社区矫正工作,应当与公安机关、人民法院、司法行政机关、监狱管理机关分工负责、相互配合、相互制约,保障监外罪犯的刑罚依法进行,依法维护监外罪犯的合法权益,防止监外罪犯重新犯罪,维护社会稳定。如何处理好检察院在社区矫正中参与职能与监督职能的关系,因为二者并不总是一致的,行使有时会发生冲突,这是立法协调时需要体现的智慧与技巧。其次,有关社区矫正的检察监督,立法存在一些矛盾之处。如《社区矫正实施办法》第二条规定:人民检察院对社区矫正各执法环节依法实行法律监督。何谓"执法环节"?是否主要是对司法行政机关进行监督?而我国的《宪法》《刑事诉讼法》等强调检察院的法律监督包含对法律实施的各环节的监督,因此,检察院在社区矫正中的监督,显然不仅仅指司法行政机关,还应包含人民法院、公安机关以及其他各参与主体。最后,人民检察院对社区矫正的监督缺乏一整套工作机制和可操作的程序。检察机关应如何对社区矫正进行监督,当前只有一些较为零散的内部规定。包括:《最高人民检察院监所检察厅关于加强监外执行检察工作的意见》(2005年),《关于在社区矫正试点工作中加强法律监督的通知》(2006年),《关于加强对监外执行罪犯脱管、漏管检察监督的意见》(2007年),《人民检察院监外执行检察办法》(2008年),《关于加强和规范监外执行工作的意见》(2009年),《关于对判处管制、缓刑的犯罪分子适用禁止令有关问题的规定(试行)》(2011年),《人民检察院刑事诉讼规则》(2019年)。这些文件对检察机关在社区矫正工作中的任务和监督谁、监督什么、怎么监督、监督效果评价等都不同程度地作出了规定。但从整体上来看,这些内部规定,效力层级低下,规定过于简单,只有一些原则性的规定,并没有过多地触及监督的流程,缺少具体的实施办法和细则。法律规范的严重缺位,为检察机关履行监督权带来诸多不便,立法的可操作性有待进一步加强。

二、人员配置不整齐,监所检察机构力量薄弱

我国人民检察院的性质是法律监督机关,但是具体承担的却是多项职能。按照《中华人民共和国人民检察院组织法》第二十条规定,人民检察院具体行使的职能有八项,分别是:刑事侦查、批捕、公诉、提起公益诉讼、诉讼法律监督、执行法律监督、监所法律监督、其他职能。为了履行相应的职能,人民检察院根据需要,设立了若干业务机构、职能部门。从整体情况来看,各级检察院普遍感觉职能众多,工作繁重。由于人员配备的不足,一些职能被弱化甚至虚无。

社区矫正监督是一个全新的任务,量大、面广、要求高,必须建立专门的机构,配备专业化的工作人员。2005年3月,最高人民检察院决定在其内设机构监所检察厅设立监外执行检察处,对社区矫正、监外执行等法律监督工作进行指导。随后,一些地方检察院也在其机构内设立了专司这一工作的人员或岗位,基层检察院成立了社区矫正检察官办公室或社区矫正监督流动工作站,配置专门的业务人员。但在全国的调研中发现,依然有许多地方检察机关并没有设置专门的社区矫正法律监督机构,社区矫正的监督主要还是由监所检察机关来执行。如据了解,湖北省襄阳市高新区检察院监所检察科一个部门、一套人马挂两块牌子,既行使监所监督职能,又行使社区矫正检察监督职能,但重点在监所监督,附带对社区矫正进行监督。① 而在经济发达的浙江省,省内大部分基层检察院也未设立专门的社区矫正检察科,社区矫正的检察监督工作大都由监所检察科兼任。随着社区矫正工作的推进,入矫人员快速增加,监所检察科的同志感觉压力倍增,力不从心,无法履行相应职责。② 全国类似情况比比皆是,各地都存在着检察监督人员紧缺的问题。此外,有些地方虽然开始探索设置基层检察室,如在社区或司法所设置检察工作站,以期探索和实现社区矫正法律监督的重心下移,但是人员的配置、场地的选择、工作的流程仍然很不规范。③ 且在一线从事社区矫正监督工作的检察人员,大多没有经过专门培训,工作能力与社区矫正监督的要求还有一段距离,由此影响了监督的效果。机构设置、人员配备的不合理,致使人民检察院社区矫正的法律监督事实上存在许多"盲区",无力监督、无法监督,法律监督职能的发挥大打折扣。

三、监督方式单一,且多为事后监督,存在滞后问题

从监督的时间来分,人民检察院的法律监督分为事前监督、事中监督、事后监督。但是根据《刑事诉讼法》《社区矫正法》《社区矫正实施办法》等法律的规定,人民检察院对社区矫正的决定使用、变更使用、撤销、解除、具体执行的监督,基本上都是事后监督。通常是相关决定作出以后,将法律文书

---

　　① 谢晖:《社区矫正检察监督存在的问题及对策——以襄阳市高新区检察院社区矫正为例》,《湖北文理学院学报》2016年第10期。

　　② 朱为学、顾浩:《基层检察室开展社区矫正检察工作初探——以浙江省湖州市长兴县人民检察院的探索实践为例》,《河北法学》2012年第6期。

　　③ 李春雷、张云霄、孙凯:《关于我国社区矫正法律监督制度完善的研究》,《中国检察官》2013年第7期。

抄送给检察院,而检察院在决定之前对情况不甚了解,对作出决定的过程无法有效参与。实践中由于一些检察机关的监督是在相关机关的裁定或决定作出后才行使的,所以往往出现检察机关提出纠正意见时,裁决已经发生了法律效力,因而检察院的监督无法预防违法行为的发生,只是一种事后的补救。以江苏省首例社区矫正管理人员利用职权索取贿赂案为例:2010 年 6 月至 2013 年 6 月间,被告人陈广念利用担任句容市司法局社区矫正工作管理科科长的职务便利,在社区矫正适用前的调查评估以及社区矫正的日常管理中,向矫正对象本人或其家属索取钱物共计人民币 11 万余元。人民检察院提起公诉,2014 年 4 月,丹阳市人民法院以受贿罪,判处陈广念有期徒刑 10 年,并处没收财产人民币 5 万元。① 在上述案例中,人民检察院的监督仅仅是在案发后的侦查与起诉。该案的发生历时之久,次数之多,如若检察院对社区矫正执行阶段有深入细致、全方位的监督,被告人的行为及时被发现、制止,就不会最终走向犯罪的深渊。

从监督的方式来看,目前人民检察院对社区矫正实施监督主要采用检察法律文书、受理申诉、控告、实地考察、执法检查、访谈等形式。由于监督的滞后性,人民检察院也无法对文书作实质性审查。检察机关走访派出所、司法所,与入矫对象谈话等监督方式,也由于没有法定的规范操作程序和各部门之间的协调,很难发挥实效。2008 年最高人民检察院颁发的《人民检察院监外执行检察办法》第二十六条规定,人民检察院开展监外执行检察工作,可以采取定期与不定期检察,全面检察与重点检察,会同有关部门联合检查等方式进行。县、市、区人民检察院在监外执行检察工作中,每半年至少开展一次全面检察。只有"每半年至少开展一次全面检察"是硬性规定,其他的检查在各地通常是偶尔进行。

由于监督的滞后,不可避免地造成了社区矫正中许多错误和漏洞无法被及时发现,进而使监督的效果大打折扣。

四、监督手段、措施乏强制力,影响监督效果

手段与措施的严厉性是监督权威、有效的重要保障。人民检察院法律监督的权威性很大程度上取决于惩罚、制裁措施的威慑力。那么,人民检察院在社区矫正监督中又有哪些手段与措施呢?依据最高人民检察院 2008 年颁布的《人民检察院监外执行检察办法》第二十三、二十五条规定,人民检

---

① 《社区矫正工作人员贪污受贿渎职类案例及警示教育活动案例选编二十七例》,http://www.bjdcfy.com/qita/sqjzal/2015-11/211137.html。

察院监督的手段有三种：提出口头纠正意见、发出纠正违法通知书、提出检察建议。《社区矫正实施办法》在检察监督手段上也没有创新与突破，基本上是沿袭了《人民检察院监外执行检察办法》的规定，其第三十七条规定，人民检察院发现社区矫正执法活动违反法律和本办法规定的，可以区别情况提出口头纠正意见、制发纠正违法通知书或者检察建议书。交付执行机关和执行机关应当及时纠正、整改，并将有关情况告知人民检察院。但由于无论是提出口头纠正意见，还是制发纠正违法通知书或者检察建议书，对被监督者都无实质的影响，实践中许多违法者对检察院的监督意见根本不予理睬，或者敷衍应对，很少真正去采取有效措施来加以落实。特别是对法院、公安机关、司法行政机关等国家机关而言，检察机关对之缺少必要的制约手段，有时发出的纠正违法通知书、检察建议书最终杳无音讯，检察院机关往往无可奈何、束手无策。① 监督措施的软弱无力影响了刑罚执行监督的力度与效果，也使得人民检察院监督的权威严重受损。

五、信息交流不畅妨碍监督职能的及时行使，监督存在漏洞

自 2014 年 3 月起，在最高人民检察院部署的对违法减刑、假释、暂予监外执行问题的专项检查中，发现一些地方检察院对监外执行工作的监督重视不够，"脱管""漏管"成为减刑、假释、监外执行活动中的一个突出问题。甚至在一些地方，有被判处缓刑、暂予监外执行的服刑人员下落不明，失踪数年，相关的法律文件也无法查找。显然，这种情况的出现与人民检察院监管的缺失有直接的关系。但人民检察院的职能缺失在很大程度上是因为与公安机关、人民法院等主体信息交流不畅，无法及时发现问题。调研结果显示，湖北省襄阳市高新区的法院和看守所只告知判处管制、宣告缓刑和暂予监外执行的入矫人员需要到检察机关报到，而对于假释的被执行人未做此项要求，致使检察机关无法掌握假释被执行人的入矫情况。此外，异地检察机关之间的配合是矫正执行检察监督中最薄弱的环节。目前，襄阳市高新区检察机关就社区矫正执行与异地检察机关建立了联系机制的并不多，造成异地"脱管""漏管"比例较高。②

社区矫正是一项由多个部门共同联手、协同推进的工作，其中任何一个

① 谢晖：《社区矫正检察监督存在的问题及对策——以襄阳市高新区检察院社区矫正为例》，《湖北文理学院学报》2016 年第 10 期。
② 谢晖：《社区矫正检察监督存在的问题及对策——以襄阳市高新区检察院社区矫正为例》，《湖北文理学院学报》2016 年第 10 期。

环节出现失误,都不可避免地会影响社区矫正的法律效果。这就需要各主体之间及时沟通信息,工作实现"无缝"对接。从整体上来看,除了大城市以及经济发达地区社区矫正工作信息化建设水平相对较高以外,大多数小城市以及经济欠发达地区的社区矫正信息化水平完全无法满足检察监督工作的需要。如一些基层单位尚未开发社区矫正信息系统,有的地方虽有开设,但是系统只是一个摆设,数据更新较慢,内容单薄且系统使用率低。人民检察院与相关部门的信息共享与衔接机制是人民检察院发现问题的"窗口",也是人民检察院依法行使监督职能的前提。因此,必须运用科技信息化手段,逐步建立完善覆盖人民检察院及各职能部门的网络平台,使科技更好地服务社区矫正检察监督工作。

第三节　社区矫正生态系统中人民检察院职能的勘误与回位

一、明确、细化社区矫正检察监督程序,使之更具可操作性和常态性

社区矫正制度较为成熟的西方国家,都有着一整套完备的监督制度。如美国的社区矫正法对矫正对象登记报到、分类、风险评估、资格权利的限制与剥夺、社区服务、奖惩制度等,均有详细的规定。[①] 邻国日本,建立了一整套矫正实施法律体系,同时为矫正工作法律监督规定了详尽的权利与义务。这些国家的检察机关在矫正制度中能流畅地行使监督职能,驾轻就熟地展开工作,监督职能很好地发挥了效用。

在我国社区矫正立法整体内容抽象、规定简单的现状之下,可以借全国性《社区矫正法》颁布之际,制定检察机关对社区矫正进行法律监督的实施细则以与《社区矫正法》相配套,明确监察机关在社区矫正中的具体监督措施与办法、操作流程、介入时间与方式、监督对象与范围等内容,以改变检察监督权的被动局面,消除检察机关在社区矫正活动中监督的障碍。作为检察监督职能之一的社区矫正检察监督,监督内容上要根据社会发展情势的需要,与时俱进,对不适宜的工作机制进行清理,建立和完善相对应的新工作机制,确保社区矫正制度得到普遍严格的执行、使用和遵循。[②] 具体而言,立法必须重点明确以下几个方面的内容。

---

① 钱美兰:《社区矫正推行以来存在的问题和思考》,《法治研究》2010 年第 4 期。
② 樊崇义:《检察制度原理》,北京:法律出版社 2009 年版,第 282 页。

1. 监督的对象

从主体来看,监督对象应该包含社区矫正生态系统内的所有主体,而不仅仅限于人民法院、公安机关、司法行政机关。以地域来分,包括检察机关所在地法院裁决且在本地入矫、外地法院裁决但转入本地入矫、本土法院裁决转入外地入矫三种情况。谁来监督监督者? 可以通过人民检察院的内设机构以及探索改革中的国家监察委员会来行使这一职能。

2. 监督的职能与内容

作为监督者的人民检察院,不是执法者,亦不是服务者,而是需以专门监督机关的身份发现问题,纠正错误,督促改正。社区矫正的监督内容包含社区矫正的决定、变更、执行、撤销、解除等所有的活动,在此基础上,检察机关必须细化、完善监督内容。以社区矫正的决定为例,检察机关应参与对评估结论制作与形成的监督。此外,还必须对文书的审查、社区矫正的各种适用、入矫对象的表现、执法主体履行职责等情况,全方位地展开监督。

3. 监督的程序

监督的程序主要包括介入的时间与方式、调查了解的渠道、处理的效力等。介入的时间应该尽量提前,从社区矫正的决定开始,检察机关就可以参加。同时,建立检察机关随时介入制度,为保证监督的及时到位,检察机关对社区矫正活动可以随时介入,并对程序有较大的控制权。对所有涉及社区矫正的情况,检察机关有知情权。由于社区矫正主体多元化、范围广泛、内容分散等特点,必须拓展检察机关知情渠道,明确规定各主体必须定期向检察机关通报相关情况。为调查需要,检察机关有权要求被监督对象提供有关材料或作出解释、说明。在被监督对象不履行法定职责或违法时,检察机关可以采取有效的措施,对对方的行为产生直接的影响,直至违法行为纠正或障碍清除,社区矫正回归正常的轨道,监督才可结束。

4. 监督的工作机制

监督的日常工作机制包括矫正效果评估机制、驻所与巡回相结合的监督机制、责任追究机制、同步监督和跟踪监督机制等。通过大数据统计、问卷调查、定期走访、座谈等形式,每月、每季度、每年对各主体在社区矫正中的表现进行调研分析,并对社区矫正的效果进行评估。评估结果向社会公示,接受社会监督。根据调研的结果,对表现突出的,给予肯定与奖励。评比的结果直接纳入被监督部门的行政考核指标中,加强检察监督的影响力。对于有违法行为的主体,检察机关可以按照法律规定,通过起诉、提出检察建议、发出检察建议等方式,实现对违法者的责任追究。为便于检察机关全面深入地了解与掌握社区矫正情况,检察机关可以入驻司法所或巡回检察,跟踪社区矫正执行的全过程,便于及时发现问题,提出纠正意见。健全的监督工作机制能够极大地提升监督的运行效率,并能确保机制的规范化和长效运行。

二、加强社区矫正检察监督专门机构建设,建立高素质的工作队伍

专门的机构,健全的组织,高素质的工作队伍是实现社区矫正检察监督专业化、规范化的基本保障。社区矫正开展较好的国家均设有专门的监督机构,以监督社区矫正的实施情况,促进制度的改进与调整。如瑞典的监察专员、加拿大的联邦矫正调查员办公室。我国也在实践中逐步探索社区矫正检察监督专门机构的设立。2013 年 7 月,上海形成市、区县、街镇三级社区检察部门,形成社区矫正检察监督新模式。上海的探索很有意义,截至 2019 年,上海市人民检察院建立的社区矫正检察室,基本覆盖整个市区的社区矫正工作,实现了对社区矫正工作全方位、立体化的监督。在"上海模式"的影响带动下,全国各地类似的机构相继设立。为适应新形势、新任务的需要,2015 年 1 月,最高人民检察院将"监所检察部门"更名为"刑事执行检察部门",主要负责刑事执行包含社区矫正法律监督工作。随后,地方各级检察院相应作出了改革与调整,并改进和完善上级刑事执行检察部门巡视检察、同级刑事执行检察部门巡回检察等制度。借改革的东风,对社区矫正监督主体的组织建设,必须从以下几个方面着手进行。

1. 统一的机构设置与改革

由于全国各地的发展程度差异较大,最高人民检察院的改革精神和"上海模式"的做法并没有在全国全面铺开。因此,必须从国家层面,或通过中央立法的形式,在全国强制推动机构的改革。地方必须为改革提供足够的经费支持和人事保障。统一、专门的社区矫正检察监督机构设立只是形式上的改革,更重要的是实质上的观念必须进行转变。社区矫正与监所关押是平行并列的两种刑罚执行方式,检察机关必须摒弃重监所监督、轻社区矫正的惯性思维,检察机关在人员安排、投入建设等方面,对两者应予以同等重视。

2. 提升社区矫正监督人员的职业素质

矫正工作性质和对象特殊,因而需要采用特殊的工作方法。作为社区矫正的法律监督者,检察人员更需要专业化,具有与社区矫正监督相适应的法律知识、专业水平、工作能力等职业素质。建立一支高效廉洁的社区矫正

监督团队,事关社区矫正在我国的运行质量,显然,对工作队伍的选拔、考核、培训等管理尤为重要。当前,应抽调懂业务、有能力、责任心强的检察人员,充实到社区矫正法律监督的队伍中来,承担社区矫正法律监督工作的基层检察院应配备至少 2 名专职人员。同时,不断提升社区矫正法律监督人员的业务素质和执法监督能力。[①]

3.强化社区矫正法律监督工作的物质和经费保障

社区矫正是一项长期的综合性很强的工作,必须有专项工作经费作为物质上的保证。社区矫正专门机构和人员的配置,必然会增加财政经费以及投入。如实践中,一些地方检察院开始设置派驻司法所的检察室,有关办公场地、交通设施、业务经费等,财政必须单列,并提供足够的保障。同时,根据工作发展需要,建立动态增长机制。对于经济欠发达地区,一时难以满足改革需要的,中央财政必须建立专项资金予以补贴资助,以确保全国各地社区矫正监督工作开展能获得强有力的物质保障。

三、建立多样化监督模式,实现"动态监督"与"全程监督"

社区矫正的重要特征是让服刑人员在其居住地的社区服刑,因而检察机关要了解服刑人员的矫正表现,提升检察监督的效能,就必须将检察监督的力量同步延伸至社区。[②] 当前社区矫正检察监督的滞后性、静态性、单一性已经严重影响监督效果。要改变这种局面,必须从以下两个方面进行突破,逐步建立和完善检察机关对社区矫正的同步监督、全程监督、动态监督机制。

首先,实现从"静态监督"向"动态监督"的转变。社区矫正生态系统内的环境以及每一个主体的状况随时都在发生变化,因此,监督必须与时俱进,同步进行。要做到同步动态的监督,必须充分利用现代科技手段,将社区矫正各个阶段所有信息全面掌握。对于出现的异常情况,及时作出反应和处理,确保违法犯罪活动被处理在萌芽阶段。网络化管理是实现社区矫正动态监督的有效途径。网络化管理一般是通过检察院的计算机系统与其他社区矫正参与主体的信息管理共享系统、监控系统联网,使检察院共享其他主体的业务数据与监控图像,实现对社区矫正生态系统内的生态环境的动态管理和动态监督。此外,在具体的工作方式上,除了

---

① 齐杰、李明晓:《社区矫正的检察监督探析》,《中国检察官》2014 年第 19 期。

② 林礼兴:《社区矫正法律监督方式:定期检察和随时检察》,《检察日报》2010 年 3 月 22 日第 3 版。

被动等待书面材料移送、接受检举、揭发、申诉线索之外,检察机关还必须主动出击,通过前台查账、座谈、走访社区等方式,广泛发动群众,协同各种社会力量,形成社区矫正检察监督的社会网络。在信息网络和社会网络的协助下,检察院将会对监督对象所有与社区矫正有关的活动有一个全面、准确的把握。

其次,实现"事后监督"向"全程监督"转变。"全程"包括事前、事中、事后监督三个阶段。从社区矫正开始的前期阶段,人民检察院的监督就应该展开。起诉阶段,对准备提出的判处管制、缓刑量刑建议,人民检察院应该委托司法行政机关对被告人的主观恶性、社会危险性进行评估,然后根据评估结果确定量刑建议。对于接受委托对拟适用社区矫正的被告人、罪犯进行调查评估的司法行政机关,其评估活动也是人民检察院的监督范围,以防止评估机构弄虚作假、徇私舞弊,导致应该进入社区矫正系统的对象没有进入,而不符合条件的对象被社区矫正。对于假释、监外执行的案件,监督权也应该前移至监狱对假释、监外执行提出建议之时,同时确保检察院对假释、监外执行决定程序有充分的参与权。此可谓社区矫正的事前监督。事中监督包括社区矫正决定后交付执行以及整个执行过程的监督,这是检察机关社区矫正监督的重点,直至社区矫正宣告解除或者消灭。但是社区矫正的解除或消灭并不意味着人民检察院监督的结束,人民检察院对社区矫正的事后监督不应被忽略。作为社区矫正活动的监督主体的检察机关,应当建立起社区矫正效果、再犯罪评估机制,对矫正活动进行全面总结、评估。如杭州市萧山区人民检察院建立了"重新犯罪案件跟踪监管制度",将社区矫正人员再犯罪案件纳入该院自主研发的"重点案件跟踪监管系统"中,借助网络查询平台,实现从检察机关受案到案件判决的全过程动态监管,确保检察机关内部信息的共享和预防联动机制的形成,该举措能强化对社区矫正人员重新犯罪的及时检察。① 事后监督还包括为特定对象,如偶然失足的未成年社区矫正对象,建立健全跟踪帮教机制及全程关注机制,直至对方完全回归社会。

四、刚柔并济,提升监督能力,强化监督的效力

监督手段、方式、措施是检察机关社区矫正监督制度的核心内容,是实现功能、目标的载体和保障。方式、手段不存,监督就无所依托,效果无法得到实现。以法律监督措施的力度为依据,可将法律监督分为刚性监督

---

① 王飞、周建忠:《社区矫正检察动态监督机制研究》,《法制与社会》2013 年第 26 期。

与柔性监督。"法"本身就是一个刚柔相济的结合体,与生俱来就带有"柔"与"刚"的品质。从"灋"的字体结构来看,左边的偏旁是三点"水",水灵动柔软,柔中带刚,能以柔克刚。右边的"廌"代表一种拥有一对锋利坚硬的触角、似鹿非鹿、能判断是非曲直的神兽。通过检察机关鼓励、引导、号召等手段,而主要依靠监督对象自我约束、自愿履行完成的,叫作柔性监督,如检察建议就是典型的柔性监督。反之,通过检察机关的强制手段、命令,迫使对方接受执行的,叫刚性监督,如对违法行为的立案、侦查、起诉、抗诉等,则属于刚性监督的方式。如同"法"与生俱来就带有"柔"与"刚"的品质,检察机关社区矫正监督也应该刚柔并济,在不同的场景中,法律监督刚与柔交替发挥作用,共同完成对社会的治理以及法制建设的使命。

　　检察机关社区矫正监督的对象、工作的环境较为复杂,因为社区矫正是一个外来的新生事物,引入的时间不长,社区矫正检察监督的各项法律制度正处于探索的过程中。同时,检察机关作为法律监督者不但应当致力于实现法律监督多元价值的平衡,而且要努力实现法律监督价值与安全、和谐、效益等社会多元价值的综合平衡。[①] 因此,检察机关必须综合考量社区矫正的社会形势,建立刚柔并济的监督体系,强化监督效力,提升监督能力。

　　对于一般程序性违法或者错误,可实行柔性监督,从而引起被监督对象的警醒或内部纠错程序的启动。或者通过反向的激励机制,对于遵纪守法的行为进行奖励、肯定,从而实现对违法行为的引导与规范。与刚性监督相比,柔性监督具有自身独特的优势。柔性监督多采用"提醒"而不是简单、粗暴的强制方法,最大限度地尊重了被监督者的主体意识,使得被监督者能够在一种友好、和谐的氛围中,体面地配合监督者的监督。这种监督与我国传统文化中追求和谐的价值是一致的。[②] 柔性监督使用得当,如同中国功夫中的"太极"一样,不仅效果"不柔",还能弥补"刚性监督"的不足,发挥出"刚性监督"达不到的效果。据统计,2009 年至 2012 年广东省检察机关共发出检察建议 3584 份,涉及交通管理、食品安全、金融管理、房地产监管等多个领域,回复率高于 85%,采纳率超过 95%,柔性监督取得刚性效果。[③] 而

---

　　① 刘世天:《法律监督现代化之理念构建》,《人民检察》2006 年第 3 期。

　　② 丁鹏、维英:《论检察建议与法律监督理念创新》,《内蒙古大学学报》(哲学社会科学版)2010 年第 6 期。

　　③ 朱香山、杨安琪:《柔性监督取得刚性效果》,http://newspaper.jcrb.com/html/2012-10/29/content_112239.htm。

《2020年广东省人民检察院工作报告》公布的数据显示,2019年广东省人民检察院在"刑事、民事、行政、公益诉讼"四大检察中,提出行政检察建议363件,被建议单位采纳315件;对减刑、假释、暂予监外执行不当提出纠正意见290人;发出公益诉讼诉前检察建议5775件。显然,检察机关的柔性监督正在发挥着重要作用。尤其是在社区矫正中,柔性监督对缓解各主体之间的紧张、焦虑情绪,培育出有利于与社区矫正监督对象沟通、协调的良好机制与氛围意义重大。

对于社区矫正中出现的重大违法行为,如:执法机关违法执法、矫正对象严重不履行义务、矫正效果恶劣等,必须强化检察机关的刚性监督,赋予检察机关强制监督手段,如强行启动纠错程序,要求进行实体的复核等。如果没有一种强制力作为后盾,检察机关的监督是苍白无力的,形同虚设。当前检察机关社区矫正法律监督普遍具有弹性、软性,干预性、强制性显得不够。如何强化检察院的社区法律监督效力?关键是解决检察建议、纠正违法通知书的法律强制力问题。当前,一些地方检察院已经通过人大立法的形式,规定了检察建议强制反馈制度,并规定了检察院检察员跟踪建议落实情况的法律责任。这是强化检察监督的一个有力举措,但是归根到底,应该在条件成熟时,适时向全国人大常委会提出立法建议,以法律的形式解决"纠正违法意见"和"检察建议"的法律效力问题,最终形成社区矫正法律监督工作的法律强制力、约束力和执行力。此外,当检察院发现社区矫正中存在违法行为时,应随时介入,并赋予检察机关一定的调查权。如有权要求对象主体说明情况、提供相应的材料;对于拒不配合的部门及人员,可以要求有关机关依法追究其相应的法律责任。对通过调查发现的违法行为,检察机关有权要求执行程序中止,并启动对相关违法行为和决议再次审议的程序。这样,检察院的监督就获得了实质上的约束力与强制力。

五、科技手段促进多机构共享信息平台建设

现代科学技术为各项工作的开展提供了极大的便利,并且起到事半功倍的效果。人民检察院应当充分利用现代科技成果,在各主体的信息共享以及监督措施的实施等方面,进行改革创新,以克服检察监督中存在的薄弱环节,将监督落到实处。当前,在社区矫正的检察监督中,科技手段在以下几个方面可发挥显著的甚至是立竿见影的效果。

1. 信息共享平台与机制的建设

现代社会是一个信息社会,信息的畅通是系统得以有序运行的重要前提,反之,系统功能就会严重受损。实践中,由于人民检察院与社区矫正生

态系统中各主体的沟通不及时,产生"信息孤岛",由此给检察院监督职能的行使造成阻碍,也使系统呈现"碎片化"的局面。因此,各主体之间必须建立有效的信息共享平台与机制,实现对监督对象的"动态监督",做到监督无死角,不留空白。以现有的社区矫正信息共享平台为依托,首先实现人民检察院与人民法院、公安机关、司法行政机关社区矫正数据信息联网,强调信息平台共建,要求各主体在自己的职责范围内将相关信息及时、完整地录入,并及时进行更新。如果一时建立全国性的系统存在困难的话,可以以点带面,先从省级区域主体开始,由政府财政资助,建立省级社区矫正信息共享平台。等到条件成熟时,应建立全国数据库系统,形成一个全国性的预防监控网络,实现对社区矫正对象信息共享。其次,各个主体的电子台账必须规范、完善,及时对相关信息进行查找、补录,发现问题要及时与相关单位沟通。最后,系统应增加提醒和分析评判功能,对于系统内出现异动或者冲突情况的,通过提醒功能引起工作人员的注意,从而发现问题。同时,设定相关评价指标,对社区矫正执行的相关情况进行分类、归纳、汇总,得出的结论可从整体上指导社区矫正制度的发展与改革。如若此系统最终得以建成,那么检察院社区矫正的监督,工作人员只需要日常打开系统,就能对系统中每天社区矫正对象的人数变动、每个对象所处的阶段、表现的状态等具体情况一目了然,对于每天出现的变动,系统也会提醒查看,这样,整个社区矫正工作完全处于现代科技设置的天网中,透明而清楚,从而也堵塞了"漏管""脱管"的一切监管漏洞。

2. 监督手段的科技化

在当前社区矫正的执法实践中,司法行政机关已经广泛使用现代化的科技手段作为执行监管措施。如终端定位技术,即通过给社区服刑人员配发的定位手机,实现对社区服刑人员的定位监管、警示告知、短信指令等区域监控,形成限制活动区域的"电子围墙"。执法记录仪、脸谱识别仪等科技设备投入使用。执法记录仪集摄像、拍照、录音等多种功能于一身,佩带灵活方便,将社区矫正人员和执法人员的谈话、教育过程全程数字化记录,为入矫报到、谈话、走访等现场真实记录提供第一手实时影像资料。脸谱识别仪利用个体的面部和指纹信息的唯一性,由系统自动识别、记录每个社区服刑人员的日常报到、学习教育、社区劳动与服务等活动情况。检察院的监督也可以通过微信、微博建立公众号,广泛听取各主体的意见反馈。

第五章　社区矫正生态系统中的主管与工作主体

——司法行政机关

司法行政机关在我国的司法体系和法制建设当中占据着相当重要的地位,是国家政权的重要构成要素。1949 年 10 月我国成立了中央人民政府司法部,《五四宪法》颁布后,改名称为中华人民共和国司法部。司法行政机关在我国地方基层的组织机构是县(市)级司法局,在社区矫正工作中主要承担组织管理和教育帮扶工作。其下辖司法行政最基层的组织机构是司法所。司法所作为市(区、县)司法局在乡镇(街道)的派出机构,负责直接面向广大人民群众开展基层司法行政工作,其在社区矫正方面承担着实际工作中组织和实施的作用。

第一节　司法行政机关在社区矫正生态系统中的职能与地位

一、司法行政机关执行社区矫正制度的具体责任

根据我国《社区矫正实施办法》第二、三条的规定:司法行政机关负责指导管理、组织实施社区矫正工作。县级司法行政机关社区矫正机构对社区矫正人员进行监督管理和教育帮助。司法所承担社区矫正日常工作。《社区矫正法》则进一步理顺了司法行政机构的内部关系,其第九条规定,县级以上地方人民政府根据需要设置社区矫正机构,负责具体实施社区矫正工作。社区矫正机构的设置和撤销,由县级以上地方人民政府司法行政部门提出意见,按照规定的权限和程序审批。司法所则根据社区矫正机构的委托,承担社区矫正相关工作。可见,司法行政机关是我国社区矫正执行的主管机关,但具体的执行由司法所在县级司法行政机关的指导下进行。具体言之,基层司法行政机关在社区矫正工作中,主要承担了以下责任。

1. 审前社会调查评估

根据《社区矫正实施办法》的要求,需在矫正前对犯罪人实行调查,判断其是否合适于社区矫正。公、检、法及监狱部门可以委派司法行政机关对拟矫正人员着手评估。司法行政机关在受到委托之后,应当按照委托机关的

相应要求,对拟适用于社区矫正人员的基本情况进行相应了解调查,主要包括其家庭关系、社会关系、居所情况、以往表现、犯罪后果及影响、居委会和村委会以及被害人意见,同时附带对矫正人员的严禁事项等,最终完成对社区矫正人员的评估,并负责及时回馈交付给相应的委托单位。总体来说,评估意见将会成为其他权力机关权衡是否对犯罪人实行矫正的判断依据。

2. 直接执行监管措施

矫正对象依法向县级司法行政机关报到后,县级司法行政机关应当及时为其办理登记接收手续,并告知其三日内到指定的司法所接受社区矫正。司法所接收社区矫正人员后,应当及时向社区矫正人员宣告有关法律文书的主要内容、社区矫正期限、社区矫正人员应当遵守的规定、被禁止的事项以及违反规定的法律后果、社区矫正人员依法享有的权利和被限制行使的权利、矫正小组人员组成及职责等有关事项。司法所应当为社区矫正人员确定专门的矫正小组,并为社区矫正人员制定具体矫正方案。社区矫正人员定期向司法所报告遵纪守法,接受监督管理,参加教育学习、社区服务和社会活动的情况。发生居所变化、工作变动、家庭重大变故以及接触对其矫正产生不利影响人员的,社区矫正人员应当及时报告。司法所对每一个社区矫正人员的执行情况适时进行监督、考察,并且安排学习、劳动等具体矫正活动。直至矫正期满,司法所组织解除社区矫正宣告,与安置帮教工作部门妥善做好交接,并转交有关材料。可见,整个社区矫正执行的流程,司法行政机关不仅全程参与,而且是主持、主导和主管。

3. 防止"脱管""漏管"

基于社区矫正拥有社会性、开放性、适度性等独特的性质,在社区矫正进行的过程中给社区矫正人员提供了相对而言可供自我调整、合理安排的时间以及相对自由的空间。诚然,事物的发展总是具有两面性的,不能只看到社区矫正带来的积极影响,同时也要察觉到其潜在的风险。由于社区矫正处于一种相对自由的环境中,一些社区矫正人员一旦没有克服内心的侥幸心理,就不能很好地按照相关法律规定积极配合完成矫正,导致"脱管"和"漏管"现象的发生。《社区矫正实施办法》中对"脱管"和"漏管"作出了具体规定。凡涉及在规定的时间内未完成报到、在接受矫正期间脱离了合法监管并且时间上超过一个月的,以及没有经过司法行政机关批准却离开居住地的,或者拒绝报告自己行踪而脱离监管的,以上这些行为均属于社区矫正中的"脱管"和"漏管"现象。

4. 协调相关部门

社区矫正的最终目的就是通过非监禁刑,让社会危害性小、罪行较轻的犯罪分子得到改造，获得教育帮扶，再次融入正常社会生活。《社区矫正实施办法》与相关文件奠定了司法行政机关的主体地位。而作为与社区矫正人员打交道的基层司法行政机关工作人员无疑成了矫正能否得到顺利实施的关键所在。

二、当前司法行政机关参与社区矫正的几种模式

在当前司法行政机关参与社区矫正的工作中，各地做法不一，且形成了地方特色，主要有上海、北京以及深圳三种不同的模式。上海市作为我国最早开始社区矫正的试点地，从 2002 年起就着手开展相关工作，在发展初期就决定通过依靠社会力量来完成试点任务。北京市紧跟其后，在 2003 年通过发挥基层司法行政的作用并结合现有的社区组织积极引入各种社会力量，使其行政主导化的模式得到优化。深圳在开创试点时选择了跟北京、上海截然不同的发展模式，2007 年政府通过向社会组织付费的方式购买社会组织提供的服务，发展出特有的政府购买的模式。

1. 上海模式

"上海模式"是指在上海市司法局社区矫正工作办公室的领导和监管下，主要依靠政府指导下创建的民办非营利矫正机构——新航社区服务站，采用社会工作的价值理念及工作手法实施矫正，一定程度上实现了执行主体和工作主体的分离。① 在"上海模式"中，新航社区服务站接受政府职能部门的委托，提供对社区矫正人员的日常管理、心理矫治、公益活动、教育帮扶工作等服务。执行、工作主体适度分离的形式，一方面降低了社区矫正的惩罚性和强制性，重点强调了社区矫正的教育性。而另一方面基于上海市把矫正工作全权委托给了民办非营利性质的服务站，教育性远远大于强制性和权威性，仍然无法解决社区矫正中的分工问题。

2. 北京模式

"北京模式"是在矫正工作领导小组的带领下，形成北京市和各试点区（县）及街道、乡镇的三级社区矫正网络，司法所取代了公安机关成为社区矫正的执行主体。② "北京模式"依托基层司法所的主导作用，与矫正组织以及社会志愿者共同努力建立起完整体系。北京市普遍设置阳光社区矫正中心作用于组织队伍在社区矫正中发挥其协助管理作用，致力于社区矫正人

---

① 张传伟：《我国社区矫正京沪模式的比较分析与选择》，《北京社会科学》2009 年第 1 期。

② 但未丽：《社区矫正的"北京模式"与"上海模式"比较分析》，《中国人民公安大学学报》（社会科学版）2011 年第 04 期。

员的初期教育工作,关怀矫正人员心理健康,敦促其参与公益活动,促使其积极融入社会生活以及对其提供暂时的安置,保障其拥有一个顺利的过渡时期。北京市采用基层司法助理员、抽取一定数量的狱警以及由社会招聘的协管员来进行社区矫正,借助这三种完全不同的人员协助社区矫正工作让其得以顺利实施,由居委会人员、矫正人员家属以及其他志愿者等共同构成矫正中的社会志愿人员。尽管"北京模式"引进了不同社会组织的加入,但其实质都具有非专业性,变相增加了人民的监管力度,欠缺专业的评估,同时也缺乏社区矫正管制、教育和帮扶功能的适当分工。[①]

3.深圳模式

"深圳模式"由司法行政机关到民政局提出购买服务岗位,民政局向辖内的社会工作服务机构招标,选择合适的司法社工服务机构,然后签订用人单位、主管部门、中标机构的三方协议,中标机构派出社工开展专业的矫正服务。[②]"深圳模式"主要由 2007 年成立的春雨社会工作服务所提供服务,它是由民政局给予支持、司法局负责主管的社会工作服务社。

以北京、上海以及深圳分别为代表的社区矫正执行模式已经如火如荼开展起来,并且取得了相应的成绩,但在实践中还是有一些问题存在的。虽说瑕不掩瑜,但仍要扬长避短,及时梳理现状总结经验,为社区矫正的良性发展作出贡献。上海市政府委托专业的社会力量来提供矫正服务,但政府的主导作用在一定程度上被忽视,矫正机构承担大量矫正事务,肩负着较重的职责。矫正机构能否顺畅运行直接影响着矫正的质量。但这些矫正机构作为非政府部门,自身的发展同样具有局限性,存在无法保证矫正切实落实的隐患,进而影响矫正有效深入地推进。受委托的服务机构囊括矫正的日常监管、帮扶教育等工作,无形之中影响了行政执法的崇高权威。由于上海的社会服务机构接受了过度的委托工作,同时必须履行监管职能,这就不利于社会服务机构发挥其专业的优势。尽管"北京模式"积极调动了社区组织的参与,让矫正人员能够感受到外在的帮扶,无疑给其带来了温暖和鼓励,但是现有的以管控手段为主的行政管理传统依然根植于社区矫正当中,只是把社区组织及群众纳入行政主导的体系内,其强烈的征服色彩是无法被掩盖的。"北京模式"集管控、教育和帮扶于一体,使得基层工作人员本身扮演的角色过于矛盾冲突,不利于分工协作、建立良好的信任关系,同时也在

---

①　郭伟和:《社区矫正工作亟待创新的三个问题》,《社会工作》(学术版)2011 年第 6 期。

②　郭伟和、梁愉冰:《社会管理创新的基层探索——来自北京大兴区社区矫正的专业化实验研究》,《国家行政学院学报》2013 年第 2 期。

一定程度上限制了恢复司法的社会和解功能。"深圳模式"依托民政局购买社区矫正相应岗位来代替传统意义上的购买服务。"深圳模式"虽然更进一步地对社区矫正进行了创新,但是也使相应机关增加了管理难度以及使购买程度严重复杂化。保障该模式顺利实施的关键点在于维持政府部门和民间矫正机构间的长期有效合作。

以上三种模式均有其侧重点,三地依托各自的模式均取得了相应的成果,每种模式都展示出自身的优势。诚然任何事物的发展均具有两面性。我们应不断总结这三种不同模式的经验,最终探索出一种适用范围最广、效果最好、性价比最高的模式。

第二节　社区矫正生态系统中司法行政机关遭遇的困境

自我国社区矫正实施以来,各地积极探索,取得了一定的成绩。但在司法行政机关积极执行社区矫正的同时,也呈现出一些无法回避的客观问题,主要体现在司法行政机关队伍建设相对滞后、司法行政机关与其他部门衔接不力、司法行政机关中矫正警察的缺失以及配套资源支持的限制等方面。

一、司法行政机关队伍建设相对滞后

司法行政机关是能否出色完成矫正任务的关键所在,县、乡(镇)级别的司法行政机关的任务则是重中之重。在实际工作中,县、乡(镇)级别的矫正工作队伍有严重的局限性,不仅其执法队伍的专业、规范、职业化程度有待提高,而且其自身本应享有的待遇问题依旧没有完全得到解决,社区矫正工作人员可能因为编制待遇、人员配置、组织保障等问题而无法全心全意投入工作中。基层司法所承担的工作量约占总量的 30%,但基层人员的配置方面相对有失均衡。矫正制度的未完全建立也给执法者、社会工作者、矫正志愿者带来了相应的麻烦,导致职责分化不够明确清晰,尤其是在矫正工作者和志愿者的培训、管理方面。

基层司法所的工作人员肩负着大量的矫正工作,他们在平常的工作中会与矫正人员直接接触。基层司法所承担起对矫正人员的改造教育任务,因此司法行政机关必须设立工作人员的从业资格和职业标准,使工作人员能够接受专业化的系统学习,保证工作人员工作的专业性,提高执法水平和综合能力。我国地域辽阔,基层司法所的范围涵盖面广,辐射的人口众多。基层司法所的工作任务较重,但现阶段基层司法所的基础建设和维护支撑达不到应有的水准。尤其表现在目前矫正工作者的专业化水平仍亟待整体

改善,如心理医生、普法宣传人员的配备等,这些只能由具有专业知识背景的人士来担任。一部分矫正工作者只经过简单的培训就开始上岗,其自身在思想层面上就难以做到对社区矫正工作有深刻的认识,一旦工作中出现态度不好、工作方法不正确、缺乏人性关怀、制订的矫正方案不科学等情况,就会给矫正工作带来困难,不利于矫正工作的健康发展,甚至会在一定程度上起到反作用。

二、司法行政机关与其他部门衔接不力

我国社区矫正工作涉及公、检、法、司及社区等多个部门组织。部门之间如果出现工作衔接不到位,会直接影响矫正成效。比如法院对罪犯判处非监禁刑并生效后,司法行政机关与法院信息不对称,会导致帮教不及时或帮教措施针对性不强。其中,公安机关对矫正人员具有监管作用,而司法机关作为矫正的具体执行者,尤其是公安机关下辖派出所与司法所之间的协作配合,是矫正工作能否顺畅衔接的重要基础。

然而派出所与司法所之间并非默契十足。譬如出现过"只移交档案资料,不移交人"的情况。因为移交不到位,造成司法所未能及时准确掌握矫正人员的确切信息,易出现暂时性"脱管""漏管"现象。偶尔出现少数矫正人员带有抵触心理或者消极矫正,不积极配合司法所的工作,提请派出所对其实施强制措施时,个别民警推诿塞责,甚至存在"社区矫正工作已经移交给司法所了,派出所能不参与就不参与了"的思想。

这种想法在社区矫正工作中无疑是相当具有危害性的。派出所和司法所一旦出现移交工作不到位,其本身就是矫正工作出现了疏漏,要及时补救,减少危害。派出所和司法所的工作人员均要积极着手处理,早日解决问题。而在现实中,司法所工作人员因为不具备强制执法权,不能有效地对矫正人员强制性执法,于是要提请派出所对矫正人员实施强制措施,此时派出所民警如果推诿塞责,会对社区矫正工作产生消极的影响,不利于其达到矫正的最终目的。此外,法院、检察院与司法机关的衔接也未完全实现"无缝对接",比如有些监狱和法院未能及时交付法律文书;有些外地法院没有完成送达法律文书的职责,更有甚者因为未能核实准确信息导致出现错送的情况。

2016年9月22日,最高人民法院、最高人民检察院、公安部、司法局颁布《关于进一步加强社区矫正工作衔接配合管理的意见》,对社区矫正工作中衔接配合管理提出了详细指导意见,包括适用前的衔接配合管理、社区服刑人员交付接收的衔接配合管理、社区服刑人员监督管理的衔接配合以及

社区服刑人员收监执行的衔接配合管理。该文件对上述易出现衔接问题的情况给予了相应的规定,但现实工作中偶尔会出现一些小插曲,只有从源头上加强司法行政机关与各单位矫正工作的衔接,才能最终促成矫正的有效实施。文件也规定了人民检察院的监督职能,主要涉及检察院应当加强对社区矫正交付接收中有关机关履职情况的监督、对社区矫正监督管理活动的监督、对社区矫正收监执行活动的监督。检察院对这三方面工作有监督责任,分别列出具体的条件,并依法提出纠正意见。这些措施对检察院履行具体的监督职能起到了重大的推进作用,使其行使监督职能不再只体现在形式上,而是落实到实际工作中,直接对社区矫正起到推进作用。

三、司法行政机关中矫正警察的缺失

社区矫正不仅在执法人数的配置上有待增加,而且在工作人员的配备种类上也略有欠缺,例如在社区矫正中配置矫正警察。查阅国内现有的法律法规,并未强制人民警察参与矫正活动。但在实际中,为矫正工作增派专职的矫正警察,可以依靠警察所特有的"暴力属性",保障矫正能够实现强有力的执法。矫正警察的设置,不仅存在于理论上的探讨,更是对我国司法建设的积极响应。

首先,配置矫正警察是刑罚执行的要求。在司法权的多种实现方式中,刑罚执行占据着一定地位。社区矫正作为新兴的非监禁刑罚执行方式,尽管其享有相对较高的自由性,但其在本质上的严肃性不容小觑。纵使矫正人员罪行较轻、社会危害程度较小,仍需警察本身所特有的权威来配合工作的开展。

其次,配置矫正警察能够对违规的矫正人员实施强制措施。矫正制度给矫正人员提供了在"社区"内完成改造的机会,同时给予其在规定范围内最大限度的自由,但矫正人员需要做到按照相关规定并且积极配合矫正才能享有这一权利。矫正警察可以针对违规现象的发生对矫正人员采取有效的强制措施,为矫正的顺利进行提供强有力的保障。

再次,配置矫正警察能为矫正工作提供坚实的安全后盾。矫正活动的实施场所——"社区",是较开放的区域。工作人员与矫正人员进行零距离接触,因此不得不引起重视的是,作为曾经的犯罪人,矫正人员依然具有潜在的危险性,意外情况发生时会在一定程度上给工作人员带来安全隐患。因此,给司法行政机关配置矫正警察的举措,既能保障工作人员的人身安全,让其放心投入矫正工作,又能使矫正的效率得到提升。

《中华人民共和国人民警察法》(以下简称《警察法》)(2012 年修订,

2013年1月1日起施行)规定:"人民警察的任务是维护国家安全,维护社会治安秩序,保护公民的人身安全、人身自由和合法财产,保护公共财产,预防、制止和惩治违法犯罪活动。人民警察包括公安机关、国家安全机关、监狱、劳动教养管理机关的人民警察和人民法院、人民检察院的司法警察。"虽然法律条文中没有直接指出矫正中应当配备矫正警察,但是《警察法》关于警察的职责分工,作出了具体规定:"对被判处管制、拘役、剥夺政治权利的罪犯和监外执行的罪犯执行刑罚,对被宣告缓刑、假释的罪犯实行监督、考察。"《刑法修正案(八)》作出了稍许变动,对判处管制、缓刑和假释的犯罪人实施社区矫正不再由"公安"承办。《刑事诉讼法》修订后,指出社区矫正机构负责矫正权力的运用。《社区矫正实施办法》明确了社区矫正的执法机构是基层司法行政机关。目前仅剩"剥夺政治权利"的犯罪人由公安机关负责执行,其余几类均由司法行政机关主导的社区矫正来完成实施。在公安机关作为执行主体时期,警察就被赋予了对犯罪人进行刑罚执行的权力。在执法过程中,现阶段的矫正现状比公安机关作为执法主体时更为复杂,其涉及更多部门的共同参与,工作内容也会相应增加。因此司法行政机关非常有必要配备相应的警察权力。只有真正落实设置司法行政机关内专职的矫正警察这一岗位,才能保障社区矫正执法活动更好地实施。

四、配套资源支持的限制

我国社区矫正工作的开展是由司法行政部门为执行主体,各相关政府机构、社会公众组织共同参与积极配合完成的。但社区矫正工作的高效推进不能仅凭司法行政机关的单方付出,其他相关部门及社会团体在配套资源上的大力支持也是必不可少的。

对矫正人员进行帮助扶困,促使其顺利矫正犯罪人格、再次融入社会是社区矫正的最终目的。其中,帮助扶困工作是极其具有挑战性的任务,若不能充分协调及调动社会资源为矫正服刑人员的基本生活提供保障,将会增大其再次犯罪的可能性,最终大大降低社区矫正的工作效果。因此,各服务保障部门的协助配合在社区矫正工作中显得尤为重要。2009年9月2日最高人民法院等部门颁布的《关于在全国试行社区矫正工作的意见》中曾提到:"积极协调民政、人力资源和社会保障等有关部门,将符合最低生活保障条件的社区服刑人员纳入最低生活保障范围,为符合条件的农村籍社区服刑人员落实责任田。整合社会资源和力量,为社区服刑人员提供免费技能培训和就业指导,提高就业谋生能力,帮助其解决基本生活保障等方面的困难和问题。"

基于社区矫正囊括了帮助扶困这一任务,司法行政部门急需民政和社会保障等部门的协作配合。尽管作为辅助部门,民政和社会保障等部门在职业能力培训等方面提供了支持与便利,但针对社区矫正这一庞大而又复杂的体系而言,就显得尤为有限,甚至一些资源的获得需要动用个人关系。虽然这不属于法定程序范畴内的产物,但是实际操作中类似的人情往来是避免不了的,有时还能在不违背法规和纪律的情况下给矫正带来便利。社区矫正同样离不开特定经费的支撑。无论是国外长久的实践经验,还是国内本土的试点情况,都呈现出矫正的运作成本远低于监禁刑。研究表明,在试点过程中,上海市每个矫正人员年平均花费 1867 元,监狱矫正达到每年每人次 1.99 万元。[①] 在浙江,监禁一人一年的平均开支为 1.97 万元。[②] 基层的司法行政机关代替公安机关成了社区矫正的执法主体,但因之前没有用于矫正的专项经费,只能从现有的业务经费中挤出一部分。2012 年财政部、司法部《关于进一步加强社区矫正经费保障工作的意见》明确要求各地将社区矫正经费列入同级财政预算予以保障,通过加大实施力度提高社区矫正经费保障水平。国家虽然对于社区矫正经费的主体负责部门进行了界定,但却未对其财政负担能力进行有效的评估,导致经费实际落实困难。目前就我国部分地方政府而言,尤其是县级层次政府,都存在不同程度经费的紧张情况,基层的矫正经费并不能得到财政的优先支持。

我国的社区组织主要由村(居)民委员会和社会团体构成。其在社区矫正辅助管理中占有重要的地位。社区组织需积极发挥自身优势,协同相关部门积极做好社区矫正中的监管、教育、帮扶工作。《社区矫正实施办法》规定:"有关部门、村(居)民委员会、社区服刑人员所在单位、就读学校、家庭成员或者监护人、保证人等协助社区矫正机构进行社区矫正。"由于村(居)民委员会组成人员均不属于专职的公职人员,并且我国也没有关于社会组织在社区矫正中的具体优待政策和条款,他们均以辅助人员或志愿者的形式加入社区矫正管理中,这必然会导致其时间成本、经济负担增大。因此,社会组织主动协助矫正工作开展的情况也较为少见。

在我国现行社区矫正管理体制下,社区组织需对自身资源进行规划整合以及充分利用,并积极协助基层司法行政机关做好社区矫正服刑人员的改造、监督、服务、管理等工作。但由于我国的社区体系发展不完善,社会管理体制相对落后,社区组织在社区矫正中的作用没有得到充分的发挥,这也导致了基层司法行政机关的实际矫正工作过程举步维艰、困难重重、进展较慢。

---

① 张传伟:《社区矫正机构"1+X"模式及其经济分析》,《山东社会科学》2009 年第 10 期。
② 浙江省司法厅课题组:《论扩大非监禁刑罚方式》,《犯罪与改造研究》2004 年第 9 期。

第三节　社区矫正生态系统中司法行政
机关职能的勘误与回位

随着《社区矫正法》的出台，社区矫正的相关法律法规也将陆续得到完善。司法行政机关的主体地位在法律层面上得到认可。矫正资金的管理方面也从法律层面给出更加明确的规定。本次立法的成果之一是要求县级以上地方人民政府根据需要设置社区矫正机构，负责社区矫正工作的具体实施。但如何设立，由各地的司法行政机关提出建议。结合目前的实际情况，可从以下几个方面入手。

一、设置矫正管理协作中心

为实现社区矫正顺利运转，使其得到可持续化发展，社区矫正可以建立统一的矫正管理协作中心，其可借鉴"集中受理、合理分配"的模式来设置。该中心可由司法局负责发起，公安部、检察院、法院三机关共同参与，由三者共同负责定期抽调人员参与相关工作，抽调人员任职于矫正管理协作中心期间必须定人定岗，有明确的工作职责划分。矫正管理协作中心是一种多功能、综合性的矫正监督管理平台，其工作职责主要有以下内容：一是犯罪人的矫正裁定前调查、评估；二是入矫宣言，是指由矫正管理教育中心组织新入矫正的犯罪人集中开展以提高矫正教育严肃性为目的的入矫行为宣誓；三是监督管理，其目的在于对矫正对象服刑期间全过程中的管控；四是思想交流，旨在通过与矫正对象的密切沟通交流，了解其服刑期间的思想动态并调整其相应矫正计划；五是公益劳动，是指通过让其参加社会团体组织的公益活动从而提高其与社会的融合度；六是救济帮扶，为面临生活困境的矫正对象提供必要的帮助安置服务等。矫正管理协作中心内设中心警务室和中心检察室，分别负责对矫正对象日常行为活动的监督管理、惩治及考评工作和对社区矫正执行机构在矫正实施过程中的法律监督工作。通过公、检、法、司等各部门的相互协调，相互配合，有效地解决社区矫正工作中的各项难点，可以平稳推动社区矫正工作的健康有序发展。

二、配备专职的矫正官

社区矫正在实践中的执行主体为司法所，它负有调解、刑释解教、社会维稳、基层管理等基础职能，相对于派出所和人民法庭等派出机构而言，司法所的工作人员相对不足,执法主体地位不突出,无形中降低了社区矫正工作的实效性。部分法律学者建议设立矫正官制度,并提议把矫正工作执法者冠以"社区矫正官"职务。如陈和华提出"在法律层面上建立社区矫正官制度十分必要,在基层司法行政机关内设置社区矫正官一职,并以社区矫正官为核心,作为具备执法资格、负责社区矫正的具体工作的专门主体"①。董邦俊、王振认为,矫正官应成为矫正队伍的核心,"社区矫正官可参照法官、检察官的设置,是'不穿警服的警察',赋予其专属的执法权"②。司绍寒则认为"社区矫正官制度必然成为社区矫正执法队伍的发展趋向……探索成立专业的社区矫正官队伍,对立法层面的矫正官制度有着积极的影响"③。社区矫正既然具有刑事执法工作的职能,则应该参照法官、检察官来构建矫正官制度,将基层社区矫正的执法人员任命为"社区矫正官",矫正官应具有公务员与执法者的基本条件和特征,承担管理、惩罚、帮扶等各项职能。矫正官根据自身职位的特有性质,在履行职责的同时应当得到一定精神层次和物质方面的相应回馈。

社区矫正官的设置原则上应倾向基层,由县级司法行政机关进行统筹,以乡镇(街道)人口为基数,兼顾社区服刑人员数额,一般每 2~4 个乡镇(街道)配备一名专职社区矫正官,负责管辖范围内的矫正业务,若乡镇(街道)人口明显多于或者少于一般乡镇(街道)人口的平均数,则按实际情况多配或者少配专职社区矫正官,此外可设定监管服刑人员数上限,突破上限则增设社会矫正官人数,可效仿巡回法庭模式,设置巡回社区矫正官,以解决一段时间内社区服刑人员变动带来的社会矫正官的增配问题。在刑罚执行过程中,应完整建立起以社区矫正官为主导,其他司法行政工作人员和社会工作人员为辅的模式,各方在相互协助的前提下分工负责。按照《社区矫正实施办法》规定的,社区矫正制度实施体系的执法环节,不仅体现了刑罚执行的权威性、严肃性,还有效地解决了工作人员与适用矫正的对象之间比例不均的问题。除此以外,对于熟悉执行工作业务,有编制且正从事矫正工作,但并未取得矫正官资格的相关工作人员,可通过区分情况予以安排使用;对于学识基础较好的人员,鼓励他们考取相关的职业资格证书,再参加矫正官的遴选考试;对于无法长期从事社区矫正工作的人员,则建议调任其他岗位。

---

① 陈和华:《论我国社区矫正的组织制度》,《法学论坛》2006 年第 4 期。
② 董邦俊、王振:《论社区矫正的制度化构想》,《政法学刊》2007 年第 6 期。
③ 司绍寒:《社区矫正立法基本问题研究》,《中国司法》2011 年第 4 期。

三、充分发挥各部门联动作用

社区矫正是一项综合性很强的工作,其牵涉的部门较多,包括公、法、司、民政、监狱等部门。如若不能进一步明确矫正执行的主体资格,将会导致各部门的分工职责不清,反而使简单的工作复杂化,对做好这项工作缺乏热情和积极性。因此,首先应该明确司法行政机关矫正主体的地位,赋予其行使刑罚执行权(包括非监禁刑罚的执行)的权利和义务;其次各地根据自身的实际情况,制定出社区矫正的具体实施细则、配备社区矫正机构人员、研制矫正效果考评标准等;再次,加强沟通衔接,建立定期联席会议制度,整合资源,优势共享,集中力量共同做好社区服刑人员的帮教工作。

在矫正过程中,明确司法行政机关的主体地位是能够完成社区矫正的大前提。各地制定出具体的实施细则、考评标准后,不能墨守成规,仍要坚持以发展的眼光看待问题。要积极审查所制定的细则、标准,审视其是否能跟得上社会的发展,要不断探索、持续研究,使细则和标准不断得到完善。

《社区矫正实施办法》对公、检、法、司等部门的相关职责都做了具体的划分和规定,但若各部门沟通协调不畅,又缺乏共同的监管机制,就会造成工作的相互推诿,导致推脱责任、效率低下。因此,人民法院在司法实践过程中应多与社区矫正机关互相沟通,及时了解相关情况,按照罪责刑相适应刑法原则,正确适用非监禁刑,定期进行调研并评估社区服刑人员再犯的风险。人民检察院应加大对社区矫正工作的监督力度,防止工作人员滥用权力,从而导致矫正人员犯罪人格的重新形成,致使爆发更为严重的刑事案件,避免违背社区矫正的初衷。公安机关要与矫正机关紧密配合,认真履行监管职能,防止社区服刑人员发生"脱管"和再犯的情况。监狱部门在矫正对象的交接问题上要积极主动配合衔接社区矫正机关,将犯罪人档案和预测评估材料适时提供给社区矫正机关,这样会更加利于社区矫正机关今后工作的开展。对于司法行政机关而言,一方面司法行政机关在接到公安机关、人民检察院、人民法院、监狱等关于适用社区矫正的犯罪人委托调查评估时,应认真调查、全面收集其家庭、社会背景、现实表现、犯罪行为危害性大小和社会影响等方面的信息,形成综合评估意见,及时提供给委托机关;另一方面应定期协调有关部门召开公开或者内部会议,将社区服刑人员的现实表现情况和矫正数据反馈给相关部门。其他具有承载社会工作义务和责任的相关部门必须配合社区矫正工作的开展,依法为其提供便利,例如民政、社保等部门可在解决低保、就业、安置等方面为社区服刑人员再社会化提供保障。

四、加强对司法行政机关执行社区矫正的保障

矫正工作的有效实施需要充裕的经费保障。同时，作为矫正工作中较为重要的一项任务，矫正工作人员应给予矫正对象适当的帮助，以引导他们更好地再次融入社会。因此，帮助扶困的实施也需要相关主管部门的协调与支持。

国外长期的矫正工作经验以及我国矫正多年的发展情况，都说明了矫正的成本投入远低于监禁刑。因此，社区矫正的实施，是一种较为经济的刑罚执行方式。尽管执法的主体变为了基层司法行政机关，但由于原来并没有配置专门的矫正专项经费，只能压缩原本就比较紧张的普通经费，压缩的部分则用于相关的矫正工作，致使无法对矫正工作的实际运行予以有效的物质支持。在最高人民法院、最高人民检察院、公安部、司法部《关于在全国试行社区矫正工作的意见》中，明确地规定加强矫正经费的保障。要求通过构建矫正工作经费保障制度，把矫正工作各项费用纳入财政预算，并根据实际需要建立经费动态增长机制。财政部门的大力支持，是构建矫正工作财政保障体系的有力保障。2012年财政部、司法部在《关于进一步加强社区矫正经费保障工作的意见》（以下简称《经费保障工作的意见》）中，对社区矫正经费予以保障，明确要求各地列入同级财政预算。保障矫正工作的财政经费虽然在一定程度上实现了有据可查、有法可依，但是我国绝大多数的地方政府，尤其是县一级的基层政府，存在着不同程度的负债和亏空。在各级政府财政预算十分紧张的状态下，以及地方权力与中央权力存在分野的现实下，基层司法行政机关的工作经费并未得到充分支持，还需要通过法律政策之外的其他途径予以落实，为矫正工作的有效开展提供有力的物质保障。

值得欣慰的是，近几年来一些省（区、市）陆续颁布相应的资金管理办法，以解决社区矫正的资金保障问题。其中，以2009年《江苏省省级社区矫正专项资金管理办法》的通知为代表，它对江苏省的社区矫正专项资金规定了使用范围，包括对矫正实行专项补助，并对资金的使用作出规定。江苏省颁布的通知是极其具有前瞻性的，远远早于2012年财政部、司法部颁布的《关于进一步加强社区矫正经费保障工作的意见》。湖南省财政厅、司法厅于2013年颁布了《关于进一步加强社区矫正经费保障工作的实施意见》。2016年，厦门市财政局和司法局也颁发了《关于进一步加强社区矫正经费保障工作的通知》。从这些省（区、市）的举措来看，各地纷纷开始注重社区矫正的经费管理，但仍有一些地区未能及时颁布相应的意见、通知等来规范矫正经费。在对矫正资金的管理办法作出规定的前提下，也要及时考

虑如何加大矫正工作资金的投入力度，促进社区矫正的顺利实施。

五、提高社区矫正工作人员的专业能力与综合素质

目前，我国的社区矫正面临起步晚，培训层次较低，体系有待完善等不利于达到矫正效果的困境。想要走出困境，实现社区矫正的稳步发展急需对社区矫正工作人员进行专业培训，尤其要注重提升培训质量。司法行政部门作为社区矫正的职能部门应当致力于建设专业化社区矫正工作培训体系，整合优势资源，使矫正作用发挥其最大优势。

提升工作人员的专业素质成为提高矫正工作的质量和水平的突破口与着力点，这就需要组织层次高、专业性强的培训。一是要加强业务培训，开展案例解析学习、刑罚执行法律法规知识的学习，加强心理学、社会学和社会工作专业知识等方面的学习，实现专业技能培训，增强社区矫正工作的科学化运行水平，提高参与者的专业研判能力和协调沟通能力。二是加强思想政治教育。社区矫正活动中的一项重要任务是适时开展相应的警示教育、法规教育和形势教育，将法制教育与时事政策充分结合，提高社区矫正人员思想政治教育的有效性。因此，社区矫正生态系统中所有参与主体都必须加强政治思想教育，确保社区矫正不偏离正确的轨道，同时通过培训不仅能提高服务质量水平，还可以增强服务的安全意识，增强各主体的工作积极性和实效性。

第六章　社区矫正生态系统中的协助主体

——公安机关

第一节　公安机关对社区矫正生态系统的参与

根据我国宪法及相关法律、法规的规定,公安机关是具有武装性质的国家行政机关,代表国家行使警察权力,承担着维护国家、集体和公民合法利益的职责。《中华人民共和国人民警察法》第六条明确了公安机关的 14 项具体职能:侦查;维护社会治安;维护交通;消防;危险物品管理;特种行业进行管理;警卫;管理集会、示威、游行活动;管理户政、国籍、入境出境等事务;维护国(边)境地区治安秩序;执行拘役、剥夺政治权利;计算机信息系统保护;治安防范与保卫;其他职能。据此,各级公安机关内部设置相应的业务部门与岗位,以行使上述不同职能。公安机关的职能设置和性质定位决定了公安机关自始至终都会和社区矫正产生千丝万缕的联系。但是随着社区矫正制度的不断发展和完善,公安机关参与社区矫正的身份与角色定位也经历了相应的调整与转变。

一、2012 年以前:以执行主体的身份参与

1. 双执行主体的时代

在 2012 年《社区矫正实施办法》及《刑事诉讼法》修订之前,对社区矫正执行主体的规定较为混乱,基本上属于公安机关与司法行政机关双执行主体的时代。2012 年之前的相关法律具体规定如表 6.1 所示。

表 6.1　公安机关与司法行政机关双主体执行社区矫正

适用对象	《刑诉法》规定（2011 年修订之前）	《刑事诉讼法》规定（2012 年修订之前）	《关于开展社区矫正试点工作的通知》的规定（2003 年公布）
管制	第 38 条：由公安机关执行被判处的管制刑罚	第 218 条：对于被判处管制，由公安机关执行	司法行政机关要牵头组织有关单位和社区基层组织开展社区矫正试点工作，会同公安机关搞好对社区服刑人员的监督考察，组织协调对社区服刑人员的教育改造和帮助工作。街道、乡镇司法所要具体承担社区矫正的日常管理工作。公安机关要配合司法行政机关依法加强对社区服刑人员的监督考察，依法履行有关法律程序。对违反监督、考察规定的社区服刑人员，根据具体情况依法采取必要的措施；对重新犯罪的社区服刑人员，及时依法处理
缓刑	第 76 条：被宣告缓刑的犯罪分子，由公安机关考察，基层组织、所在单位配合	第 217 条：对于被判处徒刑缓刑的罪犯，由公安机关交基层组织、所在单位考察	
监外执行		第 214 条：对于暂予监外执行的罪犯，由居住地公安机关执行、严格管理监督，基层组织或者罪犯的原所在单位协助监督	
假释	第 85 条：在假释考验期限内，由公安机关对被假释的犯罪分子进行监督	第 217 条：公安机关负责对于被假释罪犯的监督	

　　由于立法尚未进行有效的协调，所以诸多规定存在矛盾之处。实践中，公安机关处于执法主体的地位，而司法行政机关却是担任具体监管工作的工作主体。执法主体和工作主体分离的尴尬局面，一定会导致司法实践部门之间关系混乱、责任不明、行动力下降，致使社区矫正执行力度和效果大打折扣。

　　2. 双执行主体的诟病

　　从管理学的角度和权力行使效率角度出发，社区矫正的执行必须存在一个唯一的主管主体，否则会导致无人对矫正的实际效果负责的现象。多年双主体运行的实践效果充分证明了这一点，因而双主体模式饱受诟病。主要存在的问题如下。①权责分离，分工不尽合理。设置双主体的初衷是想强化社区矫正的执行力量，同时达到双主体之间相互制约、相互监督的目的。在具体分工上，司法行政机关负责矫正对象的日常监督、教育、考核，而对矫正对象的奖惩、评价等各项关键权力却在公安机关手上。权责的分离不利于管理主体根据管理的过程、效果及时作出评价，一气呵成地完成执法。②重复管理,浪费资源且效率低下。由两个部门共同管理,一些工作的分配出现了多头指挥、多头交办任务、多头检查、多头交付数据材料的现象。重复的管理工作使得社区矫正对象及其他主体无所适从,不知如何应对,只能疲于应付。例如,在杭州某社区,矫正对象每月要分别向司法所和公安机关交一份完全相同的思想汇报。不少矫正对象认为社区矫正只是多了一批人来管他们,更乐于以前只由公安部门监管的形式,到考核时,公安机关又需要司法所向其提供监督考察方面的相关资料,这种重复性的监管行为既浪费了国家的人力和财政资源,又降低了行罚方面的工作效率,形成社区矫正工作主体有实责却无执法权的局面。① 另外,一些处于边界的工作,两主体相互依赖、相互推诿,最终容易导致社区矫正衔接工作不畅通,脱节严重,形成社区矫正工作的"真空地带"。③界限不明、职责不清,导致最终都负责但又都不负责等问题。根据"谁主管谁负责"的原则进行责任追究,倒逼管理主体在行为时必须小心谨慎、全盘考虑。社区矫正双主体的模式,由两个部门共同参与管理,经常出现"九龙治水,群龙无首"的现象。由于法律规定较为模糊,许多工作在当地政法委的协调下才得以完成。而一旦出现事故,需要追责,责任主体很难对应归位。同时,双主体模式也影响检察机关进行社区矫正法律监督的选择和判断,即人民检察院究竟应当以司法行政机关作为主要监督对象,还是应当以公安机关作为主要监督对象,抑或同时将两者作为主要监督对象呢?检察机关主要监督对象不明确,也就无法及时、准确地进行监督评价。④刑罚执行效果弱化。刑罚的执行是国家法治生活中一项严肃、重大的活动,关乎公民的基本人权。因此,必须通过国家统一的法律来规定社区矫正的执行依据、主体、程序,建立规范的刑事执法机制。而刑法、刑事诉讼法、司法解释对执行主体的规定不仅随意,而且彼此矛盾,极大地影响了刑罚执行的严肃性,从而弱化了刑罚执行的效果。

那么,到底由谁来真正负责社区矫正的主管与执行呢,是公安机关,还是司法行政机关?绝大多数观点认为公安机关不适宜主管,司法行政机关主管更为合适。理由如下。①从法理学的角度,公安机关主管有违反权力分工、相互制约、相互限制的嫌疑。侦查、起诉、审判、执行,是刑事诉讼中的四大重要职能,每一职能都必须有独立的主管主体,并建立起"分工负责,互相配合,互相制约"的关系,唯有如此,才能保证公正、有效地执行法律。在诉讼中,要尽可能避免同一主体行使多种尤其是存在利害关系冲突的职能。在刑事诉讼中,公安机关已经承担了对犯罪行为的侦查职能,如若再承担行

---

① 吴强军:《关于社区矫正立法的几点建议》,《中国司法》2005 年第 11 期。

刑职能,这就造成侦查权与行刑权由同一机关——公安机关行使的局面,明
显违反了"分工负责、互相配合、互相制约"的法律基本原则。②从现实的角
度出发,公安机关的各项职能导致公安机关任务繁重、疲惫应对,尤其是当
突发、紧急情况出现时。加之各地公安机关普遍存在警力不足的问题,所以
各地公安机关根本无暇顾及社区矫正的具体执行。而司法行政机关的职能
较为单一,且司法行政机关在地方已经形成司法厅、司法局、司法所这样发
达的组织体系,便于开展相关工作。③从专业化的角度出发,社区矫正是一
项专业性较强的工作,司法行政机关掌握了一定的行刑资源,在长期执行监
禁刑的过程中积累了丰富的经验。而公安机关的业务和职能与行刑相关的
较少,与司法行政机关相比,其行刑专业性明显不足。从合理配置行刑资源
和增强行刑效果的考虑出发,社区矫正应统一由司法行政机关行使,可形成
社区矫正、监禁矫正两种相辅相成、相互补充和促进的行刑方式。④从国际
社会社区矫正的分工来看,绝大多数国家和地区的社区矫正都是由司法行
政机关执行(如美国由司法部主导社区矫正、有的国家是政府直接设立矫正
局),警察(公安机关)只是协助执行。基于与国际社会的接轨以及对域外成
功经验的借鉴,中国也不能反其道而行之。

　　正是源于上述基本相同的理由,1983 年国家决定将原来由公安机关承
担的劳教、劳改职能转由司法行政机关负责。这一改革的重大意义在于科
学地按照权力的属性,作出了类型化的调整。同时,回应了权力行使效能的
现实调整需求。对于公安机关的其他职能行使以及劳改、劳教工作而言,都
是一种保障。① 因此,公安机关在社区矫正中身份、职能的转变是必然的发
展结果,只是时间早晚而已。

二、2012 年以后:以协助主体的身份参与

　　2011 年《刑法修正案(八)》率先作出了立法调整,将原法条第三十八
条、七十六条、八十五条有关公安机关执行社区矫正的相关规定修改为由社
区矫正机构依法执行。于 2012 年修订并于 2013 年 1 月 1 日生效的《刑事
诉讼法》也同样删除了有关公安机关执行社区矫正的规定,通过第二百五十
八条宣布由社区矫正的执行机构负责对被判处管制、宣告缓刑、暂予监外执
行、假释罪犯进行社区矫正。那么,谁是社区矫正的执行机构呢? 2012 年
颁布的《社区矫正实施办法》第二、三条指出:司法行政机关负责社区矫正的

　　① 刘东根:《公安机关与社区矫正——兼论社区矫正执行机构的构建》,《中国人民公安大学
学报》(社会科学版)2006 年第 3 期。

指导管理、组织实施。县级司法行政机关对社区矫正人员进行监督管理和教育帮助。司法所则承担社区矫正日常管理工作。自此,社区矫正的执行完成了立法上的统一,司法行政机关被正式确认为社区矫正主管与执行主体。然而,司法行政机关社区矫正主管与执行主体的身份确立,并不意味着公安机关可以从社区矫正生态系统脱离。公安机关的性质使得其在人口管理、治安联防、犯罪预防、收集信息等方面具有得天独厚的优势,并且在群众中建立了较为广泛的辅助资源,如各种群众性的治安联防组织、企事业单位的保卫处、社区物业的保安服务等,这些广泛分布于群众生活中的辅警资源,为公安机关更好地开展社区矫正工作提供了天然的、良好的社会基础。此外,社区矫正的性质也决定了社区矫正中诸多强制手段、措施的适用,必须依靠公安机关才能得以进行。

当前法律已将公安机关在社区矫正生态系统中的地位与身份界定为协助主体。如何协助? 具体而言,其承担的协助职能如下。

1. 社区矫正的建议权、决定权

依据我国《刑法》以及《刑事诉讼法》的规定,被判处拘役的罪犯,由公安机关执行。经过折抵余期在三个月以下的,由公安机关的看守所代为执行。公安机关在执行上述刑罚的过程中,也会遇到符合条件的罪犯因假释和监外执行而进行社区矫正的问题。对看守所执行刑罚的罪犯假释,公安机关只具有建议权。具体程序如下:符合假释条件的,看守所制作假释建议书,由设区的市一级以上公安机关审查同意后,报请所在地中级以上人民法院审核裁定。而对于被判处有期徒刑或者拘役的罪犯监外执行,公安机关具有一定的决定权。具体程序如下:看守所对监外执行、假释申请进行审核,符合条件的,提出书面意见,报设区的市一级以上公安机关批准。

2. 交付接受、追逃和协助收监执行

对被判处管制、宣告缓刑、暂予监外执行、假释的罪犯,处于羁押状态的,由看守所将其交付社区矫正机构。在社区矫正执行过程中,如果出现矫正对象严重违法逃跑的,公安机关应当协助追逃。当社区矫正被撤销时,公安机关应协助将社区矫正对象送监执行。

3. 公安机关对违反治安管理规定和重新犯罪的社区矫正人员及时依法处理

公安机关是治安管理处罚与执法的机关,同时行使对于绝大多数犯罪的侦查权。社区矫正对象在服刑过程中,除了要遵守法律法规的一般规定之外,作为罪犯还必须遵守其他特别的规定。如果矫正对象违反禁令或不履行法律义务的,根据其违反情节的轻重程度,公安机关将予以行政处罚,情节严重的,进行刑事立案侦查。

4.相关对象的具体执行权

公安机关对相关对象的具体执行是指对于被判决剥夺政治权利在社会上服刑的罪犯。按照刑事法律规定,被判处剥夺政治权利的罪犯,由公安机关执行。对于被判决剥夺政治权利在社会上服刑的罪犯,虽然不直接属于社区矫正适用对象,但是依据《社区矫正实施办法》第三十二条规定,对于被判处剥夺政治权利在社会上服刑的罪犯,可以自愿参加司法行政机关组织的心理辅导、职业培训和就业指导活动,从而参与到社区矫正系统。在对该对象的执行中,公安机关是主管机关,派出所则为具体执行机关。根据《公安机关办理刑事案件程序的规定》,具体负责执行剥夺政治权利的派出所应当自罪犯报到后,向罪犯本人及其居住地基层组织、所在单位宣布人民法院判决的内容以及剥夺政治权利开始执行、罪犯应该遵守的规定以及后果。司法行政机关应配合公安机关,监督被剥夺政治权利的罪犯遵守《刑法》第五十四条的规定。

5.其他协助与配合执行职能

如与司法行政机关、人民检察院、人民法院建立社区矫正人员的信息共享平台;违法信息的及时通报;共同开展法制宣传教育;参与社会综合治理等。

第二节　社区矫正生态系统中公安机关遭遇的困境

一、社区矫正决定权或建议权的滥用

对于在公安机关的看守所执行拘役或有期徒刑的罪犯,由公安机关自己管理,自己决定是否暂予监外执行。显然,公安机关对这种社区矫正的决定享有几乎不受限制的权力,违背了权力分工制约、相互制约的基本原则,极易滋生腐败。同时,对于有期徒刑罪犯假释的建议,由于假释的裁决机关——服刑地人民法院,对罪犯服刑过程中是否存在悔改或立功表现不甚了解,对公安机关的假释建议,不存在明显错误的情况下通常都会接受。实际上,公安机关对在看守所执行有期徒刑的罪犯能否假释,也具有较大的话语权与影响力。

在2014年中央政法委开展整治违法办理减刑、假释、保外就医的专项行动之前,公安机关违规批准监外执行(主要通过保外就医的途径)的问题可以说已经发展到了比较严重的程度。公开的统计数据显示,2014年至

2016 年,全国各地的许多省份均有罪犯,甚至包括多名原厅局级干部被重新收监执行。其中,广东被重新收监执行 138 人,包括 12 名原厅局级干部;云南重新收监执行"三类罪犯"(金融犯罪、职务犯罪、涉黑犯罪)135 人,包括 6 名原厅局级干部;山东重新收监执行"三类罪犯"72 人,包括 1 名原厅局级干部;陕西重新收监执行 8 名原县处级干部和 5 名原厅局级干部。① 虽然专项整治取得突出成果,但足见在此之前保外就医被滥用之程度。以个案为例,罪犯许某某,因犯贪污罪被判处有期徒刑 3 年,被交付执行前剩余刑期已不足三个月,由海南省临高县看守所代为执行。临高县看守所以罪犯许某某患有严重疾病"糖尿病"和"糖尿病性末梢神经炎"为由,向临高县公安局提请暂予监外执行(即保外就医),后经公安机关相关部门审批同意对罪犯许某某暂予监外执行。海南省检察院审查认为,罪犯许某某所患疾病不符合《罪犯保外就医疾病伤残范围》规定的病残范围,也不符合中央政法委《关于严格规范减刑、假释、暂予监外执行,切实防止司法腐败的意见》中关于"三类罪犯""虽然患有高血压、糖尿病、心脏病等疾病,但经诊断在短期内不致危及生命的,一律不得保外就医"的规定,遂监督公安机关撤销对罪犯许某某暂予监外执行。目前罪犯许某某已被收监。② 违法保外就医经常伴随着腐败,实践中保外就医成为一些地方公安机关腐败交易的工具、筹码,同时也充当了一些犯罪分子逃避处罚的"保护伞"。违规的保外就医严重妨碍了刑罚的正确执行,破坏了司法公正,损害了法律的权威性。

公安机关滥用假释建议权的违法犯罪行为也时有发生。如收受罪犯家属的请托或者贿赂,帮助罪犯伪造悔改或立功的证据。如引起社会广泛关注的浙江省永嘉县看守所警察编造假立功材料案:1996 年 5 月 21 日,浙江永嘉人吴飞立因流氓罪被法院判处有期徒刑五年,同年 10 月 23 日经批准留在永嘉县看守所服刑。在拘留所服刑期间,吴飞立先后有脱逃、殴打同监犯人、赌博、酗酒等多次违反监规的行为。这样一个"问题犯人"却因为吴飞立与看守所的民警戚剑花有亲戚关系,加上吴飞立的母亲不时给周丐满、戚剑花一点小恩小惠,看守所对吴飞立便网开一面,留所服刑不到一年,就积极替他报减刑,因温州市公安局不同意而未成。见减刑未获批准,1999 年 1月,吴飞立的母亲又要求戚剑花帮忙报假释,温州市公安局审查认为吴飞立在服刑期间表现不突出,又不同意报假释。为使吴飞立在第二次报假释时

---

① 姚晓岚:《遏制"保外就医"中的司法腐败》,《中国青年报》2016 年 12 月 14 日第 7 版。
② 金昌波:《检察机关纠正一起违法暂予监外执行案》,《海南日报》2014 年 5 月 13 日第 8 版。

得以批准,戚剑花、周丐满等人开始绞尽脑汁,为吴飞立伪造立功材料。由周丐满授意,戚剑花书写了"关于罪犯吴飞立留所改造期间的立功表现"的材料,隐瞒了吴飞立违反监规的行为,伪造了"吴飞立在 1998 年 8 月自觉检举揭发留所服刑犯中有吸毒现象,毒品系接见时所带,经查属实,其中一人被报劳动教养"的事实。随后戚剑花在填写吴飞立的《呈报减刑、假释通知书》中,又虚构了吴飞立敢于检举他人违法犯罪行为等内容。周丐满又授意监管员朱某在"呈报假释审批表"上虚构了吴飞立在服刑期间"敢于检举他人违法犯罪行为(已查证属实),确有悔改立功表现"等内容。当得知温州市公安局认为吴飞立第二次上报假释的"立功"材料太简单时,周丐满又指使戚剑花、陈金良翻找有关材料,将吴飞立的检举立功情况编得详细些。1999年 6 月 15 日,戚剑花、陈金良合写了"关于对罪犯吴飞立检举立功的经过情况的证明",伪造了因吴飞立的揭发,县缉毒大队将徐国建、滕荣美毒贩抓获的虚假经过。周丐满看过这份假材料后,为了使有关部门看不出破绽,又叫戚剑花让吴飞立本人编造一份检举立功经过。戚剑花"灵机一动",马上找来了徐国建、滕荣美的刑事判决书,叫吴飞立把自己 1997 年 4 月 3 日私自脱逃虚构成"追赶贩毒人员的立功行为"。这份假材料炮制好后,由陈金良亲自送到温州市公安局。1999 年 8 月 6 日,温州市公安局根据永嘉县看守所上报的吴飞立立功证明及吴飞立自己的立功经过自述等材料,向温州市中级人民法院提请对吴飞立假释。同年 11 月 9 日,温州市人民检察院查明其中有诈后,立即发函温州市中级人民法院,建议对罪犯吴飞立不予假释。不久,温州市中级人民法院作出不予假释的裁定。自以为伪造得天衣无缝的周丐满、戚剑花等人终于被检察官的慧眼识破了阴谋,受到了法律应有的惩罚。[1]

二、对剥夺政治权利执行混乱

根据我国《刑法》第五十六条、五十七条规定,在下列三种情况下,刑事被告人通常都会被附加判处剥夺政治权利:被判处死刑或无期徒刑的罪犯,应当剥夺政治权利终身;危害国家安全的罪犯,应当附加剥夺政治权利;而对于故意杀人、强奸、爆炸、投毒、放火、抢劫等严重破坏社会秩序的犯罪分子,可以附加剥夺政治权利。立法表达中对三种情形分别选择了"应当""可以",足见剥夺政治权利主要关注犯罪的性质以及危害结果。剥夺政治权利

① 《为让罪犯假释 三警察竟编造假立功材料》,http://news.sina.com.cn/society/2000-08-25/120517.html。

的期限一般从拘役、有期执行完毕或假释之日起算,其效力也当然适用主刑执行期间。我国公安机关对剥夺政治权利附加刑的执行包含两种情况:看守所执行拘役、有期徒刑期间对剥夺政治权利的执行,罪犯刑满释放或者被假释后在社会上通过社区矫正单独执行剥夺政治权利。通过对公安机关单独执行剥夺政治权利参与社区矫正的实践来看,公安机关存在执法不规范、不统一,监管措施不得力等突出问题,极大地影响了剥夺政治权利的刑罚效果,立法的初衷完全被忽略。

1.政治权利的范围不尽合理

现行法律在总结过往立法、司法实践经验的基础上,将剥夺政治权利的范围规定为:选举权和被选举权;担任国家机关职务的权利;言论、出版、集会、结社、游行、示威自由的权利;担任国有公司、企业、事业单位和人民团体领导职务的权利。上述范围在表达上过于粗糙,有些甚至经不起法理上的推敲。政治权利,其实质是公民参与国家政治生活的一种自由,对此,凯尔森曾经指出:"我们所理解的政治权利就是公民具有参与政府、国家意志之形成的可能性。确切地说,即意味着公民可以参与法秩序的创造。"①以此标准,言论、出版、结社、集会、游行、示威六项权利并不一定属于政治权利的类型。因为这些权利和自由,有的与政治相关,有的与政治无关。比如,服刑人员的艺术创作、学术研究、文艺作品等,有些明显与政治没有关联,他们有没有相关的出版自由、言论自由?从人的根本属性来看,言论和表达是人区分于动物,与生俱来的、本能的权利与自由,这种权利和自由是不能完全剥夺的。至于出版、集会、示威、结社、游行,是属于言论自由的特殊表达形式。所以,上述六种权利不能不加区分全部当作政治权利予以剥夺,必须结合立法设定剥夺政治权利刑罚的目的进行分层处理。②

2.执行中存在随意、擅自扩大被剥夺政治权利范围的普遍现象

如国务院 2016 年修订通过的《娱乐场所管理条例》第五条公然将被判处剥夺政治权利与淫秽犯罪、毒品犯罪、性犯罪、黑社会犯罪一起,规定为不能在娱乐场所内从业或开办娱乐场所的禁止性条件。剥夺政治权利与娱乐场所从业似乎没有明显的关联性,而且政治权利的范围似乎也不包含娱乐场所的禁业。显然,国务院的立法对政治权利的范围做了扩大。公安机关在具体执行剥夺政治权利附加刑时,秉承一贯的从重,绝不放松、放纵的传统行刑思想,对政治权利范围的把握随意扩大。2000 年 8 月,广东省东莞

---

① [奥]凯尔森:《法与国家的一般理论》,北京:中国大百科全书出版社 1996 年版,第 98 页。

② 刘飞宇:《对于刑法中剥夺政治权利的宪法学思考》,《法学家》2005 年第 1 期。

市叶灿辉在假释期间,与犯罪分子英勇搏斗,被歹徒连捅数刀后牺牲。事后,对叶灿辉能否授予烈士称号,政府部门存在诸多争议。主要原因是叶灿辉当时处于假释考验期,且尚处于被剥夺政治权利 5 年期限内。对于被剥夺政治权利的罪犯,能否授予相关的荣誉称号,或者这些荣誉称号是否属于政治权利的范围呢?因为无明文规定,执行部门也犹豫不决。虽然一年后,东莞市政府追授了叶灿辉"见义勇为积极分子"荣誉称号,但可见公安机关在执行剥夺政治权利附加刑时立场、态度的不明确。

　　3. 缺乏规范统一的执行措施与监管手段,"脱管""漏管"的问题时有发生

　　公安部出台的《公安机关办理刑事案件程序规定》明确了公安机关的执行主体地位及执法程序,具体负责执行剥夺政治权利附加刑的是各个地方派出所的治安管理大队。派出所并不是专业的执行机构,缺乏行刑实践经验,不熟悉剥夺政治权利执行业务。加之执行工作不具普遍性,执法人员流动性大,很少开展相关业务培训工作,执法队伍的专业化素质缺失。公安机关也尚未就剥夺政治权利的执行建设规范、统一的工作机制。如对县级公安机关主管部门在执法中的地位与作用、社会活动的监管等问题、剥夺政治权利罪犯的报到等,缺乏统一的、有效的规制性措施与工作机制。在人户分离现象突出的情况下,监外执行剥夺政治权利罪犯的日常监管难以落实。因此,实践中"脱管""漏管"的现象时有发生。2015年,海南省海口市人民检察院刑事执行检察部门通过对海南省内的美兰监狱、海口监狱 2013 年 4 月以来出监的剥夺政治权利罪犯的专项检察,发现从这两所监狱出监后,应在海口市公安机关执行剥夺政治权利的罪犯共有 18 人"漏管"。[①]

　　此外,对违反监管规定,但尚未构成犯罪的被剥夺政治权利人员缺乏相应的制裁措施。对于被假释、监外执行等社区矫正对象,如果违法犯了相关规定,可以撤销缓刑、假释予以收监执行,后果严重,所以对社区矫正对象具有较大的威慑力。而对于被剥夺政治权利的人员不到执行机关报到或者处于长期失控状态等违反监管规定的行为,刑事法未对此作出相应的制裁措施和惩罚性规定。这也是造成犯罪分子在剥夺政治权利刑罚执行期间"脱管"和失控的比例比其他社区矫正执行对象高的重要原因之一。

---

　　①　张劲、朱国勤:《剥夺政治权利罪犯监外执行需规范》,《检察日报》2015 年 9 月 11 日第 003 版。

三、与其他主体的衔接配合不足

根据公安机关在社区矫正系统中的职能承担与角色分工,公安机关与人民法院、人民检察院、司法行政机关等主体在诸多环节上存在交集,尤其是在社区矫正的监管、处罚措施的适用上,公安机关的作用任何主体都无法替代。但是,从目前公安机关与其他主体的配合与衔接来看,成熟、流畅的工作机制尚未形成,在彼此的配合上,默契不足。存在的问题主要表现为以下三个方面。

1.对矫正对象以及相关文书的交接不规范

公安机关在社区矫正中的一个重要职能是与其他主体就社区矫正对象及相关法律文书作及时、准确地交接、移送。如,由公安机关决定的暂予监外执行,则应由罪犯在押的看守所将其押送至居住地,与居住地的司法行政机关办理文书以及人员的交接。如果罪犯服刑地与居住地跨省、市,此时还需要两地的公安机关监所管理部门进行协调,确定好交接的具体单位以及程序。对于社区矫正过程中,因为假释、监外执行、缓刑被撤销或恢复执行的,居住地的公安机关也必须协助司法行政机关,将罪犯送交相关监狱或者看守所。在上述活动中,公安机关的一个重要的职能就是向相关部门安全、准确移交矫正对象,并办理法律手续,确保对矫正对象的及时跟踪与管理。交接工作烦琐,需要公安部门工作细致、耐心,不同部门之间有序协调。实践中,由于各种原因,交接工作极易出现纰漏,由此导致"漏管""脱管"问题的出现。针对上述问题,最高人民检察院刑事执行检察厅2015年4月深刻总结了司法实践中存在的导致社区服刑人员"脱管""漏管"的十二种主要原因。其中,公安机关与人民法院、人民检察院、司法行政机关等主体之间对矫正对象以及文书的交接不到位是诱发"漏管""脱管"的首要原因。[①]

2.强制处理权与监管权分配模糊,不尽合理

在社区矫正系统中,司法行政机关具有具体的监管权,但涉及治安处罚以及其他强制处理时,必须由公安机关进行。《社区矫正实施办法》第二、二十四条规定,在监管过程中,社区矫正人员违反治安管理规定或重新犯罪的,由县级司法行政机关提请公安机关及时依法处理。根据第二十三条的规定,司法行政机关只有对矫正对象轻微违纪、违规行为的警告处分权。处罚、处理是有效监管的一种重要保障手段,管理权与处罚、处理权的分离,致

---

① 最高人民检察院:《专项检察活动剑指十二种情形》,http://news. 163. com/15/0417/06/ANCRAFD100014AEE. html。

使公安机关与司法行政机关在行使职能时都缩手缩脚,心存顾虑,唯恐超越权力边界。处罚的机构因为没有经过管理不了解情况,管理的机构又缺乏直接的处理手段,致使处罚权与管理权的行使效能都受到影响。此外,一些具体职能的规定,立法规定较为模糊,实施起来公安机关与司法行政机关都倍感困惑。如根据《社区矫正实施办法》第十二条规定:社区矫正人员脱离监管的,司法所应当及时报告县级司法行政机关组织追查。试问,社区矫正对象脱逃的话,司法行政机关无任何强制手段,如何组织追查? 只有公安机关有通缉以及其他广泛的侦查手段,对于追逃非常专业、熟练。又如,第二十七条规定,人民法院裁定撤销缓刑、假释或者对暂予监外执行罪犯决定收监执行的,居住地县级司法行政机关应当及时将罪犯送交监狱或者看守所,公安机关予以协助。司法行政机关无强制手段,又如何强行将罪犯送交看守所、监狱? 如果需要公安机关协助,公安机关又由哪一个部门负责? 又如何协助呢? 显然,立法关于强制处理权与监管权分配模糊,且不尽合理。

　　3.与其他主体之间的信息交流与工作机制没有协调统一

　　目前来看,公安机关就社区矫正工作没有专门的岗位部门和专职队伍。一些地方的公安机关由治安管理大队兼任社区矫正的相关工作。公安机关由于职能众多,任务繁重,对社区矫正工作便没有引起足够的重视。通过阅览广东省内诸多公安局的网页,其机构设置和职能业务规定部分,并未提及社区矫正。显然,公安机关将社区矫正作为顺带完成之副业,缺乏专人、专岗,与其他主体的定期交流、长效的工作机制也就尚未建成。以与司法行政机关的工作配合为例,公安机关承担大量的社会治安和刑事侦查工作,已经疲惫不堪,对于社区服刑人员的具体表现与违法情况,并不完全、及时知晓。因此,对于司法行政机关的处罚、追逃请求以及交付接收、收监执行的协助请求,部分公安派出所因无专人负责,也没有专门的工作机制,完全由公安机关临时随机处理。一些地方的公安机关消极不作为,甚至故意推诿责任,能推则推,能拖则拖,致使司法行政机关的协助请求无法得到及时的回应,进而难以实现对社区服刑人员的有效管控。

　　公安机关与其他主体之间的合作也存在较大的缝隙,因此也给了一些违法分子可乘之机。广东省茂名市电白县(今茂名市电白区)原教育局局长陈建明被判刑后逍遥法外 8 年即此种原因造成的直接严重后果。2000 年,茂名市电白县发生高考舞弊案;2001 年 10 月,电白县人民法院以玩忽职守、受贿等罪名判处原电白县教育局局长陈建明有期徒刑 8 年,但同时以陈建明"患有传染性乙型肝炎,不宜长期关押"为由,决定对其暂予监外执行。同年 11 月,电白县人民法院从看守所提走陈建明,陈建明得以释放。由于公安、司法机关之间没有严格履行相关的交接手续,自此,人民法院、公安机关、检察院、看守所对陈建明的活动行踪一无所知,因为陈建明并没有被送到其户籍所在地派出所依法监管,而是逍遥法外。试想,倘若公安机关与其他主体之间就服刑人员的状况以及相关的文书及时沟通、核对、交流、交接,又怎会出现服刑人员"失踪"8 年之久而公安、司法机关却一无所知呢?

第三节 社区矫正生态系统中公安机关职能的勘误与回位

一、规范对社区矫正决定权或建议权的使用

公安机关滥用社区矫正决定权或建议权的原因,归纳起来主要有以下几点。

1.立法的陈旧与混乱

就保外就医而言,当前公安机关对保外就医的主要执行依据是司法部、最高人民检察院、公安部 1990 年 12 月 31 日联合颁布的《罪犯保外就医执行办法》。受当时立法水平所限,有些规定过于原则,缺乏操作性。随着医疗水平的提升,对疾病的治疗和危险评估标准也发生了巨大的变化。在此期间,其上位法《刑事诉讼法》《监狱法》都已作出了修订。这个规范性文件已经运行 27 年,未能与上位法紧密衔接,内容明显已经陈旧、滞后,无法适应变化了的社会形势,致使公安机关在保外就医的提请、鉴定、审批、移交、考察和监督环节上都存在问题。

2.审批流程过于简单

对罪犯暂予监外执行的,由看守所提出书面意见,报设区的市一级以上公安机关批准。上级公安机关在审查时,主要依据是看守所递交的书面材料。上级公安机关不会直接去看守所调查了解情况,也不会听取罪犯本人、家属、同监室的其他罪犯的意见,仅凭对看守所递交材料的书面审查,即可作出是否批准暂予监外执行的决定。而且,对此决定不服的,相关人也无异议的权利与机会。同样,对依法留看守所执行刑罚的罪犯,符合假释条件的,由看守所制作假释建议书,设区的市一级以上公安机关审查以及所在地中级以上人民法院审核、裁定,审查、审核、裁定同样也存在只听取公安机关"一家之言"的问题,难免有偏听偏信之嫌。

3.看守所内部绝对的封闭与独立

我国的看守所采取的是准军事化的管理模式,民间社会力量很难介入,看守所内部的活动不对外公开。看守所内部封闭化的管理模式能确保行刑

的安全和良好监管秩序的形成,但绝对的封闭容易产生"暗箱操作",滋生违法以及腐败等犯罪行为。缺乏独立的第三方力量的监督,看守所内部关系无法得到平衡,警察的强权与罪犯的弱势地位将被发挥到极端,进而公平、正义将无法得到保障。

4.监督环节脱节

看守所内警察具有绝对的权力,而这种绝对的权力如果不被监督和制约,权力必然会被滥用。检察机关作为我国监所监督的专门机关,源于自身工作任务繁重,同时也由于机制的限制,检察机关对看守所内的违法行为也无法展开深入的调查与了解,其监督大多数为事后的追责,而事前与事中无法对违法行为进行同步监督与评价。以暂予监外执行为例,公安机关上报罪犯保外就医的手续时,只是将副本送给担负检察任务的派出机构备案,履行告知的义务,其他公安机关决定对罪犯暂予监外执行的,也只是将暂予监外执行决定书抄送同级人民检察院。公安机关对暂予监外执行本身就有很大的决定权,检察机关的监督效力相当有限。

只有针对存在的问题,找到原因,对症下药,才能最终规范对社区矫正决定权或建议权的使用。具体而言,可从如下几个方面着手,寻找解决路径。

1.看守所归属管理变更

我国的看守所由公安机关设置、管理,主要承担两种职能:对被拘留、逮捕的犯罪嫌疑人、刑事被告人(未决犯)的羁押;对判处拘役、有期徒刑余3个月以下的执行。看守所由公安机关管理,存在"侦押合一""侦行合一"的问题,违反了权力必须分工、制约的原则。诸多冤假错案的发生都与看守所内公安机关肆意的刑讯逼供、诱供等内违法行为紧密相关。所以,国际社会就看守所中立化的改革已经达成共识,只不过看守所的中立化模式不同,具体包括三种:设置独立监狱的模式、附设于法院的看守所模式、司法行政机关管理模式。近年来,基于看守所监管过程中屡屡出现的问题,社会各界要求将看守所从由公安机关管理改革为由司法行政机关管理,这一呼声越来越高。从我国的现实情况出发,把看守所划归司法行政机关,可以很大程度上改善看守所的现状。原因主要有:首先,从目前我国的权力配置来看,司法行政机关主要承担了刑罚的执行、羁押管理等职能,积累了丰富的羁押管理和行刑的经验。对犯罪嫌疑人、被告人的未决羁押,在当前的人权保障和程序正义的改革背景下,要求越来越高。由司法行政机关来管理未决犯的羁押,对于侦查方、起诉方、审判方、辩方而言,都是百利而无一害。其次,这种改革也是简便可行的。将看守所整体纳入司法行政系统,只是政府职能部门之间的机构的调整和职能的整合,不涉及立法、司法机构,所以程序简单。①

2.完善立法

在《刑法》《刑事诉讼法》《监狱法》等基本法律已经大幅调整修改的情况下,相关的行政法规、司法解释必须及时进行清理、修订,保持与基本法的衔接一致。《中华人民共和国看守所条例》于1990年颁布。时至今日,已经颁布了32年。无论从立法的形式,还是从立法的内容来看,都已严重过时。在社会各界的努力之下,2017年7月,公安部就《中华人民共和国看守所法(公开征求意见稿)》向社会公开征求意见,看守所法制的修订与完善指日可待。此外,《罪犯保外就医执行办法》等相关法律文件的修订也必须提上议事日程,便于公安机关具体执行过程中与时俱进,更新执法理念与思路。

3.建立假释建议、暂予监外执行决定的公示制度和听证程序

借鉴人民法院对于假释、减刑案件公示制度和听证程序的做法,公安机关对于所有建议假释或决定暂予监外执行的案件,必须通过网络、公告等多种渠道,将所有材料、证据、过程、结果进行公布。同时,对于重大的或社会高度关注的案件,是否建议假释,或者能否决定暂予监外执行,可以举行听证会。检察机关依法派员参加听证会,并对过程和结果进行监督。听证会广泛听取罪犯本人、家属、同监室的其他服刑人员、管教警察、社会代表、鉴定医生等多方面的意见,确保结论的形成公平、公开、公正。

4.加大看守所监管的公开、透明度,实现全方位的监督

《中华人民共和国看守所法(公开征求意见稿)》就加大看守所监管的公开、透明度,有许多重大的突破。如:征求意见稿规定看守所应当主动公开有关办事程序和监督方式,接受社会监督;如同人民法院的陪审员和人民检察院的法律监督员,看守所应当聘请执法监督员,建立执法监督员巡查制度;看守所应适度公开羁押人员的生活、生产相关信息;应当定期邀请人大代表、政协委员、社会组织、志愿者视察看守所,接受人大代表、政协委员等主体的监督等。此外,在刑法、刑诉法修订以及司法改革的过程中,也对看守所的监管改革提出了一些新的要求,如扩大看守所警察审讯时同程录音录像的案件范围、将录音录像资料交由中立的机关保管、看守监管引入现代信息技术等。在此背景下,我们应以《中华人民共和国看守所法(公开征求意见稿)》为契机,全社会共同努力,揭去看守所"神秘的面纱",使其执法更加透明、公开,实现三百六十度"无死角"的监督。如此这般,看守所的违法

---

① 高一飞、陈琳:《我国看守所的中立化改革》,《中国刑事法杂志》2012年第9期。

行为从源头开始即无藏身之处。

二、剥夺政治权利执行机制的完善

1. 政治权利范围的合理界定与把握

政治权利,就其本质上来说,其实就是民主权利,是公民积极参与国家政治生活的一切权利与自由,属于一种"接近国家的自由"。[①] 我国宪法和相关法律并没有直接、正面地界定政治权利及其范围,只是在法条的表达上提及"政治权利",如现行《宪法》文本第二章"公民的基本权利与义务"第三十四条。由于我国宪法和相关法律没有明确政治权利的范围,导致目前宪法学界以及实务部门,虽然多次涉及政治权利,但其实对政治权利范围的界定依旧不清。从整体上来看,对政治权利的范围存在广义与狭义两种理解。狭义的政治权利是根据《宪法》第三十四条的上下文的文义关联以及选举权、被选举权的重要程度作出的判断,认为政治权利仅仅指选举权与被选举权。而广义上《宪法》第三十五条参与组织管理的权利与表达意见的自由也属于政治权利,所以政治权利的范围应包括选举权和被选举权,言论、出版、集会、结社、游行、示威自由以及其他担任公职、管理国家、享受荣誉称号等权利。那么,哪些是服刑人员的政治权利呢?对此,我国《刑法》采取了广义学说,将服刑人员的政治权利剥夺的范围界定为以下四类:选举权和被选举权,言论、出版、集会、结社、游行、示威自由的权利,担任国家机关职务的权利,担任国有公司、企业、事业单位和人民团体领导职务的权利。在宪法没有明确规定的前提下,刑法对政治权利作扩大的理解,是当时社会政治观念浓厚、法治意识淡漠的必然产物。

对于上述政治权利的范围,目前理论界以及实践部门争议最大的是服刑人员言论、出版、结社是否都属于政治权利,是否应被剥夺。事实上,言论、出版、结社,它可以是政治性的,但大多数是非政治性的,如果不加区分一律剥夺,显然不合情理。而且,实践中也逐步暴露出一些问题,例如,如果一个处于社区矫正且被附加剥夺政治权利的服刑人员,在工作中撰写了学术专著,如果被其他人拿出去以自己的名义发表,那么这个矫正对象有没有被侵权?另外,社区矫正对象能否参加一些专业性、业务性或者是纯粹发展个人兴趣的社团组织?社区矫正对象能否进行学术演讲,开办学术性质的讲座、普法宣传?社区矫正的非关押实质上是为了保障矫正对象更为广泛的权

---

① 焦红昌、贾志刚:《剥夺政治权利的宪法学思考》,载张庆福主编:《宪政论丛》(第3卷),北京:法律出版社2003年版,第58—62页。

利与自由,便于其更好地开展工作和学习、生活,如果矫正对象因为附加的剥夺政治权利而被捆住了手脚,实际上就会严重减损社区矫正的实质目的实现。剥夺政治权利的目的是防止服刑人员担任公职、参与社会管理或利用政治权利扰乱政治秩序、危害国家的安全和稳定。基于这一出发点,我们必须根据法治的精神和社会现实发展的需求,实事求是、科学合理地界定政治权利的范围,将那些的确会妨碍政治秩序以及国家发展的相关权利与自由确定为政治权利,而与政治生活无关的权利与自由,应作区别对待。只有明确了范围,在刑罚执行时,方可统一尺度,促进各制度的良性、协调发展。严格把关,对不属于政治权利范围内的权利与自己,必须绝对保障。法律的发展必须以社会现实为基础,与时俱进,这样的话我们的宪政与法治才会充满活力,走得更远。

2. 将剥夺政治权利交由司法行政机关统一执行

就剥夺政治权利的执行主体而言,立法在公安机关与司法行政机关之间有过多次的纠结与变动,直到现在,公安机关与司法行政机关在该裁判的执行中,依旧是交叉存在,纠缠不清。在 2003 年国家开展社区矫正试点之前,剥夺政治权利与管制、缓刑、监外执行、假释一样,全部交由公安机关具体执行。自 2003 年起,国家开展社区矫正试点时,将剥夺政治权利与管制、缓刑、监外执行、假释规定为社区矫正的对象。自此,剥夺政治权利由司法行政机关牵头,组织有关单位和社区基层组织执行,而街道、乡镇司法所则具体承担日常管理工作。2011 年《刑法》的修订、2012 年《刑事诉讼法》的修订以及 2012 年《社区矫正实施办法》的出台,将管制、缓刑、监外执行、假释继续保留由司法行政机关具体执行,剥夺政治权利则恢复到由公安机关执行,同时强调了被剥夺政治权利在社会上服刑的罪犯,属于社区矫正系统的涉及对象。按照《社区矫正实施办法》第三十二条规定,司法行政机关配合公安机关,及时掌握有关信息,监督其遵守《刑法》第五十四条的规定。而被剥夺政治权利的罪犯如果自愿,也可以参加司法行政机关组织的法律教育讲座、心理辅导、就业指导、职业技能培训等活动。因此,可以推理出当前对于剥夺政治权利的执行,公安机关是主要执行主体,司法行政机关则是辅助主体。

在所有的社区矫正对象中,剥夺政治权利人员是最难管理的。政治权利本身较为虚无,对绝大多数罪犯的生活影响不大。在执行期间,社区矫正对象主要的义务以规定消极的不作为为主,如"不得……""禁止……",而鲜少有以积极作为方式对社会履行义务的规定。这就需要有专门针对剥夺政治权利人员的管理制度和矫正制度。公安机关行使的职能众多,任务繁重,根本没有足够的时间、精力来兼职执行剥夺政治权利的裁判。相对而言,司法行政机关是当前绝大多数刑事裁判的专职执行机构,已经建立起专业的执法队伍,积累较为丰富的执行经验。从权力的分工制约(公安机关已经行使刑事侦查权,不便于再次行使执行职能)建设专门统一的刑事执法体制、行刑效果等原因出发,将被剥夺政治权利的罪犯,纳入与管制、缓刑、监外执行、假释同样的社区矫正管理系统,交由司法行政机关统一执行,更为合适。只不过,司法行政机关在具体制定矫正方案时,可以进行个性化的设计。

三、理顺公安机关与其他主体的衔接机制

1.矫正警察的配置

矫正工作必然涉及对矫正对象违法行为的处理或处罚,在社区矫正机构配备一定的警察力量,并行使相应的责任与职权,对于顺利实施社区矫正具有重要的保障作用。因此,警察力量的介入必不可少且无法替代。社区矫正实施 19 年以来,经统计,目前全国有 20 多个省 3000 余名人民警察以不同的形式参与到社区矫正工作中来。其参与的模式和路径主要有以下四种:第一种模式是直接授予警衔模式。如 2010 年广西钦州市司法所工作人员转为社区矫正警察,成立社区矫正执法支队,警察编制由当地监狱管理局划拨。第二种模式是劳教警察转岗从事社区矫正工作。如上海于 2014 年试点"派驻社区矫正民警"制度,将原劳教部门 218 名民警(2013 年劳教制度废止)转岗到区(县)司法局,直接从事社区矫正工作。第三种模式是抽调司法行政系统的警察从事社区矫正工作。如 2003 年 7 月北京市监狱管理局和市劳教局首批抽调 31 名监狱劳教干警到试点区县参与社区矫正工作。2005 年 7 月,北京市司法局下发了《社区矫正工作监狱劳教干警岗位职责(试行)》,将监狱劳教干警参与管理社区矫正工作的尝试制度化。[①] 第四种模式是从公安机关选派公安民警(辅警)驻点基层司法所,协助开展社区矫正工作,典型代表是佛山。从 2016 年 4 月起,佛山市公安局、司法局等行政部门在政府指导下,整合资源,大胆创新,选派公安民警(辅警)驻点基层司法所,在全省率先实行两部门携手共管社区矫正。

就社区矫正警察的配置,必须作出统一的、科学的安排。正如一些学者所建议的,《社区矫正法》应该专门规定一条"社区矫正机构中的警察":根据社区矫正工作的实际需要,可以在社区矫正机构中配备一定数量的警察,协助社区矫正官开展工作。[②] 但新出台的《中华人民共和国社区矫正法》对此

---

　　① 郑艳:《社区矫正机构配备人民警察的现实考察与理想愿景》,《中国司法》2016 年第 10 期。

　　② 赵秉志:《社区矫正法(专家建议稿)》,北京:中国法制出版社 2013 年版,第 35 页。

并没有作出回应。在社区矫正的机构归属以及管理上,可以借鉴检察机关和审判机构的做法,设置社区矫正官、司法警察等不同的类别,社区矫正官类似于检察官和法官,主要从事专业执法工作,司法警察则主要从事服务执法的辅助工作。①

2.建立与其他主体定期交流、沟通、"无缝衔接"的工作机制

各省的地方性法规对公安机关的具体职能以及与其他主体之间的衔接业务都通过列举的形式作了规定。如《四川省社区矫正实施细则》第十六条也规定列举了公安机关的七项工作职能以及相应的衔接机制:作出暂予监外执行决定,对社区矫正法律文书和社区服刑人员的衔接,对违法、犯罪行为依法处理,协助监管教育,依法及时追逃,协助收监执行,其他职能。《广东省贯彻落实〈社区矫正实施办法〉细则》第四条的内容与《四川省社区矫正实施细则》第十六条的规定基本相同,只是增加了"委托调查评估""出境控制"等几项具体内容。

显然,社区矫正生态系统中,公安机关将直接与人民法院、人民检察院、司法行政机关、监狱、海关、社区街道等主体产生广泛的工作关系。除了借助信息交换平台与其他主体实现社区矫正工作动态数据共享外,公安机关在日常的工作中,还必须建立起相应的工作机制,确保公安机关辅助社区矫正的职能充分发挥。(1)在与司法行政机关的衔接方面,可以依托社区警务室的设立,及时进行信息沟通和文件送达。在矫正过程中,矫正对象构成违法或者犯罪的,司法行政机关应将自己掌握的相关信息及时提供给公安机关,移送处罚建议并附证据材料。公安机关必须详细了解情况,进行调查取证,开展立案侦查或作出处罚决定。社区矫正人员被公安机关强制隔离戒毒、涉嫌再犯罪或者因余罪漏罪被公安机关刑事拘留或逮捕的,公安机关应当及时通知社区矫正执行地的县级司法行政机关和人民检察院。(2)在人员的交付与接收上,公安机关与人民法院、人民检察院、监狱必须规范手续,做好执行档案和工作档案的装订归档工作,避免人员脱逃或者"失踪",堵塞社区矫正中人员"脱管""漏管"的漏洞。(3)通过参与综合治理和安置帮教工作,与村(居)民委员会、街道、社区、民政部门等各主体建立日常工作协作机制,定期相互通报社区服刑人员的有关情况。通过信息报送、例会、通报、统计、业务培训、档案管理、执法公开、执法考评、检查监督等具体措施与制度,实现公安机关与其他主体在社区矫正工作中的深度融合,以保障社区矫正系统规范运行。

---

① 吴宗宪:《社区矫正立法中的警察问题探讨》,《中国司法》2014年第11期。

第七章　社会矫正生态系统中的重要参与主体
——社会组织

第一节　社会组织参与社区矫正的范围、方式

一、社会组织

社会组织在当代社会治理转型以及社会变迁中扮演着不可或缺的重要角色,对社区矫正也不例外。社会组织可以有效地弥补政府与市场的不足,是国家与社会发生关系的重要媒介。当前人们视野中的社会组织可大致分为两类:一类是在民政部门登记的所谓合法"社会组织",又分为社会团体、民办非企业、基金会等;另一类则更多地被称为草根组织(grassroot,NGO),它们大部分没有在政府部门登记,数量日益增长但难以统计。[①] 我国社会组织的发展与域外相比,呈现出一种自上而下的态势。在我国,多数社会组织的成立皆可归因于政府的积极推动,所以它的负责人员都是由官方人士担任,并接受来自政府一方的资助,属于政府对自身公共职能的有效延展。除它们成立方式具有官方性外,它们的发展方式同样具有官方性质,它们主要依靠政府"自上而下"的推动以及"由外至内"地复制西方模式,这导致社会组织缺乏民间基础和本土特质。[②] 因此,我国社会组织大多具有官方性,由民间自发成立的则较少。

在整个社会组织发展环境的影响下,我国参与社区矫正的社会组织范围狭小。首先,目前我国参与社区矫正的社会组织性质属于非营利性。其次,由于当前我国社会组织的发展模式为自上而下,社会组织较多具有官方色彩,较少为完全民间社会组织。因而,参与社区矫正的社会组织范围既包括了具有官方色彩的非营利性组织,也包括完全非营利性民间社会组织。

---

①　纪莺莺:《当代中国的社会组织:理论视角与经验研究》,《社会学研究》2013 年第 5 期。

②　文军:《中国社会组织发展的角色困境及其出路》,《江苏行政学院学报》2012 年第 1 期,第 59 页。

上海新航服务总站,就是具有官方色彩的非营利性组织参与矫正的典型例子。虽然它是经批准注册的民办非企业组织,但是服务总站成立所需资金、日常运作所需经费完全依赖于政府;北京阳光社区矫正服务中心的成立,也是在政府的推动下,通过自上而下的方式成立。深圳春雨服务社作为一个完全非营利性组织,它是在民政局扶持之下,并且在前劳动教养学会的基础上成立的;再者,还有"启创社会工作发展协会",它是在中山大学社会工作系的主导下成立的,其具有非营利性,并且属于独立法人。

二、参与社区矫正的范围

社区矫正属于刑罚执行方式。作为新的刑罚执行方式,除执行刑罚外,还要对其心理与行为予以有效矫正,提供相关帮助,以解决他们再次回归社会的过程中所遇到的如人际关系等方面的问题。因而,社区矫正还包括了康复以及矫正的内容。

对于刑罚的执行,它的性质属于刑事司法活动。而与此相关活动的权力,它的行使则属于绝对保留事项,仅可依据有关法律的规定加以行使。因此,其所包括的刑罚执行内容不能由社会组织承担。而对于康复与矫正,由于其并不等同于刑罚执行,因而与康复和矫正有关的内容可由社会组织承担。

三、社会组织参与社区矫正的方式

我国社会组织的发展模式属于自上而下的形式,即政府根据实际工作的需要,在官方推动下设置相应的社会组织。此外,还包括完全非营利性民间社会组织对社区矫正的参与。这些非营利性社会组织的参与方式为政府购买。通过政府购买参与矫正的形式,与由政府资助参与矫正不同,前者的实质为把原来属于其承担的职责委托给社会组织,符合我国政府职能转型趋势,并且政府购买要求公开招标、择优选择,以合同的方式管理,这样有利于对政府财政的监督。而政府资助的方式,缺乏严谨的程序监督,对于财政资金具体使用无法予以有效监督,并且政府资助的范围不仅局限于政府原有职能,还包括了社会组织自身事务。

因此,笔者认为我国社会组织参与的方式应当以政府购买为主。而政府购买,其主要是指政府通过公开的方式从社会选择符合条件的社会组织,把原本属于其承担的公共职能交由社会组织负责,并由政府对履行情况予以评估,而评估的结果将作为费用结算的依据。例如,2008年,深圳开始正式引入社工服务社区矫正,通过统一招投标,向有资质组织购买服务,开启行政执法与社会服务结合的新模式①；还有，通过政府购买的方式，深圳春雨服务社也参与其中。

第二节　社会组织参与社区矫正的困境

一、社会组织参与社区矫正的法律依据

1.《社区矫正法》。作为社会组织、社会力量参与社区矫正的重要法律依据，该法第十一、十三条规定：国家鼓励、支持企业、事业单位、社会组织、志愿者等社会力量依法参与社区矫正工作。社区矫正机构根据需要，组织具有法律、教育、心理、社会工作等专业知识或者实践经验的社会工作者开展社区矫正相关工作。在"教育帮扶"方面，特别强调社区矫正机构可以通过公开择优购买社区矫正社会工作服务或者其他社会服务，在教育、心理方面对社区矫正对象予以辅导。

2.《社区矫正实施办法》。该办法规定了基层司法行政机关在具体的矫正工作中需承担的具体职能有：对社会工作者、志愿者参与社区矫正予以指导、组织，对拟适用矫正罪犯加以调查了解、制定具有针对性的个体矫正方案等。

3.《关于政府购买社会工作服务的指导意见》。在该意见中，提到了政府购买社会工作服务的必要性与紧急性，各个地方对此进行了具体实践并在实践中获取重要经验，但是我国政府在此方面还存在着政策、制度方面的不足。该意见首先在整体层面上规定指导思想、工作原则以及主要目标；其次对购买的主体、范围等内容作出具体规定，并且明确地把矫正工作人员纳入购买范围。

二、社会组织参与社区矫正的现实困境

我国是一个社会化程度低、社会组织不发达的国家。尤其是在社区矫正的参与上，社会组织没有发挥应有的作用。社会组织在社区矫正中有心无力，无法施展拳脚。主要困难如下。

1.社会组织参与社区矫正的路径缺乏具体的法律指引

在社区矫正的相关规定中，并无关于社会组织如何参与、参与后如何运

---

① 游春亮：《深圳购买社工服务介入社区矫正》，http://www.legaldaily.com.cn/locality/content/2013-05/09/content_4452185.htm。

行,以及相关的监督和责任的规定。仅在《关于开展社区矫正试点工作的通知》《关于组织社会力量参与社区矫正工作的意见》以及《政府购买服务管理办法》等相关的规范性文件中,提及了社会组织参与的必要性,在宏观上如何引导它们参与,以及政府可通过购买的方式进行引导。并且,在《政府购买服务管理办法》中,较为系统和详细地对购买方、承接方以及购买的内容、方式等加以规定。但是,《政府购买服务管理办法》的性质属于规范性文件,适用效力较低。

社会组织通过政府采买参与社区矫正的内容主要体现在《政府采购法》《政府采购法实施条例》等法律法规中。但是,两者也只是规定了社会组织可通过政府采购的途径参与矫正、政府在相应过程中所享受的权力、政府权力的行使以及供应商购买服务行为的监督,但未对社会组织参与矫正过程予以规定。由此,可知社会组织在履行矫正工作中的职能时,缺乏对社会组织、政府履行行为予以规范的相关依据,也缺乏对其职责完成情况予以绩效评估的相关依据。

2. 对社会组织参与社区矫正的监管存在漏洞

以政府采购社会服务为例,《政府采购法》及其实施条例皆规定了违反相关规定的代理机构、供应商等所应承担的相应责任,还有双方在履行合同时违反相关规定所应负的责任,以及政府监督部门在履行职责时存在违反相关规定的情况而应承担的责任。但是,这些规定只限于对采购过程、政府履行职责不到位的监督,却并未对如何实施监督社会组织的职责履行情况予以规定。对社会组织履行合同过程的社会监督、内部监督机制以及合同履行期满后的内部绩效评估、社会绩效评估机制,并无法律上的监管依据。在随后颁布的《政府购买服务管理办法》中,虽然规定了可适用于社会组织参与社区矫正的监督机制,但是也只是属于规范性文件,其适用效力低,并不能成为监督机制与绩效评估机制的法律法规依据。并且,在监督过程中,无论是社会组织的自我监督、政府的行政监督还是社会第三方的监督,都出现了重视矫正数量而忽略矫正质量的情形,不重视服务受益人群对服务工作的反馈。我国法律法规对社会组织参与矫正的监督不完善,存在着法律法规依据的缺失,而且监督的方式也存在不足。

3. 社会组织的培育和支持不足

首先,社会组织发育不足,无法提供充裕的社区矫正社会服务。国家向社会组织购买社区矫正服务,社会组织的培育与发展是基础。目前,北京、上海、广州、深圳的社会组织相对发达,可提供相对充裕的社区矫正社会服务。但是就全国来看,能提供社区矫正社会服务的社会组织发展严重不足且不平衡。据调查,河北省某市人口208万人,社工组织仅11个,而且政府购买的社工服务没有一个用于社区矫正服务;湖南省某市人口100万人,有2个社会组织,政府刚刚开始将社区矫正作为政府购买服务的试点项目。山东、河南、湖南等省份的六家社区,只有一个社区内有社工组织,但没有一家参与购买社区矫正工作。①

其次,政府购买社区矫正社会服务的经费不足。政府通过购买以引导参与社区矫正的资金由预算内资金、预算外资金以及专项资金三部分组成。然而,用于购买服务的资金,其最主要的来源是预算内资金。虽然稳定的预算内资金保证了社会组织在社区矫正工作的基本运作,但是预算外资金和专项资金的不足导致了社会组织在社工培训、交流合作上的不足,而最为直接的影响则是社工待遇水平低。

此外,工作人员的薪资水平直接影响着他们在工作中的表现,而薪酬的提高,可调动其积极性,使他们更加专心于本职工作。虽然绩效评估制度的建立为矫正工作人员的待遇与其工作付出相匹配提供了依据,但是社区矫正工作人员的待遇水平并未有所提高。以上海新航社区服务总站为例,2012年新航社区服务总站社工的实际月收入约2800元(已包含考核奖),为当时职工平均工资的65%。部分新进社工的工资标准已经低于当时上海市最低工资水平1450元,虽然已通过协商进行了补救性的调整,但是仍然对社工队伍的稳定性造成了负面影响。在2020年上海市新航社区服务总站招聘公告中,对于待遇均没有明确提及,但均强调了社工的社会保险费和公积金的个人缴费部分自理,显然,社工的薪资没得到充分保障。

4. 社会组织在矫正中的责任不明

对于政府与社会组织在采购合同的订立、履行以及履行期满评估的责任,可适用《中华人民共和国民法典》《政府采购法》及其实施条例的规定。例如,供应商在采购时诋毁其他供应商,则可对相关人员处以罚款或者吊销营业执照等行政处罚。这些针对供应方的相关责任规定适用于采购活动,而对于履行期间的责任,则适用《中华人民共和国民法典》的相关规定。但是,对于双方当事人在履行期间仅适用《中华人民共和国民法典》调整,会导致责任规制的缺失。

与社会组织签订的采购合同,其中隐含着委托与代理的关系。这种关系产生的原因在于:政府为达到高效率地提供公共服务的目的,把某些项目委托给社会组织,要求其代表政府提供更优质的服务。然而,在委托代理关

---

① 苗泳、邢玲:《完善政府购买社区矫正社会服务制度的思考》,《中国司法》2017年第4期。

系的背后存在着两种风险。一方面,社会组织的个体利益和政府代表的公共利益,这两者之间会产生矛盾。以上海新航社区服务总站为例,虽然总站的性质属于民办非企业社会组织,不以追求营利为目的,但社会组织也是由一个个的社会人所组成,每个个体都会受到自身利益的驱使。最终在个体利益的作用下导致社会组织选择与追求公共利益相悖的决策。另一方面,社会组织的实际工作情况难以为政府所知晓。虽然新航社区服务总站与政府签订了合同,建立了监督机制与绩效评估机制,监督机制包括政府部门监督、社会监督以及内部监督,绩效评估则包括政府评估、社会评估以及内部评估,但是建立了这些机制并不代表着政府、社会对新航社区服务总站的工作情况能有全面了解。新航社区服务总站出现了违反合约规定的情况,外界也不一定能知晓。

这两种风险的存在,致使社会组织存在违背采购合同的公益性和损害公益的可能。对于社会组织损害社会公共利益的行为,如果仅从民事的角度追究责任,则会导致政府把更多公共服务职能交由社会组织负责,而社会组织则可通过仅承担民事责任而无其他责任的情况出现。社会组织受到来自政府部门的委托而行使该项公共服务职能,却不能对其追究行政责任。可见,对于社会组织与政府部门在采购合同履行中的责任规制不明确。

第三节 社会组织参与社区矫正的法律完善

一、完善社会组织参与社区矫正的规定

1. 细化调整购买矫正服务后的法律法规

我国各级政府把购买社区矫正服务纳入了政府采购目录,并且我国《政府采购法》参照了国际社会和发达国家经验,把政府购买对象具体地划分为工程、货物以及服务。而公共服务为服务类中的一个子项,也应当属于规制和调整的范围,所以在现阶段矫正服务的购买应当适用《政府采购法》等规定。因而,对于规范政府购买社区矫正服务后的行为,需要出台相关的行政法规,对政府购买社区矫正服务后,政府与承接主体在提供矫正服务过程中的行为予以监督、保障,此外还要对相关的责任予以规定。

2. 加快制定《行政程序法》

政府选择购买社会组织的途径,由其代替政府提供本应由政府提供的公共服务。然而,一般情况下政府依据《政府采购法》购买的服务,其本身并非应由政府提供,所以政府购买社会组织参与矫正的方式在理念、目的和体

系上均与该法有所不同。① 对于完善有关法律制度,可把《行政程序法》作为购买社区矫正服务过程中约束政府与保障私法主体的法律依据,当特殊法法律法规无法提供相应保障时,可为政府购买矫正服务提供法律位阶上的法源。

二、加强对社会组织参与社区矫正的保障

1. 拓宽社会组织经费来源

资金短缺严重制约着公共服务发展,虽然社区矫正等公共服务已经被纳入财政,由财政提供相应的支持,但是办公经费来源单一,对财政的依赖性强,而且我国区域间经济发展差距较大,政府之间的重视程度也存在不一致的情形,以至于各地司法行政机关所获经费的额度也有着较大的差距。大部分地区的基层司法行政机关的硬件和软件条件都比较差,很多的矫正项目都难以有效实施。为此,可通过借鉴国外经验,出台相关行政法规,以规范在购买公共服务后双方当事人合同履行行为,并且应对社会组织经费来源予以规定,以有效保障社会组织的日常运营。

域外社区矫正经费获取渠道较为多样化,主要为以下几种:一是来自政府财政的资助,例如日本的民间更生保护机构;二是通过市场化运作所获得的资金,包括设立基金会、接收社会团体捐赠等,例如美国的迪兰西街矫正中心,其并没有获得来自政府的有关资助,其经费部分均来自社会的捐赠;三是来自矫正对象,政府把执行所得没收作为矫正基金,例如美国的迪兰西街矫正中心,通过开设公司等方式,安排矫正人员在该中心开设的公司工作,有效地培训了技能,同时所得收入还可用于该中心的运转;四是来源于监狱矫正部门,由于监狱矫正比社区矫正更加经济,于是监狱矫正部门又将监狱矫正中省下来的大量资金投入社区矫正的建设和完善中。②

在我国社会组织发展尚不成熟的背景下,要拓宽社会组织经费来源渠道,政府出台行政法规规范政府采购服务合同履行行为的同时,也要规范其经费来源。并且在保障社会组织经费的情况下,由政府出面,以其在社会中的威信向社会筹集资金用于社会组织运作。此外,在逐步完善信息公开以及监督制度的过程中,允许社会组织接受来自个人或者组织的捐赠。

---

① 周佑勇:《公私合作语境下政府购买公共服务现存问题与制度》,《政治与法律》2015年第12期。

② 张铮:《论我国社区矫正制度的完善》,上海:华东政法大学,2012年,第33页。

2.提高工作人员待遇保障

虽然政府采购服务的资金纳入财政预算予以保障,使得社会组织在参与社区矫正这类公共服务时获得稳定的经费来源,但是经费来源的稳定并不意味着能够保障社会组织工作人员对工作的完全投入。《新航服务总站人事管理办法》规定了工作人员的待遇,并且把工作人员分为两类:一是社工晋阶和薪酬,二是工作人员的薪酬。对于工作人员的晋阶和薪酬都有相关文件予以规定,例如《关于建立禁毒、社区矫正、青少年事务社会工作者薪酬管理的实施细则(暂行)》;而相关的薪酬,则按照 2009 年《上海新航总部工作人员薪酬管理实施细则》执行。但是,正如之前所述,由于机构在社保政策上与企业一致,导致单位和个人所缴纳社会保障金占人员经费的百分之四十。因而,社会工作人员每个月实际收入仍然低于上海市职工工资平均水平。实际上,这种情况同样存在于其他的省份,例如:2013 年,湖南省社区矫正社工的人均年收入仅为 16000 元,远低于湖南省城镇居民可支配收入(约为 23000 元/年)。① 而稳定、优厚的待遇不仅是社会工作人员全身心投入公共服务的保障,而且有利于社会工作队伍的稳定,吸引高素质社会工作人员参与其中。

因此,为了有效保障社会工作人员的待遇,政府需要出台行政法规,用于规范对购买公共服务后政府以及承接主体的行为以及对社会工作人员待遇的保障。政府可在维持对社会组织投入不变的情况下,每年按一定比例加大对社会组织的投入,并且按照社会组织所在地可支配收入的一定比例确定每个工作人员的工作经费。此外,在政府资金来源渠道不变的情况下,还可接受来自社会的捐赠以及来自个人和企业的筹资,以拓宽经费来源,而所得资金可用于提高社会组织工作人员保障待遇、改善工作环境上。

三、建立社会组织参与社区矫正的多元监督机制

1.社会组织的内部监督

对于社会组织参与矫正的监督,首先要完善内部监督。完善内部监督机制,原因与行政复议制度的建立相似。行政复议制度的建立,原因在于行政诉讼案件数量过多,法院自身无法承担如此之多的案件审理,而频繁地通过司法途径解决行政纠纷则会导致司法的过分干预,并且行政纠纷处理需要具备相关专业知识,一般情况下法院并不具备。因此,建立复议制度,让具备相关知识的行政机关予以处理,不仅有利于快速、及时平息纠纷,也可

---

① 陈运雄等:《非政府组织参与社区矫正的问题及其解决》,《经济师》2014 年第 12 期。

帮助法院缓解诉讼压力。与此类似,健全内部监督,其原因在于较之于政府部门以及社会人士,社会组织对其工作内容、方式有着更深入的了解,具备了社会工作的专业知识与专业技能,可对社会组织进行及时、有效的监督,并且减轻政府部门的监督压力。因此,政府在制定规范矫正服务采购的法规时,应完善内部监督。而对社会组织在公共服务工作中的监督,可依据事中和事后监督分为内部监督、内部绩效评估。

首先,对内部监督机制予以完善。以新航服务总站为例,其在章程中规定了组织机构分别为董事会、监事会、总站干事层、区县工作站以及街道乡镇社工点。由此,服务总站的结构与我国《公司法》中的规定存在相似之处,两者都包括了决策、监督以及执行机构,并且决策、监督机构也都分别对应董事会、监事会。此外,在服务总站的章程中,还规定了具有监督职能的监事会由监事与监事长组成。监事的出任或者更替由出资单位推选,监事长的产生则通过监事会选举的方式。为此,可总结新航总站构建内部监督机制的相关经验,在规范服务购买的相关法规中,规定承接方应成立内部监督机构,对其承接的服务工作情况予以监督,并对监督机构的人数、种类予以设定,常任监事人数不得少于 3 人,不得多于承接主体总人数的某个百分数,而非常任监事人数不得少于 5 人,但不得超出某个固定数值。此外,还应当把监督机构的监督范围扩大至对承接主体日常工作的监督,包括对工作内容、工作方法等的监督。

其次,对内部绩效评估机制予以完善。构建内部绩效评估机制可打破政府在绩效评估中的绝对话语权,提高社会组织在矫正工作中的地位以及提高采购的协商性。此外,内部绩效机制的建立能有效地评估社会组织在矫正工作中的努力程度,提高社会组织矫正工作的积极性。对于内部绩效评估机制的建立,应包括评估矫正工作内容、评估方式以及结果三个方面。一是针对公共服务工作内容加以评估。以新航总站为例,其职能主要包括提供日常服务、专业化帮教和帮困扶助。因而,评估内容应当涵盖政府购买合同中对公共服务要求的内容。此外,就是对公共服务工作内容的评估如何进行的问题。从社会组织参与社区矫正过程的角度观察,在整个过程中可归属于内部这一概念的唯有工作人员及其所属社会组织。因而,对公共服务工作内容的评估方式,从其参与主体的角度分,则可分为工作人员自我评估及社会组织评估。二是对公共服务评估结果的种类,依据工作人员对其职责履行情况的自评以及社会组织对工作人员履行职责情况的评估,以综合评定其工作情况,评估结果为良好的应当给予经济激励,而评估结果不及格的则应当适当扣除经费支持,但是不能影响社会组织工作的基本运行及其工作人员的基本生活条件。三是社会组织的自我绩效评估还应包括服务对象的评估。在社区矫正中,矫正服刑人员作为工作的直接对象,接受矫正后自身心理状态、客观行为以及人际关系等是否有所改善,其具有最直接的感受。因此,公共服务对象的评估应当包含在其中。

2. 社会对社会组织社区矫正工作的监督

在社区矫正的具体工作中,如何对矫正对象进行主观心理以及客观行为的改造,以及改造是否达到了预设目的,这些问题成了社会对社区矫正的重点关注方面。虽然社区矫正的对象都是主观恶性不深的罪犯,但是仍然存在具备一定的社会危险性的罪犯,因而与社会公共安全存在密切联系,社会公众对此应当享有知情权。因此,公众应对社会组织在矫正工作中的情况予以监督。此外,由于政府作为委托方,容易出现推卸自身具有的公共职能,损害公共利益的情形。社会组织在履行其矫正工作职能时,容易出现与政府部门串通,消极行使职能而损害公共利益的情况。因此,应通过出台相应的行政法规,完善社会监督机制,以规范双方当事人在合同履行期间的行为。因此,构建社会公众监督机制存在着迫切性,而监督依据实施时间的不同可分为事中、事后监督,而事后监督则又可分为社会监督与社会绩效评估机制。

(1)健全公众对社会组织工作的监督机制。如前所述,社区矫正的对象存在一定人身危险性,因而社会公众对社会组织在社区矫正中的工作情况予以了解,属于公众知情权的范畴。事实上,由于政府采购服务的公共利益属性,无论公共服务中是否存在人身危险性的情况,公众都应当对政府采购服务的运行情况有所了解。为此,要实现社会公众的监督,首要条件在于政府信息的公开,而公开范围则应包括采购合同的内容、社会组织内部监督运行、矫正工作的完成以及评估标准等。此外,政府或者社会组织还应当主动组织社会公众对日常工作予以监督。以新航服务总站为例,其设立了专家委员会,目的在于推进专业化建设工作,并且在其基本任务中也规定了监督、指导矫正工作等职责。而对于组成该委员会的委员则由总站根据实际工作需要,从高等院校、行业协会、社区居民等机构选择,并设置会议召集人,由总站提出经委员会同意而产生。委员会的工作方式,包括了定期召开工作会议、与区县工作站建立联系以及对项目服务展开专项工作督导。虽然委员会对社会组织的工作拥有监督权,但并不意味着委员会不受监督,服务总站会定期对委员会的工作予以评估,对于评估结果为良好以下的委员予以更换。因此,社会公众监督机制可借鉴此模式,建立专门委员会,通过会议制度、专项督导制度监督社会组织的运行,同时也接受来自社会组织的监督,对于不称职的委员应予以更换。

(2)健全社会公众对社会组织工作的绩效评估机制。公众参与工作绩效评估,在性质上属于事后监督。大众对于绩效评估的参与,既要求对结果的公开,又允许他们参与绩效评估的全过程。但是,由于参与绩效评估的社会公众是社会组织或者主管单位从有意愿参与的名单中随机选取的,因而很大程度上并不具备与专业相关的知识。因此,对参与绩效评估的社会公众应先进行一段时间的专业知识培训,向他们讲解绩效评估的内容、标准等。在具体的绩效评估中,直接参与相关评估,评估内容包括是否根据相关的法律法规、章程以及合同约定执行相关职能,政府是否正当地履行其监督职能。对于社会公众在评估过程中所发现的问题,如社会组织违反与绩效评估相关规定、政府并未尽职履行监督职能或者服务受益人群对服务工作反馈存在不满意,则可直接向政府主管单位反映。经主管单位进行调查后,向反映该情况的社会公众书面说明情况,并将相关情况向社会公示。

3.政府对社会组织社区矫正工作的监督

虽然社会组织的内部监督机制会对其日常工作起到有效的监督、管理作用,但是外界仍然不可避免地会对该内部监督机制的公正性产生怀疑。因此,除了依靠社会组织的内部监督,还需要健全外部监督机制。政府作为掌握社会多数资源的一方以及公共利益服务的委托方,有责任对社会组织的工作予以监督。此外,虽然参与社区矫正工作的社会组织的性质基本上属于非营利性组织,但是社会组织都是由每个个体组成的,而个体之间又存在着趋利性。因而,个体的趋利性与组织的非营利性之间存在冲突时,容易出现社会组织趋利的情况。并且,来自政府的监督,有利于发现社会组织在矫正工作中存在的消极怠工的情况,促使社会组织认真、有效地履行其矫正工作职能。因此,政府应通过出台相关行政法规,完善政府监督机制,规范合同双方在履行期间的行为。对于政府监督社会组织工作情况的机制,可根据事中和事后监督分为行政监督机制、政府绩效评估机制。

(1)健全政府对社会组织工作的行政监督。以新航服务总站为例,其业务主管单位为司法局。总站之下,还设两级工作站,分别为区县工作站与街道乡镇社工点,其对应的业务主管单位分别是区县与街道乡镇的司法行政部门。因此,对社会组织工作进行行政监督的部门应当是其业务的主管单位或者是采购合同的委托方。监督主体应对社会组织在社区矫正中所提供的日常服务、专业化帮教和帮困扶助进行监督,监督方式则应定期检查与不定期检查两者相结合,对于在检查过程中发现的违反矫正工作职责的情况,监督方应把相关情况向社会组织反映,由社会组织进行调查核实、处理后向监督方以书面形式反馈。并且,针对社会组织的内部监督,主管单位或者委托方应当对内部监督所得出的结果,通过随机抽取一定比例业务量的方式予以复核,最终的复核结果与日常检查结果共同组成政府对社会组织的监督机制。对于最终结果为良好的社会组织及其工作人员,应当予以适当经济激励;而对于最终结果为不及格的社会组织及工作人员,予以削减部分经费或书面通报的处理。对结果不服的,则依此向决定机关提出申诉,而决定机关必须在期限内给予申诉方以书面答复。

(2)健全政府对社会组织工作的绩效评估机制。以新航服务总站为例,在政府绩效评估机制中,明确各级服务站的业务主管单位分别为市级司法局以及区县、街道乡镇一级司法行政部门。因而,社会组织工作的绩效评估主体亦应为其业务主管单位或者采购合同的委托方。至于政府的监督方式,则不再由政府对社会组织的工作进行绩效评估,因为社会组织在内部对其工作人员已经进行了一次绩效评估,再由政府予以绩效评估则会导致工作效率的低下。如果在社会组织已经完成了一次内部评估的情况下,政府再一次对其工作进行绩效评估,则会使社会组织产生政府对其工作结果不信任的想法,不利于社会组织培养自我管理能力。但是,主管单位不再予以绩效评估,并不代表放任社会组织进行自我评估。较为妥当的做法应为,业务主管单位或者合同委托方委派其工作人员参与社会组织的内部绩效评估过程,对社会组织在评估过程中出现的违反评估标准的行为提出纠正意见,并向主管单位或者委托方报告。此外,还应对社会组织所提交的绩效评估结果进行抽样复核,尤其要注重服务受益人群对服务工作的反馈,以核实评估结果是否与实际情况相一致。

四、明确社会组织参与社区矫正各方的法律责任

社会组织参与矫正的各方主要为政府、社会组织。虽然其工作人员、矫正对象、社会公众等都可通过监督社会组织的相关工作情况等途径,从而直接或者间接地参与其中,但是只有社会组织、政府之间才存在着委托关系,两者才是履行职能的主要力量。当双方当事人未认真、忠实地提供公共服务时,公众只是利益受到损害的一方。而矫正服刑人员属于矫正对象,虽然其属于直接参与,但其并非主要履行力量。除了违反相关法律或者法规,需要承担行政责任、民事责任或者刑事责任外,矫正服刑人员违反矫正规定,在一般情况下社会组织只能向法院、检察院反映相关情况。因而，主要的力量只包括政府和社会组织。

此外，要明确社会组织参与社区矫正各方的责任。政府和社会组织之间存在合同关系，双方未有效履行合同所订立的相关规定，可按照合同的规定承担相应的民事责任。除此以外，在《政府采购法》中，规定社会组织、政府在履行有关职能时，可适用《合同法》的有关规定。然而，由于政府委托社会组织所提供的社区矫正服务具有公共性，如果只追究其民事责任，则无法体现其公共性的特点。对此，《政府采购法》及其实施条例均缺乏细致规定。此种情况下，尤其需要明确政府、社会组织在公共事务中的相应后果。

1. 政府监督缺失的担保责任与承接责任

在社会组织参与矫正中，政府把社区矫正这种公共职责委托社会组织负责后，出现政府懈怠于履行监督职责，社会组织又未有效履行职能的情形。政府希望通过购买的方式，以达到进一步提高效率与质量以及资金的有效利用的目的，并为政府的转型提供有力支持。但是并没有对购买后所产生的一系列问题予以周全考虑，导致购买社会组织参与矫正后存在监督缺位的情况。而一些机构的业务活动内容及活动方式过分自由，很多机构的目标和行为偏离社会事业发展的基本要求和规范，过分突出机构和小群体利益。[1] 最终出现社会组织未有效履行政府所委托公共事项，而政府对此缺乏监督又不为此承担责任的情形，导致公共利益受损。譬如，日本保护观察与重生保护，其行政主体为保护观察官，而社会组织则可承担保护观察机构的工作。此外，其管理机构为中央更生保护审查会与法务省内设的保护局。在保护局下则设保护观察所，并且在保护观察所内设有保护检察官，其主要负责对矫正对象予以家访、对矫正对象予以人格评估等。在实际工作中，由于保护观察官的数量少，而且保护观察官要处理大量的案件，更多的社区矫正工作转由社会组织承担。但是，由于缺乏保护观察官的专业知识，社会组织在社区矫正工作中无法发挥保护观察官的作用，并且社会组织在承担其工作后，又无法发挥其在矫正中的作用。因而，导致社会组织在社区矫正中偏离其原有职责，损害公共利益。倘若政府又无法对社会组织予以优先监督，则公共利益会遭受更大损害。

因此，为了有效规制政府在社会组织参与社区矫正后的责任，应出台规范政府购买社区矫正服务后行为的行政法规，其中应对政府在社区矫正等社会公共服务中监督缺失的责任予以规定，避免政府推卸责任状况的出现。

---

① 　蔡放波：《公共服务市场化与政府责任》，载于中国行政管理学会 2004 年会，第 1188 页。

对于政府的责任承担,应借鉴德国的"担保国家"理念。该理念包括三种形式的责任:履行责任、担保责任和承接责任。"其中,担保责任是指国家必须确保公共部门按照一定的标准向公众提供公共产品和服务;承接责任是指在由私人部门完成履行公共任务的过程中,公共部门原则上并不参与或干涉,但每当出现私人部门履行公共任务存在瑕疵或不能履行时,国家都应接手,以保证该任务被无瑕疵地履行完毕。"①对此,我国行政法规在对政府进行责任规制时,应对政府科以担保责任以及承接责任,以保障公共利益免受损害。

2. 社会组织在参与社区矫正中的自我约束责任

在政府转变职能的趋势下,政府为了更好地提升服务工作的效益,把社区矫正等公共服务委托私法主体,由私法主体代为提供。在社区矫正等公共服务由私法主体代为提供后,出现了公共服务由私法主体承担的现象,由此对于私法主体是否应当承担行政责任便产生了争议。正如费里曼教授所言:"人们通常并不期望私人为公共利益服务,他们相对不受立法、执行和司法监督会具有严重的后果,在一个政府职能民营化与广泛外包的年代尤其如此,私人主体愈来愈多地履行传统的公共职能,却又摆脱了通常与公权力的运用相伴的严格审查。"②明确的责任规范不仅为个人以及社会组织的行为提供指引,而且有利于法律法规的实际落实。

对于社区矫正服务由私法主体承担后的责任规制问题,德国存在着社会自我管制的概念。所谓社会自我管制,指私法主体的个人或者团体对自我行为予以管理,但在承接了公共服务之后,由于国家从它的执行获取利益,因而就要接受来自国家的管制。政府在立法规范社区矫正等公共服务履行行为时,可借鉴德国社会自我管制的概念,将适用于行政机关的监督机制和程序控制延伸至私法主体,实际上把其作为"公部门"来对待,并吸收以上理论指导,将私人需承担的执行责任规范于立法中,以区别政府担保与承接责任。③ 此举能对社会组织在参与矫正等公共服务时进行指引以及规范,有利于社会组织服务效益以及质量的提高。

当下,我国政府职能正处于转变、过渡时期。社区矫正作为一种把服刑人员置于社会的刑罚执行活动,如果完全依靠政府的力量进行,那么将会导

①　李以所:《德国"担保国家"理念评介》,《国外理论动态》2012 年第 7 期。
②　[美]朱迪·费里曼:《合作治理与新行政法》,毕洪海、陈标冲译,北京:商务印书馆 2010 年版,第 142 页。
③　周佑勇:《公私合作语境下政府购买公共服务现存问题与制度》,《政治与法律》2015 年第 12 期。

致社区矫正工作质量、效率的低下,应鼓励、引导社会组织积极参与其中。然而,我国社会组织在参与社区矫正过程中却暴露了法律制度不完善、监督机制不严密、保障机制不完备以及责任规制不明确等问题,阻碍社会组织在矫正中作用的发挥。国家应当梳理现有法律制度存在的问题,借鉴域外相关经验,调整立法、加强监督,明确社会组织在矫正中的责任。相信法律法规的日臻完善最终能够有效地促进社会组织在社区矫正中的作用发挥。

第八章 社区矫正生态系统中的支持主体
——村(居)民委员会等相关单位与个人

社区矫正最大的特色就是利用社会力量、社会关系来修复矫正对象的犯罪心理及其对社会造成的伤害。结合当前中国社会发展的实际情况来看,矫正对象基本上都生活在农村或者城市社区,隶属于村(居)民委员会基层群众自治组织的治理范围。村(居)民委员会也是现代社区形成的物质平台与依托,就业、工作单位、就读的学校是矫正对象生活的组织载体,家庭成员或者监护人、近亲属、保证人是其在生活中密切联系的对象。上述单位或个人都从不同的角度,在矫正对象的物质、精神层面发挥极大的影响力,是社区矫正生态系统中重要的营养物质。他们如同系统中的微生物一样,对系统的和谐、平衡起着潜移默化的作用。其角色扮演看似渺小,但是不可或缺。因此,《社区矫正实施办法》第三条也明确了上述主体协助社区矫正机构进行社区矫正的身份与职责。《社区矫正法》第十二条则是明确列举村民委员会、居民委员会、社区矫正对象的家庭成员、监护人、就读学校、所在单位应依法协助社区矫正机构做好社区矫正工作。

第一节 村(居)民委员会对社区矫正生态系统的参与

根据我国现行《宪法》和有关法律的规定,为了加强群众的自我教育、自我管理、自我服务,在机构的建制上,在城市和农村按居民居住地区设立基层群众性自治组织——城市居民委员会和农村村民委员会。因此,基本上,每一个社区矫正对象都隶属于某一个居民委员会或村民委员会的治理范围。社区矫正的"社区"空间范围也主要依托于村(居)民委员会形成的自治机制。

一、村(居)民委员会在社区矫正中的具体职能与作用

村(居)民委员会的性质、职能决定了他参与社区矫正生态系统具有得天独厚的优势。首先,社区的相对封闭性、相互依赖性、稳定性、集体性决定了每一个成员和社区的关系犹如鱼和水的关系,密不可分,彼此依存。尤其

是农村地区,其具有相对的同质性以及高度整合的人际关系,每个村基于血缘关系或者文化、习惯、传统、经济、地理等紧密的联系,村民对自己所在的村都具有较为强烈的认同感和归属感。① 因此,村(居)民委员会作为基层群众自治组织,在社区具有较高的威望,深得群众的信赖。其次,基于工作中的登记、调查、走访,村(居)民委员会对居住在该社区的所有情况较为熟悉,且与每一个居民时常打交道。因此,对于社区矫正中的矫正对象,给予其监督、帮助、支持等,较为便利。最后,村(居)民委员会的职责、职能在某种程度上与社区矫正高度吻合。根据《中华人民共和国城市居民委员会组织法》第三条之规定来看,居民委员会具有教育居民履行义务、维护居民的合法权益、协助维护社会治安、调解民间纠纷、开展青少年教育等任务。而从《中华人民共和国村民委员会组织法》第二条之规定来看,村民委员会也具有协助维护社会治安、调解民间纠纷、办理本村的公共事务和公益事业等任务。显然,社区矫正工作是村(居)民委员会法制宣传、调解纠纷、维护治安、优抚救济、青少年教育职责的题中应有之义。

结合当前的立法以及实践中的具体做法,村(居)民委员会在社区矫正生态系统中的具体职能包括以下几方面。

1.参与对矫正对象社会危险性的评估,从而影响社区矫正决定的作出

矫正对象主要生活的区域为村(居)民社区,社区群众对矫正对象的犯罪、性格、人品、家庭状况、与被害人的关系等情况最为熟悉、了解。是否具有社会危险性、能否在社区矫正服刑,无论是从利害关系,还是从熟知程度,村(居)民都应该有较大的发言权。为此,《社区矫正实施办法》规定,根据委托机关的要求,受委托的司法行政机关在对拟社区矫正对象犯罪行为的后果和影响、与被害人的关系、家庭居所情况、一贯表现等情况进行调查时,必须听取居住地村(居)民委员会的意见。《社区矫正法》则强调了村(居)民委员会协助评估的职责,其中第十八条规定,社区矫正决定机关根据需要,可以委托社区矫正机构或者有关社会组织对被告人或者罪犯的社会危险性和对所居住社区的影响,进行调查评估,提出意见,供决定社区矫正时参考。居民委员会、村民委员会等组织应当提供必要的协助。

2.参与对矫正对象的考察、监督、管理

社区矫正必须依靠群众,充分发挥基层组织的自治作用。《社区矫正实施办法》第三条第三款明确了村(居)民委员会应协助社区矫正机构进行社

---

① 许振奇:《一个山区农村社区矫正的模式——基于罗田县法务前沿工程中的社区矫正调查》,《中国司法》2011年第11期。

区矫正的职责。《社区矫正法》第十二条则是进一步强调了村(居)民委员会的协助职责,第二十五条明确了村(居)民委员会是矫正小组的重要组成人员。实践中,各地村(居)民委员会结合村(居)民社区自治建设,探索出一些颇具特色的社区矫正村(居)民自治模式与法治路径。典型经验如浙江省枫桥社区矫正之"5+1"监管模式。"5"是指负责管理、监督、考察、帮扶、教育矫正对象的 5 个执行主体:社区司法员、社区民警、驻村指导员、村(居)民责任人、矫正对象的监护人。"1"则是指代矫正对象本人。5 个执行主体根据各自与矫正对象的联系紧密程度而行使不同的职责。监护人因为大多与矫正对象存在一定的亲属关系,对矫正对象的思想波动、家庭关系有着较为深刻的了解。村(居)民责任人通过与矫正对象朝夕相处的村民的反映,也能够全面把握矫正对象参加公益劳动、交往、工作及行为等方面的情况。① 因此村(居)民委员会是司法所在对矫正对象考察、监督、管理过程中的重要依靠力量。

3. 参与对矫正对象的帮扶

木板理论揭示了决定木桶容量的,不是木桶中最长的木板,反之,却是最短的木板。同理,和谐、幸福村(居)建设中,矫正对象可谓为最弱势群体。因此,在经济、情感、社会关系、心理等多方面陷入困境的矫正对象,是村(居)民委员会的重要帮扶对象。村(居)民委员会可以借助政府、民间(包括家庭、家族、邻居)等多种渠道,通过正式或非正式路径,帮助矫正对象走出困境,恢复正常的社会关系。《社区矫正法》第三十八条规定了村民委员会、居民委员会可以利用社区资源,采取多种形式,引导志愿者及社区群众,对有特殊困难的矫正对象进行必要的教育帮扶。

4. 其他协助工作

如实提供社区矫正人员的身份信息、家庭情况、思想动态、现实表现等信息;按要求参与对社区矫正人员的矫正评估、宣告、撤销、解除等活动;为矫正对象的社区劳动、服务提供平台及相关保障设施等。

二、村(居)民委员会在社区矫正中的职能提升

社区是人们生活的物质平台,是各种关系集中运行的空间范围,其治理方式方法的变革也涉及国家、社会、公民三者关系的相应调整。大国治理,

---

① 曾赟:《论中国农村社区矫正之模式与路径——以浙江省枫桥镇为例》,《浙江社会科学》2006 年第 3 期。

需要从小社区做起。① 社区矫正的执行,也必须从村(居)民社区的建设开始。

1. 平台建设:有序的自治社区

所谓自治,相对于他治而言,借用韦伯的说法,自治意味着由组织成员自己制订规则,约束大家,而不是像他治那样,由他人制订团体的章程。② 具体到村(居)民自治,是指村(居)民在法律的框架内,依自己的意思,自行处理村(居)民社区内重大事务的一种状态。就权力属性而言,自治权更多地体现为一种私权利,社区矫正的执行属于国家公权力。公权力与私权利之间是交错互补的,私权与公权的有机融合将更有利于社区的和谐发展。在社区矫正中,国家公权力的"刚"与自治私权的"柔"在社区这一矫正平台集中发挥作用,生成充满生机活力并能够自我修复、再生的生态环境。在这个系统中,国家公权力是主导,村(居)民自治权是基础,司法行政部门组织实施,基层群众自治组织执行。具体内容是对矫正对象的监管、矫正、安置、帮教。受地缘、亲缘、目标、利益等因素的影响,居(居)民的社区情感认同较强,且彼此依存,都有建设良好的社区治理格局的共同愿望。社区治理良好格局的形成至少必须具备以下三个基本的要素:主体的多元性,关系的平等性,行动目标的一致性。③ 因此,矫正对象如若生存在一个良好的格局中,矫正的三项任务(行刑、教育、安置帮教)都能顺利完成。矫正任务的完成反之也能促进社区生态环境的良性循环。因此,借助国家城市社区以及社会主义新农村建设的契机,政府与社会应共同努力将村(居)民社区打造成有序的自治社区,从而为社区矫正的执行提供了夯实的平台和有力的支撑。

2. 文化建设:良好的氛围

文化是指一个群体较为稳定且世代相传的生活方式。所谓"社区文化",吴文藻先生认为,社区文化是某一个民族或者某一个社区的居民,在长期的现实生活中,形成的关于物质的、精神的生活方式的综合。④ 犯罪归根到底是一种文化冲突。西方犯罪学家更是较早提出了"文化冲突导致犯罪"的犯罪学说,美国著名的犯罪学家塞林在他的著作《文化冲突与犯罪》

---

① 吴晓林、郝丽娜:《"社区复兴运动"以来国外社区治理研究的理论考察》,《政治学研究》2015年第1期。

② [德]马克斯·韦伯:《经济与社会》(上卷),林荣远译,北京:商务印书馆1997年版,第78页。

③ 王处辉、朱焱龙:《社区意识及其在社区治理中的意义——基于天津市H和Y社区的考察》,《社会学评论》2015年第1期。

④ 张秀玉、郭远远、孙海杰:《基于社区文化的中新社区矫正比较研究》,《犯罪与改造研究》2011年第8期。

一书中论述了文化冲突理论。他认为,当代社会存在着多元复杂的规范意识,既有全社会共同遵守的规范意识,还有个体或者部分社会的规范意识。对于个体而言,当两种规范意识发生激烈冲突的时候,就会引起个体思想、情绪的崩溃,行为的失控,甚至走向犯罪。① 社区矫正必须调适引发犯罪的文化冲突,从而建立起一种新的社区文化。因此,社区文化既是社区矫正的土壤基础,同时也是社区矫正的重要手段。在国际社会,新加坡以良好的法治秩序而闻名全世界,这与新加坡政府一贯推行的立法引导与社区高度自治相结合的社区管理模式是紧密相连的。与新加坡有着共同文化基础的中国社区建设,必须根植于"德主刑辅、以和为贵、仁义礼智信"等传统文化的魅力与优势,为矫正对象的教育与回归提供一种亲和性和包容性的社区氛围。2005 年,我国民政部提出了和谐社区文化建设的目标和具体举措,社区矫正是社区文化建设的重要组成部分。将社区矫正融入和谐的社区文化,一方面,在理想的社区文化中可以有效促进矫正目标的实现;另一方面,社区矫正目标的实现将极大地丰富和谐社区文化建设的内涵与活力。②

3.法制建设:成熟的法治机制

与西方国家相比,我国的社区建设起步较晚,社区的培育尚不成熟。同时,社区本身的一些局限性也成为影响社区矫正实施的软肋,如:社区公民意识、社会责任感、互助与合作能力的缺失,认同感和归属感的缺乏,日常生活公共化和人际关系的疏松化,思想观念与品格的差异,法律文化的错位等。因此,法治是社区矫正在村(居)民社区有效、规范运行的保障机制。首先,必须合理界定村(居)民委员会在社区矫正中的具体职责。如,关于社区矫正决定前调查,居民委员会、村民委员会接受委托,协助对罪犯的社会危险性和对社区的影响进行调查评估。居民委员会、村民委员会原则上并不具备调查和证据收集资格,如何展开协助? 可以使用哪些调查手段? 这些问题立法必须作出详细的规定。其次,建立完善的村(居)民委员会社区矫正工作机制,做好与其他机构的衔接与配合。如,村(居)民委员会对社区矫正工作的具体分工,属于青少年或妇女社区矫正的,可以交由村(居)民委员会内负责妇幼权益保护的工作人员跟进负责,一般服刑人员的社区矫正,可

① Sellin. J. T:"Culture Conflict and Crime". Nework:Social Science Research Council,1938,P15-16.

② 张秀玉、郭远远、孙海杰:《基于社区文化的中新社区矫正比较研究》,《犯罪与改造研究》2011 年第 8 期。

以交由村（居）民委员会内负责治安、调解的工作人员跟进负责。具体的工作流程、工作方式、工作措施等，也必须建立规范化的制度。最后，做好制度、台账和硬件设施的建设。未来的发展目标是每一个村（居）民委员会设立法务工作站并做好制度建设。同时做好社区服刑人员登记、学习教育登记、行为表现登记、公益劳动登记、困难帮扶登记等台账和文档管理。此外，应充分利用现代信息技术的发展，提高工作效率，协助做好社区矫正的执行工作。

第二节　所在单位对社区矫正生态系统的参与

　　法律意义上的单位是指劳动者工作所在的一个场所或组织。但是传统的中国人，尤其是较为年长的中国人，都多多少少地存在着"单位情结"。单位对他们而言，不仅仅是一个工作劳动的场所，更是他们的精神家园。单位与个人之间存在千丝万缕的联系：单位就是一个大家庭，你的一切和单位都分不开。尤其是一些规模较大单位或国有单位，生活靠单位发工资，住房靠单位分配，上下班坐单位交通车，生病到单位医院就诊，子女上学到单位子弟学校。再就业、婚育、出国、出差、购房、纠纷解决等，单位都可以发表意见，发挥影响。似乎一个人只要归属了某个单位，许多事项都由单位给你做主。虽然现在大家的"单位情结"有所淡化，但是单位依然是每个人工作、生活中的一个重要的利益影响主体。社区矫正对象，一部分被依法解除劳动关系或工作关系，但是还有一部分继续在原工作单位就业工作。一方面，因为社区矫正对象履行法定义务，自由和各项权利受到限制，对工作会产生一定的影响，需要所在单位的支持与配合；另一方面，对社区矫正对象的考察、监督、帮扶，所在单位具有极大的便利与优势。因此，《社区矫正法》第十二条、《社区矫正实施办法》第三条明确规定了社区矫正人员所在的劳动、工作单位具有协助社区矫正机构进行社区矫正的职能。在社区矫正生态系统中，所在单位是一个不可或缺的角色，对社区矫正的执行发挥着举足轻重的作用。

一、所在单位在社区矫正中的具体职能与作用

1. 决定维持或终止与矫正对象的劳动或工作关系

　　社区矫正是针对已经被判处了刑罚（判处管制或决定假释、监外执行、缓刑）的罪犯进行的一种变通执行方式。服刑人员若原本是公务员的，一般将会被"双开"（开除党籍，开除公职），依据是《中华人民共和国公职人员政

务处分法》第十四条之规定。该条规定,公职人员犯罪,有下列情形之一的,予以开除:

(一)因故意犯罪被判处管制、拘役或者有期徒刑以上刑罚(含宣告缓刑)的;(二)因过失犯罪被判处有期徒刑,刑期超过三年的;(三)因犯罪被单处或者并处剥夺政治权利的。因过失犯罪被判处管制、拘役或者三年以下有期徒刑的,一般应当予以开除;案件情况特殊,予以撤职更为适当的,可以不予开除,但是应当报请上一级机关批准。公职人员因犯罪被单处罚金,或者犯罪情节轻微,人民检察院依法作出不起诉决定或者人民法院依法免予刑事处罚的,予以撤职;造成不良影响的,予以开除。属于参照公务员管理的事业编制的服刑人员,实践中因为是参照执行,做法不一。有的事业单位维持原来的人事关系,有的直接开除。属于其他单位的服刑人员,完全由原单位自行决定解除还是维持原劳动合同关系。比如,《中华人民共和国劳动法》第二十五条规定,劳动者因为犯罪被追究刑事责任的,用人单位可以解除劳动合同。因为法律规定是"可以解除",当然也可以选择"不解除"。工作或者岗位对于社区矫正对象的改造与回归意义重大。社区矫正对象如果被维持原劳动或工作关系,其物质生活有了保障,社会关系会更加丰富,与社会的接触、融合会更加紧密,改造将会更快取得成效。所在单位决定维持或终止与矫正对象的劳动或工作关系,将对社区矫正生态环境的构成成分与空间范围起重大的决定作用。

2.参与对矫正对象的考察、监督、管理

与所在单位继续维持劳动或工作关系的社区矫正对象,很大一部分时间都留在单位,处于劳动或工作的状态。由于所在单位对于本单位职员原本有着监管、考核的义务以及一系列的标准、制度,许多内容与对社区矫正对象的考核、监管是交叉或重叠的,因此所在单位对矫正对象的表现情况非常了解。可见,所在单位参与对矫正对象的考察、监督、管理是较为便利的,尤其是对矫正对象是外来人口的社区矫正,其居住的不稳定导致社区对其情况了解甚少,而与所在单位存在较为稳定的人际关系以及利益关系,可利用其原本的监管考核渠道参与对矫正对象的考核与监管,有效地弥补对外来人口社区矫正的不足与弱势。

3.参与对矫正对象的帮扶

中国的大多数单位都建立了内部工会、团委、妇女组织等部门对陷于困境的职工进行帮扶的机制。对于因为社区矫正而在经济、精神、家庭关系上陷入困境的职工,所在单位应该排除歧视,给予特殊的关注与帮扶。实践中所在单位对社区矫正职工的帮扶方式根据个体情况的不同而多种多样:调解社区矫正对象与被害人的关系,取得被害人的谅解;代表矫正对象对被害人进行赔偿或慰问;就矫正对象的一贯表现或者犯罪动机、工作情况向法庭陈述作证,力争宽大处理;通过单位捐款或者专项资金对经济困难的矫正对象给予一定的经济补助;安排解决矫正对象的家庭成员的就业问题;对矫正对象进行转岗;对矫正对象进行精神鼓励与安慰等。上述一系列的帮扶措施挽救了诸多陷入困境的社区矫正职工家庭,同时促进了单位的和谐稳定以及社会的安定团结。

4.其他协助工作

社区矫正虽然不予以关押,但是在一定程度上限制了矫正对象的自由与权利。如,矫正对象必须参与社区劳动与社会活动、汇报思想,未经批准不得离开所居住的市(县、区、旗),未经批准不得变更居住的市(县、区、旗),发生重大变故应当及时报告,未经批准不得进入特定区域等。上述规定与限制必然会对工作产生一些影响,如矫正对象需要异地出差,就必须协调好单位与社区矫正执行机关的关系。长期旷工请假参与社区矫正的学习、社会活动和社会劳动,会不会被开除? 按照大多数用人单位的规章制度,如果职工旷工或长期请假,将会被视为严重违反劳动纪律或者用人单位规章制度,依据《中华人民共和国劳动法》第二十五条,用人单位可以以"严重违反劳动纪律或者用人单位规章制度"理由解除劳动合同。因此,矫正人员由于需要参加社区矫正而给工作带来的种种不便,必须由所在单位协助与配合才能妥善解决。此外,所在单位还应如实向前来核实、调查的司法所工作人员提供社区矫正人员的思想动态和现实表现情况;参与司法所对社区矫正人员的矫正宣告、解除等活动。

二、所在单位在社区矫正中的职能提升

从整体上来看,现行社区矫正的立法与实践对所在单位参与社区矫正的重视不够。在社会综合治理的背景下,社区矫正是一项系统工程,需要组织和依靠各部门、各单位和人民群众的力量,综合运用政治、经济、文化、法律等多种手段,促进矫正对象的回归,从根本上化解不安定因素,维护社会治安持续稳定。在这一系统工程中,所在单位的参与比起一些普通主体,更为重要。尤其对有着比较浓厚的"单位情结"的中国人而言,社会大众对单位的信赖、依赖,促使所在单位在社区矫正中发挥弹性作用,填补社区矫正生态系统中存在的空缺与漏洞。如何提升所在单位参与社区矫正的力度,具体而言可从以下几个方面进行完善。

1.所在单位应尽可能维持原有劳动或工作关系

采用社区矫正非关押的执行方式,出发点之一是使矫正对象可以继续正常地工作、生活,使其对家庭和社会关系的危害降到最低程度。同时,矫正对象通过工作或劳动获得的报酬,可以及时地补偿因为犯罪而给被害人造成的精神损失。虽然被执行社区矫正的服刑人员从事原来的工作会有影响,但是并不是一定不能从事原来的工作。当然也有特例:按照现行法律之规定以及实践中的处理做法,公务员在犯罪后一般会被开除。如果在服刑期满后重新就业继续缴纳社会保险的话,很多服刑人员会因为年龄较大,缴纳社保达不到 15 年,无法及时享有社保待遇,导致生活陷入困境。"参公"处理的事业单位、国有企业同样也存在类似问题。对于其他单位,立法的规定较为弹性,用人单位可以灵活决定是否解除劳动合同。但在是否解除劳动合同上,用人单位占有绝对的主动权,社区矫正对象无任何选择的余地。现行立法和实践中的做法显然违背了社区矫正设置的初衷,而且也不尽合理。试想,一个因为交通肇事罪被社区矫正(通常情节、后果都比较轻微)的服刑人员,既未对原单位造成损失,在原单位也不是处于非常重要的岗位,被社区矫正也不影响原工作的继续,是否有解除人事关系的必要性? 所在单位作为社会的一个元素,不仅只追求单位的和谐,还必须承担一定的社会责任以及人道主义的使命。因此,建议作出调整,凡是被社区矫正的服刑人员,无论其身份如何,原则上不能解除劳动或人事关系,除非所犯罪行对单位造成重大危害(如泄露商业秘密罪或泄露国家秘密罪)或者已无法胜任原来的岗位(如原来工作岗位经常需要出差,而被社区矫正后人身自由受到限制的),经过培训或者调整工作岗位,仍不能胜任工作的,所在单位才能够解除劳动或人事关系。

2.危险性评估应听取原工作单位意见

危险评估关系到社区矫正源头的把控,是社区矫正中一个非常重要的环节。现行《社区矫正实施办法》第四条规定了危险评估制度,但可惜的是在这项评估制度中,强调了听取村(居)民委员会、被害人的意见,没有涉及听取所在工作单位意见。《社区矫正法》也依然没有强调和突出在危险性评估时应该听取所在工作单位的意见。实际上,原单位对于拟社区矫正的对象情况较为熟悉,被社区矫正后还有可能继续在原单位工作,作出社区矫正决定的时候,所在单位存在利害关系,必须给予其表达意见的权利。

3.社区矫正宣告、执行、解除等重大决定必须告知所在单位,提升所在单位的参与力度

根据当前《社区矫正实施办法》的规定,社区矫正执行主体对单位的告

知主要是在社区矫正的解除上。其第三十条规定,当社区矫正人员矫正期届满,司法所应当进行社区矫正解除宣告。解除宣告应当针对社区矫正人员不同情况,通知社区矫正人员所在单位等主体参加。在社区矫正宣告执行、减刑、变更、撤销等重大事项的决定上,法律没有规定执行机关应向所在单位告知的义务,使得所在单位对社区矫正对象的诸多情况不甚了解,管理起来也较为被动。所在单位与社区矫正执行机构在对社区矫正对象的监督、考核、管理上,目标、内容存在交叉与重合的地方,双方必须及时沟通,互通有无。一方面,所在单位必须将社区矫正对象在单位的表现及时告知社区矫正执行机构;另一方面,执行机构也应将社区矫正宣告、执行、解除等重大决定及时告知所在单位。充分利用所在单位人事、工会、纪委、监察等管理体制的资源,提升所在单位参与社区矫正的力度,这样才能够真正实现社区矫正生态系统内各主体的有机融合,产生相互补充、相互促进的效应。

第三节　学校对社区矫正生态系统的参与

我国的刑事犯罪最低责任年龄为 14 周岁,因此参与社区矫正的学校主要是指中学、中专以及大学。依据《社区矫正实施办法》第三十三条之规定,未成年社区矫正对象主要是指 14 周岁以上 18 周岁以下在读的未成年学生,同时还包括被判处五年有期徒刑以下刑罚且犯罪时不满十八周岁的社区矫正人员。一些地方性法规甚至做了扩大规定,如《广东省贯彻落实〈社区矫正实施办法〉细则》第四十九条规定:对犯罪时十八周岁以上二十五周岁以下的在校学生,应当参照关于未成年罪犯社区矫正的规定处理。未成年人的犯罪及社区矫正有其特殊性,本节的研究主要针对学校对未成年人社区矫正的参与。

20 世纪以来,世界上多数国家与地区未成年人犯罪已成为日益严重的社会问题。预防和减少未成年人犯罪,是当今世界各国十分重视的重大社会问题。有学者将未成年人犯罪与环境污染、贩毒吸毒并列为世界三大公害。当前,我国处于社会转型时期,经济共同发展、文化的多元化等导致未成年人的世界观、人生观、价值观发生了巨大的变化。通过近几年对广东省中学校园犯罪的跟踪调查,与过往相比,广东省的中学校园犯罪呈现出诸多新的特征:犯罪案件数量急剧上升;犯罪类型从传统的暴力犯罪延伸至多个领域;犯罪主体低龄化,而且多为团伙作案;犯罪手段的智能化、成人化;犯罪手段残忍,情节恶劣,犯罪的危害越来越严重。未成年人犯罪的原因是多方面的,但是主要有四个方面:个体因素、家庭因素、学校因素、社会因素。[①]学校是学生生活、学习、人际交往的主要活动场所。应试教育的顽疾,以及学校管理存在的漏洞,都是学生走上犯罪道路的重要原因。

由于未成年人存在身心发育不成熟、可塑性强等特征,秉持"教育、感化、挽救"的人道主义方针,各国对符合条件的未成年服刑人员尽可能采取社区矫正的手段,尽量不选择监禁措施。我国也不例外,将罪行轻微、主观恶性不大的未成年犯与老病残犯、罪行较轻的初犯以及过失犯等一同作为重点对象,适用非监禁措施,实施社区矫正。基于对未成年人权益的特别保护,我国立法规定了未成年社区矫正对象的特殊程序与措施。在未成年人社区矫正的多元化主体中,学校既是犯罪的预防主体,同时也是犯罪矫正的重要参与主体。

一、学校对未成年人社区矫正的参与

1. 参与对社区矫正决定的诸多环节,扮演多个角色

我国《刑事诉讼法》特别构建了未成年人刑事诉讼程序。在这一特别程序中,学校或者老师将扮演多个角色:向公、检、法等机关提供未成年人的相关信息(《刑事诉讼法》第二百六十八条);未成年人被讯问时在场并维护未成年人合法权益、提出意见(《刑事诉讼法》第二百七十条);经同意公开审判的未成年案件,派员在场(《刑事诉讼法》第二百七十四条);教师担任未成年案件的人民陪审员(《最高人民法院关于审理未成年人刑事案件的若干规定》第八条);庭前、休庭时、宣判后,学校老师可以与未成年被告人会见交流(《最高人民法院关于审理未成年人刑事案件的若干规定》第二十、三十、三十三条)。

2. 对矫正对象进行教育

《社区矫正实施办法》第三十三条专门规定了未成年人社区矫正。针对未成年人身心发育的特点,立法从刑事追诉到行刑,都强调了"教育、感化、挽救"的中心理念,对未成年人的社区矫正也正是这一理念的体现。未成年人社区矫正的重要内容是学业教育、心理教育、法制教育、道德教育。学校具有强大的资源优势,其主要任务就是对学生进行教育。学校在开展教育时,应结合法律对未成年人社区矫正的具体要求,实现学校教育的社会化效果。同时,通过教育,也能够给其他有潜在违法犯罪动机的同学予以警醒,

---

① 杨帆、姜修建:《中学校园犯罪原因及预防机制研究——以广东地区部分中学为视角》,《法学杂志》2011年第9期。

从而从根本上预防未成年人犯罪的发生。

3.对矫正对象的监督、管理

国际社会对未成年人社区矫正的理论与实践都表明,必须顺应未成年人的身心特性,吸收多元化的主体参与矫正,制订更为温馨、细致、科学、合理的矫正方案。国内各地的未成年人社区矫正沿着这一思路,不断进行探索。学校在法律上充当了临时监护人的角色,尤其是寄宿制学校,既是一个教育机构,又是一个大家庭。因此,对矫正对象的监管、教育,是学校的应尽职责。学校对未成年矫正对象的情况较为熟悉了解,监督管理起来也颇为方便。在未成年人社区矫正的探索方面,广州的做法颇具特色。广州以联合矫正小组的形式,吸收学校老师、法官、心理学专家、青少年权益保护组织的代表等,采取多种形式对未成年人进行帮扶,群策群力,解决未成年人在学习、生活、思想等多方面的困难,为其矫正减轻负担,免除后顾之忧。学校如何在不影响正常教学的前提下,做好对未成年矫正对象的监督、管理,对于学校以及其他学生的家长而言,都是一个需要认真思考的问题。

4.其他协助职能

矫正会对学校正常的教学秩序以及管理工作、生活产生一定的影响,如未成年人要参与社区劳动、社会活动等,需要向学校请假。因其活动、自由受到限制,可能不能参加学校组织的一些活动,这就要求学校必须和社区矫正执行机构协调统一。此外,学校还应如实向前来核实、调查的司法所工作人员提供未成年社区矫正人员的思想动态和现实表现情况。发现违法情况,及时向有关部门报告。为了促进未成年人健康发展,按照法律的要求,对未成年人社区矫正的情况,只能在一定的范围内公开。

二、学校对未成年人社区矫正的职能提升

1.学校不应轻易开除学生,不得歧视或拒绝未成年社区矫正人员回归校园

提倡对构成犯罪的未成年人进行社区矫正的一个重要考虑就是让其继续完成学业,从而不影响未来的人生发展。教育法以及学校的规章制度、处理决定必须充分考虑这一点。未成年人犯罪,并不意味着受教育权的剥夺。尤其是对于处于义务教育阶段的未成年人而言,保障其接受义务教育是国家的责任。《中华人民共和国教育法》第十八、三十九条规定,国家实施九年制义务教育制度,即使是有违法犯罪行为的未成年人,只要是属于适龄儿童、少年,国家、社会、学校、父母或者其他监护人以及有关社会组织都必须

创造条件,确保其接受并完成规定年限的义务教育。如果未成年人犯罪处于诉讼过程中的,按照《中华人民共和国预防未成年人犯罪法》第四十四条规定,在人民法院的判决生效以前,对于被采取刑事强制措施的未成年学生,不得取消其学籍。那么,是否可以推理出,在法院判决生效之后就可以取消其学籍呢? 按照该法第五十八条的规定,任何单位、个人不得歧视被依法判处非监禁刑罚、判处刑罚宣告缓刑、假释(社区矫正的对象)的未成年人,并确保他们在复学、升学、就业等方面享有同等权利。显然,依据该条可以判定对于未成年人犯罪被社区矫正的,不应该一律被开除学籍,因为其具有复学等方面的同等权利,不应该被歧视。

然而,有关部门法规或地方性立法在落实、执行教育法的制度时,规定似乎越来越严格,甚至有违法之嫌疑。如教育部《普通高等学校学生管理规定》第五十二条第二项规定,学生如果触犯国家法律构成刑事犯罪的,学校可以给予开除学籍处分。显然,教育部的规章不区分学生犯罪情节的轻重以及所判刑罚是否为监禁刑或社区矫正,只要构成犯罪的,学校都"可以"开除。但是具体到有"办学自主权"的大学时,为减少管理的麻烦,各大学在制定本校学生管理制度以及违纪处分条例时,一般都将大学生的犯罪作为"应当"开除处分的条件。显然,这之间存在明显的矛盾与冲突。按照《社区矫正实施办法》以及社区矫正的地方性立法,满 18 周岁的大学生直接适用未成年社区矫正程序,已满 18 周岁的参照未成年社区矫正程序。而教育部《普通高等学校学生管理规定》以及实践中对大学生犯罪(无论是否社区矫正)一律采取开除的做法显然与社区矫正的立法精神以及《中华人民共和国预防未成年人犯罪法》之规定背离。因此,必须在系统内理清思路,相互衔接,法律法规上应作明确规定,未成年犯罪(包含参照未成年人社区矫正程序的大学生犯罪)被社区矫正的,不得开除学籍,不得歧视以及拒绝其复学。

2.建立矫正学校,为未成年人恢复正常学业提供过渡

《中华人民共和国预防未成年人犯罪法》对于未成年人具有严重危害社会,尚不够刑事处罚的严重不良行为的,可以送工读学校进行矫治和接受教育。工读学校对就读的未成年人应当严格管理和教育。从目前一些地方的工读学校运行情况来看,工读学校在课程设置上与普通学校相同,符合义务教育法的要求。所不同的是,工读学校更加注重对未成年人的法制教育和不良行为的矫治。同样,对于被社区矫正的未成年人,如果存在一些困难,如情绪不稳定、学习能力不足、无法协调与学校的关系等,暂时无法回到原学校继续学业的,应该先在矫正学校选择恢复性矫治。因此,可以效仿工读

学校,建立矫正学校,为未成年社区矫正对象恢复学业提供一些帮助与训练。等到条件成熟时,帮助未成年矫正对象重返校园。

3.危险性评估应听取学校意见

现行《社区矫正实施办法》以及《社区矫正法》都没有强调和突出危险性评估时应该听取学校的意见。实际上,学校对于拟社区矫正的学生情况较为熟悉,且被社区矫正后学生还将在原学校继续读书,因此在作出社区矫正决定的时候,学校存在利害关系,必须给予其表达意见的权利。

4.社区矫正宣告、执行、解除等重大决定必须告知学校,提升所在学校的参与力度

根据当前《社区矫正实施办法》《社区矫正法》的规定,社区矫正执行主体在社区矫正宣告执行、减刑、变更、撤销等重大事项的决定上,法律没有规定执行机关应向学校告知的义务,使得学校对社区矫正对象的诸多情况不甚了解,管理起来也较为被动。学校与社区矫正执行机构在对社区矫正对象的监督、考核、管理上,目标、内容存在交叉与重合的地方,双方必须及时沟通,互通有无。一方面,所在单位必须将社区矫正对象在学校的表现及时告知社区矫正执行机构;另一方面,执行机构也应将社区矫正宣告、执行、解除等重大决定告知所在学校。

5.建立学校参与社区矫正的工作机制

诚然,学校的重要职能是对所有在校学生的学业教育负责。但是学校也不能忽视对正在社区矫正的特殊学生的教育、感化与挽救。教育、感化、挽救一个特殊学生,在某种程度上对社会的意义更为重大。因此,学校和所有学生家长必须转变观念,以开阔、包容、理性的心态对待未成年社区矫正人员。对学校而言,必须明确参与对未成年人的社区矫正是学校教育的职责所在,规定班主任、任课教师、辅导员等各岗位对社区矫正的具体分工、措施。建立与社区矫正执行机构的联络、沟通机制,与社会其他主体形成合力,挽救每一个失足青少年,促进学校、家庭、社会的和谐、健康发展。

第四节　家庭成员、监护人、保证人对社区矫正生态系统的参与

在社区矫正的诸多立法中,通常将家庭成员、监护人、保证人作为同一类型的力量进行规定。他们与社区矫正对象在经济、利益、情感甚至血缘关系上,有着密切的利害关系,是离社区矫正对象最近,对其影响最深远的人。

但三者的范围在某种程度上存在着重叠：保证人可以由家庭成员或者监护人充当，也可以是家庭成员或监护人之外的人。监护人可以由家庭成员充当，也可以是其他人。家庭成员、监护人、保证人参与社区矫正生态系统的方式基本相同，只是参与程度以及所起作用的大小不同而已。

一、家庭成员对社区矫正生态系统的参与及职能完善

家对于中国人来说意义非常重大，被当作精神价值、安全感的源头，人生的出发点和目的地。① 正是对家和血统的重视，家在中国人的文化塑造、智性生活和社会结构中具有最强的约束力和黏合力。"在传统思想中，家—国—天下"形成了三位一体的结构，这一结构指向的是人作为家庭成员所形成的共同体。人是类意义上的人，具有广泛的拟制血缘关系属性。② 家构成每个中国人的一种基本存在单位、认识单位、道德单位、政治单位。在家庭这个领域，如果能够处理好人际关系，与其他成员和谐相处，就能获得幸福与正能量。反之，当原生家庭出现亲情短缺、关系僵化甚至畸形时，就会导致社会总体心理安宁程度大幅度下降。③ 正是因为考虑到家庭或家庭成员在服刑人员人际关系的恢复以及适应能力建设方面的重大作用，社区矫正逐步取代监狱的监禁关押，因为关押使得服刑人员完全与家庭隔离。家庭或家庭成员应如何参与社区矫正生态系统呢？一些地方已经开始探索，并逐步形成"家庭支持型"的社区矫正模式，并初步取得效果。"家庭支持型"的社区矫正模式内容主要包括以下几个方面。

1. 建设健康良好的家庭氛围，为矫正对象提供充满正能量的生活环境

通过对犯罪原因的调查研究发现，绝大多数的犯罪发生都与当事人的家庭有着很大的关系。如青少年犯罪的主要原因是家庭失教，即父母的打骂、溺爱或疏于管教，妇女犯罪很多与家庭暴力即被虐待有关。在很大程度上家庭影响了当事人人格的形成，而恶劣的家庭关系则是犯罪产生的助推剂。所以，家庭对犯罪的发生多多少少负有一定的责任。因此，对于社区矫正，家庭成员应当进行反省，消除家庭人际关系、习惯、环境中的负面作用，根除触动犯罪的诱因。有了良好的土壤环境，矫正对象才能摒弃犯罪恶习，健康回归。因此，根据家庭治疗理论和系统理论，为了解决个人表现出来的

---

① 赵汀阳：《天下体系：世界制度哲学导论》，南京：江苏教育出版社 2005 年版，第 64 页。
② 贺海仁：《无讼的世界：和解理性与新熟人社会》，北京：北京大学出版社 2009 年版，第 244 页。
③ 笑思：《家哲学：西方人的盲点》，北京：商务印书馆 2010 年版，第 19 页。

问题,就需要把整个家庭而不是家庭中的个别成员作为治疗对象来开展工作。社区矫正与其说是对服刑人员的矫正,不如说是整个家庭的全方位矫正与"清扫"。

2. 根据家庭具体情况,创制家庭矫正项目

与其他主体对社区矫正的参与不同,家庭关系较为微妙或复杂,依靠法律难以完全规定,更多依靠道德、亲情、伦理发挥作用。但是,基本的要求是家庭成员必须对矫正对象采取包容的心态,通过各种举措给予关爱、支持,建立矫正对象的家庭、社会责任感。首先,家庭成员可以通过灵活多样的形式帮助矫正对象获得劳动或者与社会平等交往的机会。罪犯社区服刑期间还可以通过自己努力获得财富,一方面增进了公共福利,获得了社会的积极评价和认可;另一方面,可以弥补被害人的损失、履行对家庭的责任,这份努力将获得被害人的谅解、家庭的接收、个人社会关系网络的重建等多重功效。① 其次,对于在精神、情感、情绪、性格等方面存在障碍的矫正对象,应充分发挥亲情作用,教育、感化、挽救失足亲人。发源于亲情的"爱"使家庭亲情之间具有一种自然的亲密关系,彼此承担无条件的照顾责任和义务。根据社会学家塔尔科特·帕森斯的研究成果,家庭具有两项主要功能:初级社会化和人格稳定化。所谓初级社会化,源于家庭就是一个小社会,儿童首先通过家庭学习社会交往规则;人格稳定化,即指家庭在情感上对于成年家庭成员人格形成的培育与协助。

家是矫正对象避风的港湾,家庭成员是矫正对象最信赖的人。每个家庭成员,从自己的亲属角色出发,散发出的亲情,汇成涓涓细流,如春风化雨般,滋润矫正对象的心灵。在家庭的浸染下,矫正对象将重塑人格,从而实现家庭、社会关系的良性恢复与发展。

3. 完善社区矫正家庭成员参与机制

社区矫正机构应当及时与矫正对象的家庭进行沟通,制定家庭参与社区矫正的工作方案。家庭成员对社区矫正对象最为了解,获得其家庭的支持,能够帮助社区矫正机构制定有针对性的矫正方案,及时获取矫正对象的情况信息并作出应对。家庭成员应对社区矫正有深入的认识,了解监管规定以及自己的职责,掌握一定的技能,更好地配合社区矫正的日常监管工作。家庭成员参与社区矫正的具体职责包括:向社区矫正机构反映社区矫正对象工作、生活、交友等情况,发现有违法违规行为,及时向

_____

① 贡太雷、朱佩林:《社区矫正中家庭矫治项目法治化思考》,2015 年 6 月第六届河北法治论坛《深化司法体制改革——第六届河北法治论坛论文集(上册)》。

社区矫正机构报告；发生居所变化、家庭重大变故以及社区矫正对象接触对其矫正产生不利影响人员的，应当及时报告；如实向来了解、核实矫正对象的思想动态和现实表现等情况的司法所提供信息；经常与社区矫正对象沟通，关心其思想、精神状况；督促社区矫正对象按时到社区矫正机构汇报思想，参加学习教育、公益劳动等活动；参加社区矫正机构对矫正对象社区矫正的宣告、减刑、解除等活动。

二、监护人对社区矫正生态系统的参加及职能完善

监护人是民法上的一个概念。监护人是民法为无民事行为能力和限制行为能力的人设定的，对其人身、财产以及其他合法权益进行监督和保护的民事主体，其目的是保护民事行为能力不足（无民事行为能力人或限制民事行为）的人的合法权益。在刑事执行活动中，监护人参与社区矫正生态系统主要是未成年人社区矫正的案件。《中华人民共和国民法典》第二十七条规定，未成年子女监护人的确定顺序一般为：父母—外祖父母、祖父母—兄、姐—未成年人住所地的村民委员会、居民委员会、民政部门同意的其他愿意担任监护人的个人或者组织。实践中，参与社区矫正的监护人多为社区矫正对象的父母，父母年老、死亡或下落不明的，才由其他人以监护人身份参与社区矫正。血缘与亲情是监护人参与社区矫正的内在动力。同时，法律上规定监护人的监管职责、义务决定了监护人必须在未成年人社区矫正生态系统中发挥重要作用。监护人有别于一般的家庭成员，他必须全程、深入、主动地参与未成年人社区矫正，履行法定职责与义务。如何更好地发挥监护人在未成年人社区矫正生态系统中的作用？当前可以考虑从以下几个方面进行加强。

1. 立法与实践必须厘清对社区矫正监护人的角色定位

在各地矫正实践中，在民法监护人的基础上，将其扩大到更为广泛的主体，创设了"矫正监护人"这一角色。"矫正监护人"不同于民法上的"监护人"概念，是指在特定环境中，自愿协助司法行政机关，监督管理、教育改造社区矫正人员的人，范围上可能是父母或所在村的村主任、治保主任、学校老师、朋友、亲属等，不同于民法中法定监护人和指定监护人。实际上，这一角色与后面即将研究的"矫正保证人"角色在功能、性质上类似。而社区矫正的相关立法却依然沿用民法上的监护人概念。立法上的规定以及实践中的做法存在概念不清、范围不明的问题，必须进行立法协调，明确社区矫正中监护人的角色分工与定性。

2.社区矫正执行机构必须与监护人签订责任书,明确监护、抚养、管教等职责义务

实践中,社区矫正监护协议书已经被各地执行机关广泛使用。其内容大致如下:

社区矫正监护三方协议书

为落实社区矫正制度的精神,建设和谐社会,帮助社区矫正对象改过自新,适应社会,根据社区矫正工作的有关规定,确定_____为矫正对象的社区矫正监护人。

一、社区矫正监护人

1.提高责任意识,制定行动方案,督促矫正对象对社区矫正义务的履行。

2.通过直接接触、电话、微信、邮件、QQ、调查走访等多种形式,掌握矫正对象的思想活动和行踪。

3.每周数次向社区矫正工作者反馈矫正对象情况。遇有特殊或紧急情况的,如矫正对象脱逃等,应毫不迟延地向司法行政机关汇报,以便于司法行政机关采取应对措施。

二、社区矫正对象

要自觉按照法律以及矫正方案的要求,履行矫正义务,并主动配合,接受监护人的监督。

三、社区矫正工作者

要定期与矫正对象、社区矫正监护人沟通,全面掌握矫正对象的矫正情况,并适时调整矫正方案。

社区矫正监护人签名:

社区矫正工作者签名:

社区矫正对象签名:

年 月 日

上述协议内容还可以根据个案的不同,进行具体详细的规定。监护人除了履行协议外,还必须在对未成年人的教育上进行学习与反思。未成年人犯罪,很大程度上是因为监护人监管不当或者监护失职,因此在对未成年人的社区矫正中,监护人必须开动脑筋,更新监护、管教方式,唯有如此,才能从根本上挽救和教育失足未成年人。

3.组织、引导、动员其他家庭成员帮助未成年人成长，引导其走上正轨

一个家庭或者家族，就是一个系统，监护人显然是这个系统中的灵魂人物。监护人应广泛调动系统中的所有资源，形成合力，在学习、生活、就业、思想、情感等方面给予未成年人关注与支持。强大的家庭功能将形成未成年人抵制外来诱惑的屏障，也是其回归社会的动力所在。

4.协助矫正机构，做好对未成年矫正对象的日常监管

如实向执行机构汇报矫正对象的各类信息和表现；督促矫正对象参与社会劳动、社会活动；参与社区矫正的宣告、解除等活动；与被害人积极沟通，为建立良好社会关系而努力；尽力消除犯罪的恶劣影响等。

三、保证人对社区矫正生态系统的参加及职能完善

保证人制度是社区矫正实践中探索出来的有效的工作制度，保证人的产生、职责、地位比较类似于刑事诉讼中取保候审的保证人方式。但是当前所有法律对于社区矫正的保证人制度都没有具体、明确的规定，《社区矫正实施办法》也只是简单提到了"保证人"这一主体，但关于保证人的产生、权利与义务、法律责任等，也未做规定。实践中根据各地的工作需要，保证人制度的执行情况也不尽相同。与其他主体相比，保证人在某种程度上与被保证人存在着亲近甚至亲密的关系，他们或为亲属，或为监护人，或为多年的朋友，他们对于被保证人所处环境和人际关系更为熟悉，被保证人从思想、心理上更容易接纳保证人的劝说教育，在行为上也更容易接受保证人的约束监管，这是保证人在矫正工作中得天独厚的优势。此外，保证人在一定程度上能够弥补司法行政机关执法力量薄弱不足的缺陷，保证人的加入既提高了矫正工作的效能，又实现了对被保证人社会多元化的关怀和引导。保证人是社区矫正实践中自发成长起来的一个新主体，如何让保证人合法、有效地发挥作用，需要理论界与实务部门共同探讨。

1.面对实践中保证人制度的探索，立法应及时作出回应

不可否认，在实践中成长起来的社区矫正保证人制度取得了良好的法律效果和社会效果，并创新了社区矫正的工作机制。一些地方甚至还尝试探索社区矫正的保证金制度，如江苏省宝应县人民法院要求司法机关在裁决社区矫正刑罚时，可以同时责令矫正对象向社区矫正办公室按年交纳矫正保证金。矫正对象在判决生效后7日内到矫正机构报到入矫，矫正期间认真遵守社区矫正相关规定，没有重新违法犯罪的，每满1年领回1年的保证金，直至期满全部返还。如果矫正对象违反社区矫正规定，如不按时报到、不参加学习、不参加社区劳动、擅自离开居住地等，将根据违纪、违法行

为的轻重程度,进行行政或司法处罚。对于经济困难无法缴纳保证金的,可以采用保证人方式,由保证人履行监督保证责任。① 面对快速成长的保证人制度,立法应先通过规章或法规的形式作出回应,以规范全国范围内对保证人制度的执行。等到条件成熟时,再通过社区矫正法进行完善。

2.明确保证人的产生、权利、义务、职责等内容

可以充分借鉴取保候审制度中对保证人的规定。人民法院在社区矫正适用前,根据社会调查评估结果,认为有必要要求拟矫对象提供保证人的,拟矫对象必须提供适格的保证人,否则将予以关押。或者在社区矫正决定作出之后,司法行政机关在执行的过程中认为有必要的,也可以要求矫正对象提供保证人。保证人必须具备完全民事行为能力,有能力履行保证义务,无违法犯罪记录,与本案无牵连,有固定的住所和稳定的收入来源。保证人的主要义务与职责是监督被保证人依法履行社区矫正义务;督促被保证人自觉遵守法律法规和社区矫正有关规定,积极、主动接受社区矫正机构的监督、管理和教育。保证人应及时向社区矫正机构报告被保证人"脱管"、违法犯罪的线索和行为;未及时报告,致使被保证人"脱管"和违法犯罪的,须依法承担责任;因为包庇构成犯罪的,还须承担刑事责任。对于保证人的责任追究在实践中一直是个难题,在设定保证人的职责和义务,提高保证人的工作责任心的同时还应考虑保证人的义务付出,不让其承担不必要的负担。同时,对保证人可考虑同时设定奖励制度,奖惩并行的制度更加切实可行。

3.健全保证人参与社区矫正的工作机制

执行机构必须与保证人签订《社区矫正保证人承诺书》,要求保证人必须认真履行保证义务。同时应将保证人纳入矫正工作小组的范围,具体的矫正方案与措施必须充分听取保证人的意见。涉及社区矫正对象的一切重大决定必须告知保证人,如矫正的宣告、减刑、收监、解除等,以便于保证人作出反馈。加强对保证人的培训,除了印发《保证人须知》等材料外,还应对保证人进行适当的技能培训。通过现代化的科学技术,充分实现保证人与其他主体之间的信息共享和动态联络。由此,逐步探索形成保证人参与社区矫正的长效工作机制。此外,应发动更多如保证人一样的社会力量积极参与,这样才能更利于实现社区矫正工作的真正价值和实质目的。

---

① 高晓军:《宝应法院试行社区矫正保证金(保证人)制度》,《江苏经济报》2009 年 5 月 6 日 B01 版。

第九章 社区矫正生态系统中的对象主体

——社区矫正人员

在整个社区矫正生态系统中,社区矫正人员绝对是焦点和核心。一切的制度设置以及环境建设都围绕着社区矫正人员展开。对制度与系统环境的评价也主要着眼于满足社区矫正对象的需求,犹如"晴雨表"一样,系统的氛围与效果也将在矫正人员的身上得到淋漓尽致的体现。所以,确认矫正对象在系统中的作用与地位,将对其他主体的工作与职能产生反射效应,并由此决定整个社区矫正生态系统建设的格局与定位。

第一节 矫正对象在社区矫正生态系统中的地位

综观现有的法律文献资料,对矫正对象的称谓有:社区矫正人员、社区矫正对象、社区服刑人员、罪犯等。其具体范围在政策与法律层面有一些变化,大致经历了社区矫正明确适用 5 种对象——含糊适用 5 种对象——明确适用 4 种对象的发展变化过程。2003 年社区矫正开展试点时,规定社区矫正适用于 5 类对象,分别是:被判处管制的;被宣告缓刑的;被暂予监外执行的;被裁定假释的;被剥夺政治权利,并在社会上服刑的。随着 2012 年《社区矫正实施办法》的出台,社区矫正适用对象的范围进入了"含糊适用于 5 类对象的阶段"。在《社区矫正实施办法》中,依旧提到了试点中的 5 类适用对象,所不同的是,该办法中对被剥夺政治权利并在社会上服刑罪犯的提法和相关规定含糊不清。2012 年 3 月《刑事诉讼法》的修订,标志着我国的社区矫正工作正式进入了 4 类适用对象的阶段。因为修订后的《刑事诉讼法》第一百零三条明确将被剥夺政治权利的罪犯排除出社区矫正,规定社区矫正针对被判处管制、宣告缓刑、假释或者暂予监外执行的罪犯。[1] 2019 年通过的《社区矫正法》再次明确了,社区矫正适用于被判处管制、宣告缓刑、假释和暂予监外执行的罪犯。

从现有的立法规定以及社区矫正的实践工作来看,矫正对象在社区矫

---

① 吴宗宪:《论我国社区矫正的适用对象》,《北京师范大学学报》(社会科学版)2017 年第 3 期。

正生态系统中的地位可以归纳为:被改造、监督、帮扶的对象,这一定性强调的是矫正对象的义务主体地位,且是矫正对象在生态系统中最基础、最主要、最原始的地位;通过社会支持与自身努力修复社会关系从而再社会化的复原主体,这一定性强调了矫正对象从自身的尊严、发展出发应该享有的权利主体地位,是矫正对象对平等待遇以及人性化的重大诉求,也是社区矫正生态系统建设效果优化的终极目标和最高境界。

一、被改造、监督、帮扶的对象

这一地位在生态系统中体现得最为淋漓尽致,当然也主要是因为社区矫正的主要功能是在社区中监管、改造和帮扶罪犯。具体而言,一方面,要预防矫正对象再次犯罪危害社会;另一方面,要帮助矫正对象改过自新,重新回归社会。因此,矫正对象除了必须履行一系列的法律义务之外,诸多权利还被限制或者剥夺。社区矫正生态系统中其他主体的主要职责是确保矫正对象义务的遵守。作为义务主体的矫正对象,归纳起来主要承担下列义务。

1. 及时汇报相关情况,如实提供相关信息

在社区矫正的危险性评估、居住地的核实、保证人的确定、执行变更与解除等过程中,不能通过虚构、瞒骗等手段,违法获得社区矫正待遇,应如实提供信息,供相关部门决策。在矫正过程中,发生工作变动、居住地变化等重大变故的,应当及时报告。保外就医的社区矫正人员,每三个月提交病情复查情况,每个月报告本人身体情况。

2. 按时报到并依法办理入矫手续

社区矫正人员应当自收到生效的社区矫正裁判、决定之日起,按照法律文件中的具体要求,10日内到居住地县级司法行政机关报到。在司法行政机关办理登记接收手续后,3日内到指定的司法所具体接受社区矫正(参见《社区矫正实施办法》第六条)。

3. 遵守社区矫正相关禁止性或限制性规定

禁止性或限制性规定主要来自两个方面:人民法院对部分社区矫正对象根据情况附加判处禁令(禁止从事特定活动、接触特定的人、进入特定区域);《社区矫正实施办法》对所有社区矫正对象居住、外出活动等事项的一般性限制或禁止(参见《社区矫正实施办法》第十二、十三、十四条)。社区矫正对象必须严格遵守上述禁止性或限制性规定,并履行相关报备手续。

4. 参加学习、社区服务和社会活动

为了增强社区矫正人员的法制观念,修复社会关系,社区矫正人员每月

参加教育学习的时间不少于八小时,参加社区服务时间不少于八小时(《社区矫正实施办法》第十五、十六条)。学习教育、社区服务的形式多种多样,如社区公共劳动、赴敬老院公益活动、法制讲座等。

5.自觉、主动接受监督管理

针对不同的矫正对象,司法行政机关设定了不同的具体监管措施。以广东省为例,根据《广东省司法厅关于社区矫正人员考核及分类管理的暂行规定》第六、七、八条的规定,针对矫正对象不同的情况,监管措施包括三类:普通管理措施、重点管理措施、特殊管理措施。不同监管措施之下,矫正对象的义务不同,如表9.1所示。

表9.1　不同监管措施下矫正对象的不同义务

	向社区矫正工作人员电话报告本人行踪及活动情况	到司法所当面报告并提交书面思想汇报	参加司法所组织的教育学习	参加司法所组织的社区服务	接受个别谈话教育、实地走访检查	其他
普通管理措施	每周至少一次	每月至少一次	每月至少一次	每月至少一次	每月至少一次	每月完成教育学习、社区服务规定时间;请假经批准可以外出;应当接受电子监控
重点管理措施	每周至少两次	每月至少两次	每月至少两次	每月至少两次	每月至少两次	申请外出一般不予批准;应当接受电子监控
特殊管理措施	每日至少一次	每周至少一次	每月至少三次	每月至少三次	每月至少三次	每月完成教育学习、社区服务规定时间;申请外出的不得批准;应当接受电子监控。矫正对象必须根据具体要求,接受监管,履行义务,否则将承担相应的法律责任

二、通过社会支持与自身努力修复社会关系从而再社会化的复原主体

以人为本,注重人权保障是哲学社会科学发展的重大成果,并深深地嵌

入刑事诉讼以及刑事司法执行活动中。以人为本强调人的主体地位,一切制度与措施的价值评价尺度是主体(人)的尊严、需要、利益的满足程度。①因此,在社区矫正中,矫正对象并不是一个没有情感、没有需求的客体,所谓的监管不是国家权力的粗暴行使以及矫正对象的被动配合,而是各个主体必须充分尊重、理解、关爱矫正对象,与矫正对象有着平等的沟通,并建立和谐互动的关系。随着社会关系的日渐复杂,以人为本的主体性理论因为过于单一已经无法满足社会关系的多样性需求。由主体性到主体间性的发展是近代西方哲学的第二次伟大转型。主体间性是在主体性基础上的发展与突破,主体间性形成的重要背景是主体之间还存在不平等、冲突、纠纷、矛盾。所以主体间性的发展目标是号召建立和谐社会,要求群体或者系统内各主体相互包容、尊重多样、保持和谐,建立平等、公正、尊重、理解、互助的氛围。犯罪导致以矫正对象为中心的社会关系割裂,其他主体对矫正对象的信任减损。恢复主体间的相互关系,重建和谐群体或系统,按照主体间性理论,单独依靠任何一个主体都无法完成,而是需要主体间的合作与对话,尤其是矫正对象的真正需求不能被忽略。在矫正关系中,矫正对象从被动的接受者变为主动的参与者,自主性、积极性增强,可以有效参与对自己的矫正方案的讨论决定,形成较为平等的矫正契约关系。②

从矫正对象复原主体的地位出发,必须重视其在社区矫正生态系统中的需求与权利保障。当前我国矫正实践对矫正对象复原主体地位重视不足,理论上对社区矫正生态系统中主体间性理论研究没有深入展开,这势必影响社区矫正目标的最终实现。梳理当前法律,矫正对象在系统中作为复原主体的权利主要有以下几点。

1. 不被歧视,获得平等待遇的权利

矫正对象因犯罪,给社会以及他人造成了一定程度的伤害,并因此被厌恶甚至仇视。为了防止再度发生犯罪,我们必须总结过去,吸取教训。但是同样,我们也必须驱除心底的阴影,忘记过去的仇恨和诱发犯罪的情绪,重塑自我,再次出发。③诚然,矫正对象应该对过往的犯罪行为进行忏悔并想办法弥补,而作为其他人,不必总是纠结于矫正对象的过往,使矫正对象一味沉浸于过去。如何以包容、宽恕、开放的心态面对未来,更为重要。对于

①　周家荣:《以人为本:从主体性到主体间性——兼论马克思主义以人为本思想对主体间性哲学观的引领》,《湖南师范大学社会科学学报》2008 年第 5 期。

②　夏苏平、狄小华:《循证矫正中国化研究》,南京:江苏人民出版社 2013 年版,第 25 页。

③　［英］瑞格比·安:《暴力之后的正义和和解》,刘成译,南京:译林出版社 2003 年版,第 24 页。

社会而言,不得歧视社区矫正人员在就学、就业和享受社会保障等方面的各项权利。可喜的是,本次《社区矫正法》的通过,最大的亮点就是"总则"部分的第四条规定:社区矫正工作应当尊重和保障矫正对象的人权。社区矫正对象在就业、就学和享受社会保障等方面不受歧视,依法享有的人身权利、财产权利及其他权利不受侵犯。必须保障矫正对象所有未被依法剥夺或者限制的权利。社会与公众在矫正中的作用举足轻重,很多矫正对象再次犯罪的发生与社会公众的歧视、排斥不无关系,因此,能否以正常人、普通人、一般人的视角看待矫正对象,关乎矫正主体以及社会主体的重大利益。

2. 涉及矫正对象利益的重大决策,必须充分听取矫正对象的意见

矫正决定的作出、保证人的确定、矫正地的选择(居住地或者户籍所在地),关系到矫正对象的切身利益,矫正对象也最了解情况,因此最具发言权。同时,在涉及对矫正对象的处罚、收监执行、矫正的解除等决定时,公安、司法机关应依照法定程序公平、公开、公正进行。可惜的是,《社区矫正实施办法》等相关法律并没有明确具体规定涉及矫正对象利益的重大决策必须充分听取矫正对象的意见,只是在侵权救济时略有提及。如《社区矫正实施办法》第三十六条规定,除了被依法剥夺或限制的权利外,社区矫正人员的各项权利不受侵犯,其权利同样获得法律保护。一旦发现侵犯矫正人员合法权益的行为,矫正工作人员应当妥善处理,依法维护其合法权益。一些地方性法规意识到了这一问题,并在相关办法中有了相应的弥补。如《四川省社区矫正实施细则》第五十四条规定,制定矫正方案必须与社区服刑人员沟通,了解其矫正想法和思想动态。第一百三十条规定,社区服刑人员对警告等处罚决定不服的,可以通过复议或者申诉的渠道进行救济,相关单位对于复议或申诉应及时处理。

3. 获得帮助、扶持的权利

因为犯罪被追诉,矫正对象本人、家庭以及他与整个社会的交往都将在一定程度上陷入困境。长期处于困境,矫正对象就会产生被社会抛弃的心理,从而自暴自弃,甚至报复社会,再次犯罪。对处于困境的公民进行帮扶,是国家的职责与义务,也是矫正对象作为公民应该享有的基本权利。社区矫正立法对矫正对象获得帮扶权利的规定是通过其他主体的义务规定来实现的。如《社区矫正实施办法》第十八条要求司法行政机关应当根据社区矫正人员的需要,协调有关部门和单位开展职业培训和就业指导,帮助落实社会保障措施。第三十四条规定,社区矫正人员社区矫正期满的,司法所应当告知其安置帮教的有关规定,与安置帮教工作部门妥善做好交接,并转交有

关材料。地方性法规对帮扶做了更为细致、具体的规定,如《四川省社区矫正实施细则》设专章规定对矫正对象的帮扶。

第二节　矫正对象在社区矫正生态系统中遭遇的困境

中国社会长期弥漫着厌恶犯罪、严惩犯罪的刑罚思想。虽然封建统治者也曾经提出"仁政""明德慎罚""礼法并用"等理念,但大多从笼络人心以维护政权长治久安的功利主义目的出发,鲜有考虑罪犯人权之要义。时至今日,我国的立法以及社会大众仍然认为"把罪犯当人看",给予人道主义待遇,也只是出于"改造罪犯成为新人"的需要。在这一刑罚思想和理念的影响下,我国的服刑人员带着"罪犯"的标签在社会中经常被"异类化",地位低下,权利受限。随着人权理念深入人心以及"国家尊重和保障人权"这一纲领性人权原则的入宪,我国人权的制度化保障迈上了一个新的台阶。就罪犯教育与改造,1992 年 8 月国务院新闻办公室发布的《中国改造罪犯的状况》白皮书一改过去以惩罚为主的理念,提出了教育感化、权利保障、人道主义等原则。[①] 显然,服刑人员的权利保障正走在法制化的道路上。

在社区服刑的矫正对象,继续生活在社区,作为社区居民不可避免地与众多主体依然保持着广泛的联系。在主体性理论下,刑罚执行一方面摆脱了历史上对罪犯的非人处遇,惩罚的同时更关注对罪犯的矫正,使之成为守法公民;另一方面正因为主体性的二元对立思维(在主体性思维中,主客二元对立,以一方为中心,另一方则为对象客体)使得当前的罪犯矫正发展遇到了瓶颈。[②]

一、矫正对象普遍遭遇社会排斥

法国学者勒内·勒努瓦(Rene Lenoir)首次提出了"社会排斥"(social exclusion)概念,强调"社会排斥"导致个体与社会整体之间的断裂。广泛被接受的"社会排斥"概念是英国政府"社会排斥办公室"的界定:"社会排斥作为一个简洁的术语,指的是某些人或地区受到诸如失业、技能缺乏、收入低下、住房困难、罪案高发、丧失健康以及家庭破裂等交织在一起的综合性问题时所发生的现象"(Social Exclusion Unit,2001)。显然,犯罪会导致"社

---

① 国务院新闻办公室:《中国改造罪犯的状况》,北京:法律出版社 1992 年版,第 1—2 页。

② 钱洪良、刘立霞:《从主体性到主体间性的现代罪犯矫正转向——兼论罪犯的矫正主体地位》,《青少年犯罪问题》2016 年第 5 期。

会排斥"的产生。与监狱监禁所形成的生态系统相比,社区矫正所形成的生态系统相对开放。但是社会主体依旧以"有色眼镜"来看待矫正对象,在平时的社会交往、就业、学习、生活中对矫正对象不信任,保持高度戒备心理,甚至进行打压、排挤的现象也较为普遍。归纳起来,矫正对象在社会生活中遭遇的排斥主要包括以下几点。

1. 人际关系的排斥

每个人都生活在以自己为中心的社会关系网络中,通过社会关系的交往,不断进行输入与输出的转化,从而获得信息、能量、情感、支持等。我国是一个很重视人情的国家,人际交往显得尤为重要。矫正对象因为曾经的犯罪,破坏了与周遭的关系,他人甚至包含矫正对象的家人因此而遭受伤害。一些家庭以矫正对象的犯罪为羞耻,有意或无意疏远矫正对象,与之保持距离,矫正对象与家庭因此而失和或者疏远。曾经的朋友也逐渐减少或断绝了来往,矫正对象交往的圈子越来越狭窄。经过调研发现,所有的矫正对象,与过往相比,人际交往都在不同程度上遭遇歧视或排斥。

2. 就业排斥

工作或劳动为矫正者的生活提供物质保障,同时帮助矫正对象重塑社会关系,实现自身的价值。但从当前的实际情况来看,绝大多数矫正者都被原单位依法律或政策解除了劳动合同,尤其是公务员或者其他国有单位的工作人员。而再就业时,绝大多数用人单位都不愿意与一个正在被执行刑罚,哪怕是在社区服刑的罪犯建立劳动关系。我国的《公务员法》《法官法》《检察官法》《公司法》《人民警察法》等诸多法律也限制了曾经有过犯罪经历的服刑人员的入职就业。如《中华人民共和国公务员法》第 24 条规定,曾因犯罪受过刑事处罚,包括社区矫正对象,不得录用为公务员。《中华人民共和国法官法》第 10 条规定曾因犯罪受过刑事处罚的,包括社区矫正对象,不得担任法官。体制内与体制外对矫正对象就业的限制,导致许多矫正对象实际上处于无法就业的失业状态。

3. 教育排斥

教育能帮助矫正对象重塑健康人格,提升生存能力。尤其是对青少年的教育,既保护了他们的现在,又开启了他们的未来。社区矫正的青少年并没有被判决剥夺受教育权,在条件许可的情况下,应该尽可能地保护他们与普通人一样接受教育的基本权利。但是通过调研青少年社区矫正对象的现状发现,青少年如果因为犯罪被社区矫正,原学校通常会毫不犹豫地开除学籍,撇清与学生的关系,以减少管理上的麻烦。实际上,立法提倡对青少年社区矫正的适用,其主要目的是考虑青少年在矫正期间可以继续完成学业的需要。而被开除学籍的适龄青少年社区矫正对象,想要寻找新的学校,也是困难重重,最后不得不过早地进入社会。典型例子有:2016 年,广州市某大学大二学生周某(19 岁)因为盗窃,被判处缓刑社区矫正。所在学校依据教育部《普通高等学校学生管理规定》以及大学内部学生违纪处理文件,将该学生开除。后来该学生家长带着这名学生来到某职业学校报名,希望通过学习获得一技之长,但职业学校的校长一听说该学生目前在社区矫正,坚决拒绝接收。万般无奈之下,这名学生进入某工厂,成为一名学徒工。一个原本可以挽回美好前途的大学生,因为学校的排斥,活生生改变了人生的轨迹。甚至矫正对象参加高考、研究生考试等进一步学习深造的权利也被取消。如教育部发布的《2018 年普通高等学校招生工作规定》规定,因触犯刑法已被有关部门采取强制措施或正在服刑者,包括矫正对象,不得报名参加高考。也就是说,矫正对象被排除在高考的门槛之外。立法虽无明文规定对矫正对象报考研究生的限制,但实际中许多高校通常会以"政治不过关"为理由,不予录取矫正对象。

4. 社会救济与保障的排斥

社会救济与保障是国家对公民尤其是陷入困境的公民的一种帮助和扶持。社区矫正对象犯罪虽然被判处刑罚,但是并没有被剥夺作为国家公民所享有的社会救济和保障权。实际上,许多社区矫正对象因为政策、制度以及现实的障碍,常常被排除在社会保障与救济体制之外。如公务员因为犯罪被社区矫正的,必须继续缴纳社会保险,矫正对象有的因为年纪较大,根本无法缴足一定的年限,或者因为就业困难等客观原因无力缴纳社会保险金,导致无法享受社会保险。关于社会救济,许多外来社区矫正对象选择在经常居住地执行社区矫正,而申请最低生活保障或者社会救济,通常都需要本地户口。尤其在广州这样的大城市,外来务工人员占有很大的比例,这些矫正对象因为不具有本地户口,通常无法给予最低生活保障或者其他困难补助。总之,因为制度的不健全以及管理上的漏洞,实际上许多社区矫正对象都被排除在社会保障之外,无法获得应有的帮扶。

二、缺乏平等的沟通,主体地位体现不足

随着现代矫正技术、理念的发展,矫正对象在矫正生态系统中的主体性地位得到了广泛的认可。但囿于权利先天不足、权力过于强大的现实背景,矫正对象只有主体之名,却无主体之实,甚至某种程度上有沦陷为"客体"之风险。主要表现为:①所有的矫正措施和矫正方案都是单方面制定的,通常不会与矫正对象协商,矫正对象只能被动地接受和服从。矫正者手握国家权力,根据自己的理解和判断,将认为有益于矫正对象改造的措施付诸实施。矫正对象如果不服从、不配合,都将会遭受一定的不利评价。矫正者的这种经验性矫正充斥着整个矫正活动,而且在传统社会形态中的确取得了较好的效益。但原来的经验化操作在知识化条件下明显不能适应,处于弱势一方的权利在经验化的操作面前无法得到制度化的保障,因为经验总是随着国家行刑政策的改变而改变。① ②矫正者与矫正对象的地位严重失衡。这种失衡的状态最为集中地体现了权力与权利的不对称状态。在我国,自古以来崇拜权力、迷信权力,所以权力有着高高在上的绝对优越感。反之,我国人权的传统相对缺失,权利的保护从根本上先天不足。尤其是在权力与权利集中交锋的监管活动中,自然而然形成了"我命令,你服从"的权力对权利的绝对支配权,矫正活动形成了以权力为中心的结构,权力的行使者掌握了话语权,成为系统中的主角。不管矫正对象是否心甘情愿,他作为主体的功能已经基本褪色,剩下的就是服从、配合的义务。③社区矫正生态系统流动性不足,各主体之间的关系是单向、静态的。各主体因为职能、资源、人力、经费等功利主义的因素,无法全身心投入社区矫正的运行。主体间因为存在层次的差异以及地位的不平等,互动与沟通受到阻碍,因而致使系统内各要素彼此孤立,系统缺乏生机与活力。

三、对系统与程序的参与、选择不充分

参与和选择,相互关联,又在诉讼价值上体现了相对独立的价值向度,在体现主体自由意志的路径上推动了法律制度的三大基本价值——公平、秩序、个人自由的实现。② 现代法治理论关于主体参与涉及自身利益的程序的重大意义已经达成了共识,并在立法中充分体现。主体之所以为主体,是因为主体有情感、精神、理性,参与和选择是主体性的重要体现。作为社区矫正生态系统中的对象主体,矫正对象对系统、程序的参与是被动的,选择是单一的。(1)各项程序的设定与启动主要由监管者负责。以对矫正对象的减刑为例,由居住地县级司法行政机关提出减刑建议书并附相关证明材料,经地(市)级司法行政机关审核同意后提请社区矫正人员居住地的中级人民法院裁定。也就是说如果矫正对象认为自己符合减刑条件,他也无法提出申请。对于人民法院有关减刑的裁定不服的,也无权提出异议。矫

① 刘崇亮:《范畴与立场:监狱惩罚的限制》,北京:中国法制出版社2015年版,第28页。
② [英]彼得·斯坦、约翰·香德:《西方社会的法律价值》,王献平译,北京:中国法制出版社2004年版,第2页。

正小组的工作人员、矫正方案的具体确定,都是执行机关一手操办,然后通知矫正对象即可。(2)没有给予矫正对象充分表达自己意见的机会。主体如果对涉及自身利益的决定只是消极被动地接受,而无法参与决定,也就谈不上所谓的主体身份。遗憾的是,在现行社区矫正的立法以及实务中,许多重大事项,尤其是对矫正对象不利的重大决定,并没有给予其足够的陈述、申辩的权利与机会。如按照《社区矫正实施办法》第二十三条规定,社区矫正人员有相关违法行为的,县级司法行政机关应当给予警告,并出具书面决定。那么处罚决定作出的过程中,是否应该保障矫正对象的知情权、参与权、陈述权? 此外,关于矫正对象缓刑、假释、监外执行被撤销收监执行的决定程序,是由居住地同级司法行政机关向原裁判人民法院或其他批准、决定机关提出撤销缓刑、假释建议书,收监执行的建议书并附相关证明材料,人民法院或其他批准、决定机关依法作出裁定。查阅相关的法律与司法解释,人民法院对矫正对象假释、缓刑的撤销收监程序,监狱或其他机构对监外执行决定的撤销收监程序,寥寥数字规定,非常抽象与简单,根本无任何关于矫正对象参与程序、陈述意见的规定,矫正对象对程序的进行和决定的作出无任何影响,只是被动地等待结局。(3)程序的公正性、科学性有待加强。一个充满生机与活力的程序必须有多个主体共同参与、平等对话,绝对不是简单的等级规制、命令与服从的关系。当前的社区矫正生态系统,民主、协商的氛围不足,一些程序尚不成熟。以一些地方实施的矫正对象分类管理以及考核制度为例,各地分类的方法、标准以及确定的管理措施极不统一,缺乏科学的设计以及成熟的论证。《广东省司法厅关于社区矫正人员考核及分类管理的暂行规定》将社区矫正人员的管理类别分为普通管理、重点管理和特殊管理,不同的管理类别采取相应的管理措施。管理类别由县级司法行政机关批准确定。《湖北省社区矫正人员分类管理、分阶段教育实施办法》根据社区矫正人员的犯罪动机、危害程度、犯罪类型、家庭及社会关系、悔罪表现、与被害人关系等情况,进行综合分析和风险评估,以一般矫正为基础,分别采取宽管、普管和严管三个级别监管和相应的处遇。社区矫正是一门专业性较强的社会科学,程序与制度的设计必须由社会学、法学、心理学、犯罪学、行刑学等多学科的专家共同参与,以确保程序、制度实施的长效性。

四、权利保障薄弱,救济渠道不畅通

　　对所有人而言,自卫权属于天赋权利。作为程序主体,必须有自我保障的权利基础。倘若只是消极地接收国家专门机关的处理决定,而无法防御

和自我保护,就根本谈不上所谓的主体。无救济作为保障手段的权利形同虚设。遗憾的是,在现行所有关于社区矫正的立法与实践探索中,鲜有关于矫正对象具体救济权利、程序的规定,也只是简单在《社区矫正实施办法》的第三十六条提及了矫正对象的辩护、申诉、控告、检举权利。大多数情况下,若矫正对象对于收监执行或者处罚的决定不服的,也没有法定异议和申诉路径。同时,关于社区矫正对象的律师帮助权完全没有规定。获得律师的专业帮助是法治国家公民维护自身权利的重要保障手段。矫正对象究竟是否需要律师?答案显然是肯定的。从我国矫正对象的实际情况来看,法盲和半法盲占据多数,他们对法律知识的了解,尚不及社会一般水平,在法律繁多、普通公民都普遍需要律师帮助的今天,罪犯(包含矫正对象)自然就更需要专业化的法律服务。[①] 过往的诸多研究主要是集中在刑事诉讼过程中被告人的律师帮助权,并已经构建较为充分的保障机制。当前,学界研究的视角已经开始触及正在被执行刑罚的罪犯的律师帮助权问题,且在立法上已经有所体现。如中华人民共和国司法部 2017 年 12 月 8 日发布了《律师会见监狱在押罪犯规定》,其中第四条规定律师接受在押罪犯委托或者法律援助机构指派,可以与在押罪犯会见,提供辩护、代理、申诉、法律咨询、文书写作等法律服务。其他案件的代理律师,需要向监狱在押罪犯调查取证的,可以会见在押罪犯。罪犯的监护人、近亲属可以代为委托律师。对在押罪犯律师帮助权的规定体现了立法开始关注正在被执行刑罚的服刑人员法律权利的保障,那么,同属于服刑人员的矫正对象,其律师帮助权也不能被忽略。

第三节　矫正对象在社区矫正生态系统中的回位与归复

科学认识矫正对象在系统中的主体地位,有利于建立系统内各主体交往时平等的心态以及协商的氛围,从而促进系统的良性循环。针对当前矫正对象地位失衡与扭曲存在的诸多问题,可从以下几个方面进行培植和完善。

一、反社会排斥法律机制的构建

以法国社会学家埃米尔·杜尔凯姆为代表的诸多研究者提出的社会整体观强调:整体不等于部分之和或整体大于部分之和。社会整体观注重各

---

① 赵运恒:《罪犯权利论》,《中国刑事法杂志》2001 年第 4 期。

部分之间的联结方式或结合方式,以及在这种结合方式中产生的新的现象、新的属性。正是这些不能由个人特性直接加以说明的新现象、新属性体现着社会的独立性和实体性,即只有坚持整体观才能贯彻社会唯实论。杜尔凯姆强调,作为整体的社会,其成员之间的关系除了物质性结合以外,更主要的是一种精神性结合。因此,无论是大社会,还是小系统,都必须关注每个单位主体的生存状态,因为个体与个体之间、个体与整体之间存在无法割舍的联系。社会对矫正对象排斥的后果严重,将会直接导致矫正对象的社会融入和再社会化受阻,矫正的目标机制无法实现,从根本上影响社会的和谐发展。反社会排斥的运动与改革自社会排斥产生以来一直相随,并取得相应成果。具体到反社会对社区矫正对象的排斥,同样需要从人际关系、就业、受教育、社会保障等方面建立法律机制。

1.培养包容、人性、健康的社区矫正文化环境

现代社会已经逐步摒弃过往对犯罪"妖魔化",且由此产生的极度恐惧、害怕、厌恶的心理,开启了犯罪学上对犯罪新的认识:犯罪的发生有着犯罪者的生理、心理的原因,同时,社会本身孕育着犯罪的胚胎。所以犯罪是所有社会都无法避免的,所有人都可能是潜在的犯罪者。但是犯罪学上的研究成果转化为民众的认识以及行为准则,还必须通过政府的宣传教育、执法者的身先示范、研究者的呼吁、媒体的正面引导,向社会输送更多正能量,扭转社会大众对矫正对象原有的不良印象,为社区矫正的实施培育健康的环境。有了健康的环境,社区矫正的各项工作将会达到事半功倍的效果。

2.消除就业歧视,为矫正对象创造更多的就业机会

因此,必须对《公务员法》《劳动法》等法律的相关规定作出调整。规定里明确:矫正人员因为要参与社区矫正,完全无法胜任原岗位工作的,或者经过岗位调整也无法解决的,原单位才能解除劳动关系。否则,无论是公务员,还是事业单位、国有企业、其他用人单位,都不能直接解除与矫正对象的劳动关系。没有工作单位的矫正对象,首先,必须通过劳动培训、职业训练等多种渠道,提升劳动技能。其次,取消相关法律对于矫正对象任职的不必要限制,如矫正对象报考公务员的,除了特殊职位可以限制外,其余大多数职位都应该准许矫正对象报考。最后,广泛调动社会力量对矫正对象进行帮扶。政府可以通过税收优惠、减免等经济手段鼓励企业雇用矫正对象。同时也提倡矫正对象自主创业,并为矫正对象的自主创业提供各种便利条件。

3.保障矫正对象的受教育权

教育对矫正对象而言是最好的矫正手段,因此,切不可轻易排除学校在矫正系统中的重大作用。因此,同样需要改变立法较为模糊的规定,明确强调:任何学校,无论是中学,还是高等学校,对于因为犯罪而被社区矫正的在校学生,无特殊理由,一律不能开除学籍。对于其他已经离校的矫正对象,如果参与高考(包括普通高考、成人高考、自学考试等),报考硕士、博士,或者进入职业学校学习等,除了特殊的专业以外,应保障矫正对象同等的权利。

4.做好社会保障机制的衔接工作

借助现代科技的发展,加强对矫正对象(无论是在居住地服刑还是在户籍所在地服刑)的统一管理。在社会救助上,打破地域限制,从实际情况出发,对陷入生存困境的矫正对象,给予一定的财物支持、生活扶助,以保障其最低生活需要。及时的社会救助对于调节资源的合理配置,实现社会公平正义,维护社会稳定和谐具有非常重要的作用。对于因为各种原因购买社会保险存在困难或者无法享受社会保险待遇的,必须建立其他灵活的机制进行弥补。

二、坚持"以人为本"的基本理念,尊重矫正对象的人格

"以人为本"的哲学命题,强调了每个个体都是具体、现实的。不同于纯粹的自然界,人是社会发展的目标,绝不是手段,是一切社会关系中的主体,而不是客体。因此,人权理论强调每个人与生俱来的、作为人之基本待遇的权利保障。矫正对象因为犯罪,必须受到惩罚,权利被限制,这是公平正义之要求。但是需要注意以下内容。

首先,矫正对象作为人的基本待遇不能被剥夺,否则,就构成了人道主义的倒退。人之基本待遇属于道德层面,且依附于人身,不可转让,无论针对普通人还是矫正对象,这一底线必须坚守。其次,必须充分考虑到社区矫正意欲最大限度减少关押的弊端,试图使矫正对象与社会尽可能和谐共生,应平等对待矫正对象,不可"贴标签"而使之"异类化"。在社区矫正生态系统中,各主体应摒弃将矫正对象视为改造工作对象的理念与意识,强化矫正对象的主体地位。在制定各种制度、措施时,应尽量考虑主体需求的满足,而不是从强权命令以及方便自身管理的角度出发,粗暴地强迫对方接受。对于矫正对象的各项权利,除依法被剥夺和限制的权利外,应该予以充分保障。

人格是人与周围的环境以及整个社会建构各种关系的前提条件。个人

是存在于具体的社会历史环境中的,是"个体"与"集体","内在性"与"社会性"的集合存在。① 每个人都有自己独立的人格和尊严,在社会系统中都有至高无上的价值。人格天然地包含了至高无上的生存价值基础上的生存权和发展权——人的生命健康权、姓名权、名誉权、荣誉权等,必须得到肯认和维护,这是人格命题的绝对命令和先验定律,具有真理的向度。② 矫正对象也不例外,与一般人相比,矫正对象对各种社会关系更为敏感,内心更为脆弱,对其人格的尊重尤为重要。这就要求系统内各主体无论是从人性出发,还是从职业道德出发,都必须文明、宽容、细致地对待矫正对象。在与矫正对象交往时,尽量忽略他的"罪犯"身份,从对对方的称谓到言语表达,做到礼貌、平等。对矫正对象以往的犯罪事实,可以视为其"隐私",尽量封存,除非涉及国家、社会以及他人的重大利益。媒体对案件的报道与宣传,也应该尽可能缩小对矫正对象本人以及家人的不利影响。

三、扶持矫正对象主体地位,增强自我保护能力

社区矫正生态系统可以说是一个多元社会,它的主体包括个人、国家、社会组织、家庭、单位等。在利益的驱动下,各主体之间展开博弈,实质上是权利与权力、权力与权力、权利与权利的多方博弈。整个博弈过程都力求达到均衡的状态。按照现代公平原则的要求,在博弈中,必须限制强者的权力,保障弱者的权利,尤其是弱者充分表达自己意见的救济权。那么,矫正对象是不是弱者呢? 在一些人看来,犯罪者狰狞的面目、残暴的行为……似乎罪犯都是毫无人性且强大的破坏者。现代犯罪学的研究表明,犯罪的原因是多方面的:自身的性格、社会的影响、国家的监管失职等。犯罪的发生,犯罪分子本身也是犯罪行为的受害者。在面对国家权力的追究惩罚时,犯罪分子的弱势地位显现无疑。扶持矫正对象,增强其自我保护能力,必须保障矫正对象以下三项重要权利。

1. 获得律师帮助的权利

刑事诉讼中犯罪嫌疑人、被告人必须获得律师的帮助,才能实现控辩平等,保障自己的合法权利。处于刑事执行中的矫正对象,其各项权利都有较大被侵犯的风险。可惜的是,当前的诸多立法中,嫌疑人、被告人、监狱服刑对象律师帮助权都得到不同程度的体现,而对于矫正对象的律师帮助权,尚无法律提及。《社区矫正法》已明确规定:矫正对象在矫正过程中,权利被侵

---

① 冯景源:《现代西方价值观透视》,北京:中国人民大学出版社 1993 年版,第 89 页。

② 杜宴林:《法律的人文主义解释》,北京:人民法院出版社 2005 年版,第 56 页。

犯或者发生纠纷的,可以委托律师,提供法律帮助。如,在社区矫正的撤销程序中,因涉及矫正对象的重大利益,而矫正对象对相关法律并不了解,律师的介入可以确保撤销决定的公平、公正,从而达到维护矫正对象合法权益的目的。

2.有效参与程序的权利

程序参与是程序公正的最低限度和基本要求。程序参与的核心思想是与裁判或者决定有关的利害人必须到达现场,有充分的机会,自愿且富有意义地参与裁判或决定的形成过程,并对结果产生有效的影响。从程序模式的角度出发,主体的有效参与一定会影响系统内各要素的结构、关系、运行机制,最终确保实体与程序的公正。在社区矫正生态系统内,所有涉及矫正对象的重大决定,如矫正方案的制定,矫正小组的组成,矫正的宣告、撤销、解除、减刑等,应遵循公开、透明、民主的原则,及时通知矫正对象到场,并充分听取矫正对象的意见。通过主体的亲自参与而达成的意见,便于得到各方的遵守与执行。

3.充分的救济权

救济权作为基本法律术语的地位已经无可争议。救济权就是权利救济权,是指公民在其权利被侵犯或受到损害或被阻碍时,穷尽自身能力仍然无法保护或实现其权利时,请求国家和社会为其实现权利提供帮助的权利。①救济权是从基本权利中延伸出来的,是一种矫正正义,是权利受损后的补救路径。具体而言,在社区矫正生态系统中,矫正对象对于减刑、矫正的撤销等涉及自身重大利益的处理决定如果不满,可否进行申述和复议?以社区矫正的撤销为例,当前《社区矫正实施办法》第十五、十六条只是简单规定缓刑、假释撤销的条件、主体、程序、期限,但没有规定矫正对象如果对该裁定不服,如何救济的程序与路径。撤销社区矫正的裁定,与定罪量刑的刑事裁判一样,关乎矫正对象的根本利益。对于定罪量刑的普通刑事裁判,当事人都有上诉权,而对于撤销矫正的裁定,至少应该赋予矫正对象一定的向原机关或上级机关提起重新审查的权利,以满足当事人追求公平、正义的本能需求。

四、建立以矫正者为引导,多主体协同参与、平等对话的动态矫正系统

如果主体性思维构建的是一个等级森严的独白世界,在这个世界中只

---

① 张维:《权利的救济和获得救济的权利——救济权的法理阐释》,《法律科学(西北政法大学学报)》,2008 年第 3 期。

有一个话语中心,除此之外,所有次级话语都被作为低级他者边缘化。主体间性反对主体性的独白化,在把自我主体不证自明地设定为存在中心的同时,压制和覆盖其他主体的异质声音。① 社区矫正生态系统内各要素相互影响、互动、沟通、交流,可以激发系统的活力,使系统保持流动、健康的状态。反之,各主体独语或者独白,或者与他者对立,沟通与互动受阻,除了各主体似空中楼阁般处于静止的虚妄状态,整个系统也会像一潭死水。从单向静态的主体到动态平等的主体的转变过程中,各主体的交往模式必须遵循一定的准则和目标建设。

1.矫正者的主体地位不能动摇,但权力必须放低身段,更好地服务于管理系统

国民根深蒂固的权力崇拜思想,以及权利弱化的现实,同样折射到了社区矫正生态系统内部。在罪犯矫正中,罪犯的矫正主体性地位名不副实,隐藏的是矫正者权力的强势与罪犯权利的弱势,两者之间不平等的关系和惯常的意识形态使得这一状况在二元主体结构中成为常态。主体间性下,强势权力的矫正者需要在与罪犯平等对话沟通后经历由"强势"到"弱势"再到"强势"的过程。② 简言之,就是矫正主体关系中强势权力的弱势化与弱势权利的强势化变革与发展。

2.多主体的协同参与、平等对话、理性沟通将极大地丰富系统内的营养成分

当前整个社会的发展处于"政府主导型"向"社会自主型"的演进过程中,"政府主导型"模式下形成的社区矫正制度的"国家培养型"模式与"社会自发演进型"模式下形成的社区矫正制度的"自发启蒙型"模式相结合,可谓中国特色的社区矫正制度协同创新的有效路径。③ 同时,社会关系的复杂性与多样性,使得矫正对象不可避免地要与多个主体打交道。利益的多元化、主体的多元性,要求各主体充分发挥自己的优势,形成社区矫正社会系统的"善治"。善治视野下的社区矫正,建立在各主体相互尊重、平等、理性、信任、认同、协作基础上,形成充满活力、良性互动的最佳状态,这也是社区矫正生态系统中各主体最舒适、最理想的境界。

---

① 简胜宇:《巴赫金,交互空间中的哲理与诗意沉思:主体间性美学思想研究》,桂林:广西师范大学出版社 2014 年版,第 30 页。

② 钱洪良、刘立霞:《从主体性到主体间性的现代罪犯矫正转向——兼论罪犯的矫正主体地位》,《青少年犯罪问题》2016 年第 5 期。

③ 王平、何显兵、郝方昉:《理想主义的〈社区矫正法〉——学者建议稿及说明》,北京:中国政法大学出版社 2012 年版,第 8 页。

3.根据个体间差异以及社会的发展需要,随时对系统的状态进行调整与更新

主体自身的差异使得他们不可能完全融合,而是彼此保留一定的排斥空间。加之社会形势的快速发展变化,迫使系统必须因人而异、因时而异。只有跟上社会发展的需要,系统才能在创新中持续发展。以矫正方案为例,应对每个矫正对象进行个性化的设计,而不是千篇一律、千人一面。实践中,一些地方的司法行政机关已经成功地开启"私人定制"计划,并取得良好的效果。据了解,2015 年 7 月,贵州省出台《政府购买社区矫正服务实施方案》,随后贵州省各级司法行政机关根据每个社区矫正人员的不同情况,制订"私人定制"矫正计划 1 万多份,指导创业、就业 1657 人次。贵州省司法厅厅长吴跃说:"社区矫正人员是一个特殊群体,是高墙之外的服刑人员,他们能否顺利回归并融入社会,对于社会的和谐发展具有重要意义。一份份'私人定制'矫正计划,一个个学习劳动和就业、创业平台,为帮助社区矫正人员华丽转身发挥着积极作用。"[①]此外,现代科技的发展也为社区矫正的手段提供了多样化的选择,矫正系统应尽量吸收社会发展的成果,与时俱进,从而使系统更加成熟、规范。

---

① 王家梁、袁萍、周茂:《贵州社区矫正工作重帮扶搭平台 在矫人员都有"私人定制"矫正计划》,《法制日报》2016 年 6 月 8 日第 2 版。

第十章　社区矫正生态系统中各主体的融合与共生

第一节　社区矫正生态系统建设的评价指标

一个安全、健康的生态系统必须让系统中的各要素主体感受到物质与精神的双重收益。且系统自身具有可持续发展的潜力，即便系统出现一定的偏差，亦可自行修复。因此，任何一个生态系统，包含自然生态系统、社会生态系统都存在一个评价指标的建设问题。科学、合理的评价指标为系统的建设指明了方向，确保系统活动的协调、一致。基于社区矫正生态系统主体、目的、任务、活动模式的特殊性，制定社区矫正生态系统建设的评价指标，必须考虑以下几个基本的要求：矫正对象的复原力；成本、投入与效益、产出；系统生态的可持续发展。本章研究社区矫正生态系统健康评价指标，并进一步验证指标体系的合理性和可操作性，为社区矫正管理部门制订对策提供科学依据，以提高系统的运行效益。

一、矫正对象的复原力

源于 20 世纪 70 年代加拿大的"恢复性司法"（restorative justice）以及始于 20 世纪 80 年代美国的"治疗性司法"（therapeutic justice）均为近年来行刑的重要理论。两者共同强调：刑罚的选择与执行必须针对不同被告人犯罪的根本原因，利用被告人周围的各种社会资源，逐步消除导致被告人犯罪的根源。唯有如此，才能减少其再犯罪的可能性，使其更好地融入社会生活。[①] 尽可能恢复被犯罪破坏了的社会秩序与社会关系，增强行刑机制中相关主体的幸福感指数；社区是行刑机制中的重要平台以及物质载体，必将发挥主导作用。因此，作为社区矫正生态系统的中心对象，其复原力的生长与培育将是评价系统运行的首要重要指标。

---

① 尹琳：《美国"治疗性司法"理念的实践及其启示》，《政治与法律》2014 年第 12 期。

1.矫正对象的复原力界定

何谓复原力？早期对复原力的研究,通常将其界定为一种应对创伤、挫折、逆境的能力与特质。当前对复原力的研究多从生态系统的角度,并建立起基于社会生态环境的"个人——过程——情境"复原力互动模型。[①] 在生态发展观以及系统发展观的影响下,有关复原力的研究越来越关注整合性、生态性、协调性、一致性。在社区矫正生态系统中,矫正对象的复原力经常被表述为"抗逆力",但"抗逆力"并不能完全表述复原力的内涵,因为它忽略了复原力所应该包含在系统中的生长、修复、融合能力,况且,矫正对象自身犯罪导致的社会关系崩裂也并不是单纯意义上的"逆境"。根据复原力互动模型的研究成果,社区矫正生态系统中矫正对象的复原力是指矫正对象在与系统环境多向交流与互动过程中,逐步通过消融风险因素、扩大保护因素的手段,实现复归系统并保持系统相对和谐、稳定的能力与特质。

2.矫正对象的复原力评估

当前复原力研究有一个重要的取向即干预实务的研究,主要表现为检验、评估理论在实务领域的运行成果,以提升服务方案的科学性、有效性。因为犯罪,矫正对象获得新的社会身份,并因此要面对新的环境、承受各种压力,他在系统中的风险和不适感必然存在。系统的主要任务即化解其风险,逐步降低其不适感,增强其复原力。复原力是动态发展的,必须适时进行评估,以调整系统方案。评估复原力,以下指标必须重点关注:(1)再次犯罪率。再次犯罪率是国际社会评价罪犯改造质量的一个最为直接的量化指标,也是行刑的基本要求。预防犯罪是刑罚的重要目的与功能,通过行刑,矫正对象能够认罪服法,消除潜在犯罪动机与念头,遵纪守法,于行刑而言,其基本任务即得以完成。复原力的正向恰当适用,可以达到上述效果。反之,复原力的反向不恰当适用,就可能导致逆反性、故意性、报复性的犯罪发生。(2)抗逆力。矫正对象的抗逆力则是指社区服刑人员在面对各种挫折、逆境时,坚强、自信、乐观,通过自身努力和社会的帮助,摆脱生活困境和心理压力,甚至能激发潜能,超越自己。[②] 矫正对象在遭遇社会交往排斥、就业歧视、信任危机等一系列的高危压力情境时,如果不能应对困境,化解危机,极可能出现身心失衡及系统失调问题。这就需要系统中的各要素主体

---

① Kumpfer. K. L:Factors and Processes Contributing to Resilience Framework. In M. D. Glantz & J. L. Johnson. *Resiliency and Development：Postive Life Adaptations*. New York：Kluwer Academic. 1999：pp179-224.

② 杨彩云:《社区服刑人员抗逆力的结构、机制与培育》,《理论月刊》2014 年第 12 期。

积极配合和支持,帮助他们提升抗逆力,使他们在逆境中得以复原并发挥自身的优势潜能。(3)社会融入度。身心康复是复原力评估的最高表现形式。矫正对象的身心康复状况可以通过其社会融入度得以体现。在社区矫正生态环境中,矫正对象一方面会受到各种不同社会系统因素、社会环境的影响;另一方面,也会持续而有活力地与其他各种社会系统因素、社会环境相互作用,形成促进系统运行的良性动力。矫正对象在系统中是否舒适、自在,既需要自身的主动付出、努力争取,同时也需要整个系统法治、文明程度的整体提升。如果系统中各主体都感受到了自然、和谐、自在、幸福,那么,系统便发展到了最为理想的运行状态。

3.矫正对象的复原力建设

根据现有复原力建设研究成果,对矫正对象的复原力建设可以通过激发保护因素、消除风险因素、改善个体与系统环境三个方面来进行。矫正系统中的保护因素主要存在于三个方面:个体特质、家庭支持以及社会资源,三者是动态发展的,且一个要素的变化必然会波及另一个要素,使其产生反应。在以上三个要素中,个体特质是起决定作用的要素。[①] 这些主体提供的对抗压力、克服困难、积极向上的正向保护力,形成了矫正对象复原力的脊梁。风险要素则是来自矫正对象自身、系统环境,阻碍个体正常发展、破坏系统环境的不利因素,如社会歧视、排斥、自暴自弃、认识偏差等,这些不良要素如若不及时进行预防、矫正,不仅会抵消保护要素的效能,甚至会对系统造成毁灭性的打击。复原力的培育深受生态环境理论的影响,根据前述"人在情境中"的理论视角,社区矫正生态系统中,矫正对象持续不断地通过各种媒介与其他要素相互作用,并产生正向的保护力和反向的阻力。因此,必须促进个体与环境的良性互动,通过系统形成保护、包容、认同、接受、支持的氛围,促进矫正对象与社会的融合与回归,避免矫正对象与系统彼此伤害、相互报复。

二、成本、投入与效益、产出

成本与收益、投入与产出分析是经济学上最为重要的评价指标和决策方法,其核心精神强调以最小的成本、投入,获得最大的效益与产出。于法律而言,公平正义是法律最基本的价值追求,但是对于公平正义的追求,不能无视成本与代价,公平正义本身应包含效率的价值。法经济学给全球不同类型的国家和不同的行业、领域提供了独特的分析思路,进而引起了一场

---

①　杨彩云:《社区服刑人员抗逆力的结构、机制与培育》,《理论月刊》,2014 年第 12 期。

国际性的"法经济学运动"。当前,从国内法到国际法,从法学理论研究到法治实践过程,法经济学无处不在。[①] 社区矫正,作为供大众消费的公共物品,具有"消费的非竞争性和非排他性"品性。虽然社区矫正的公共服务主要由国家提供和运营,但同样必须遵循经济学的规律。社区矫正也存在一个隐形的市场,在这个市场里,也存在供给和需求、成本和收益的关系问题。简单来说,就是必须整合国家和社会资源,优化管理模式,力争以最少的投入,获得最大的效益,建设可持续发展的社区矫正生态系统。

1. 社区矫正的成本与投入

借用当前经济学、法经济学对成本、投入的研究成果来解析社区矫正生态系统中的投入与成本,可以清楚地勾勒出社区矫正成本、投入的结构与分布。主要包含直接成本、错误成本、伦理成本三部分。(1)直接成本。所谓直接成本(direct costs)是指国家专门机关和其他参与主体参与社区矫正所直接消耗的费用(expense)。直接成本主要由下列项目构成:司法行政机关、公安机关、人民法院、人民检察院、监狱等国家机关基础设施建设、工作人员的工资、工作经费、装备、办公设施以及其他参与社区矫正、履行职能所支付的相关费用;学校、社会组织、志愿者、家庭等社会力量参与社区矫正投入的人力、物力、财力,包括学校特殊教育经费的支出、社会组织的运营成本、志愿者的时间投入等;矫正对象自己因参加社区矫正而支付的全部费用,包含误工费、交通费等。(2)错误成本。所谓错误成本(error costs)是指社区矫正生态系统因为决策失误、沟通不畅、体制存在漏洞等所造成的耗费。主要包括:矫正对象新的违法和犯罪给国家、社会、个人造成的损失,以及为处理违法犯罪行为司法、执法的再次投入;矫正对象脱逃抓捕、收监执行等产生的经费投入;矫正对象因为无法就业而减少的收入;家属、邻居、被害人等主体受矫正系统异常波动影响而支付的额外费用或遭受的损失。(3)伦理成本。伦理成本(moral costs)是指国家专门机关和其他参与主体参与社区矫正遭受的精神耗费或者损伤。其成本内容包括:因社区矫正生态系统出现漏洞甚至系统崩溃而导致的民众对法律权威、国家机关信任的减损,以及对法制建设的失望;社区矫正行刑效果无法达到预期导致民众的安全感、幸福指数的降低;因为歧视、排斥而使矫正对象和家属所遭受的名誉损失。

2. 社区矫正的效益与产出

需要强调的是,社区矫正不是一般的生产经营活动,系统不会直接输出

---

① 冯玉军:《法经济学范式研究及其理论阐释》,《法制与社会发展》2004 年第 1 期。

物质性产品。其效益主要表现为伦理性或者精神性的感受且比较隐形的存在。因此,社区矫正的收益与产出根本无法用经济学上的量化指标来衡量、计算。总体上,社区矫正的效益以社会效益为主、以经济效益为辅,具体表现如下。

(1)社会效益。社会效益大多带有伦理的色彩,而伦理与诸多因素有关,比如冲突主体的人生观、世界观、价值观、自身的感知能力以及社会公众的文化程度、道德水准、经济发展程度、民间习俗等。因此,对社会效益的评估,很难有一个统一的、直观的标准,很多时候,不同的主体之间甚至会得出完全相反的判断结果。① 社区矫正生态系统所创造的社会效益是法治社会建设的重要组成部分,它满足了市民社会对安全、秩序、公平、正义、和谐等所有价值目标的精神追求。具体表现在:解决社会冲突与矛盾,实现对主体合法权益的保护和法定义务履行的督促;在解决冲突的过程中伸张法律的正义和倡导良好的社会公德;赢得民众对国家机关的赞许,树立国家的法律权威;通过修复因犯罪受损的社会关系而建立和谐、稳定的社会秩序。②

(2)经济效益。社区矫正的经济收益通常是间接的,通过比较或转化的形式可以清楚地得到呈现。如,社区服刑与监狱服刑相比,可以极大地节省国家的投入,最大限度地减少对服刑人员及其家人工作、生活、学习的影响,避免了监狱的"交叉感染",预防服刑人员再次犯罪。这种投入节约与影响节制,在一定程度上是通过减少损失的路径达到了增加经济效益的目的。再者,系统创造了和谐、健康、安全的环境与秩序,为经济发展提供了劳动力保障与条件支持,无疑也通过减少阻力、消除障碍、解决纠纷等形式间接实现了经济效益的增长。

3.社区矫正的效益优化

资源的有限性要求社区矫正生态系统建设必须考虑市场经济主导的大背景,科学配置资源、改善管理体制,实现社区矫正效益的最大化。效益最大化的核心精神是以最小的成本、投入,获得最大的收益、产出。一般来看,为了提高经济效益,经济学、管理学通常选择如下两种途径实现:增加成本、投入,产出相应增加,效率得到提升;在成本、投入维持不变的情况下,通过减少生产过程中的消耗、磨损,改良生产技术,优化管理模式,提高资源的回报率。就社区矫正而言,司法资源的投入无法无限制增加,而社区矫正对象

---

① 刘家琛:《诉讼及其价值论》,北京:北京师范大学出版社 1993 年版,第 111—112 页。

② 李文健:《刑事诉讼效率论——基于效益价值的法经济学分析(上)》,《政法论坛》1997 年第 5 期。

的数量反增不减。在资源稀缺、司法投入有限的条件下,显然后一种方法(改进管理和技术)比前一种(增加投入)更经济、更合理,更具可操作性和吸引力。如何在有限的资源下,实现社区矫正的收益的最大化,即行刑的效益原则。效益原则追求在节省成本的前提下,实现社区生态系统经济效益、社会效益、法律效益、伦理效益最大化。借鉴经济学上的研究成果,结合以上研究,社区矫正实现效益最大化必须从以下几个方面着手:(1)合理配置司法资源。系统中各主体的机构设置、权限分配必须科学合理,避免重复。机构设置的重复和职能不清、职能叠加,不仅浪费国家的司法资源,而且还将形成权责的"真空地带",进而产生"公地悲剧"。(2)健全工作机制。主体之间畅通的衔接机制将会极大地提高工作效率。试想,如果公、检、法、司等主体沟通不畅,信息不对称,导致矫正对象脱逃,那么系统的效益就将遭到毁灭性的打击,其他主体的诸多努力也将功亏一篑。反之,不同的主体及时沟通,做到"无缝对接",系统就会极大地减少无谓的"内耗"。(3)提升社区矫正生态系统的科技水平。科技水平的发展是提高效率的利器。2018 年 5月,全国首个"区块链+社区矫正"应用在佛山市禅城区上线,打破了公安、检察、法院、司法等部门之间的信息壁垒,实现数据共享,让数据"多跑路"、让人"少跑腿"。当地公、检、法、司等部门借助"社区矫正链"平台,在线上传输自己的业务数据,实现所有单位对社区服刑人员最新的、全面信息的及时共享;该平台与禅城区"一门式"自然人数据库、社会综合治理云平台相融合,监管部门可对相关部门共享的信息进行直接查询,通过信息比对确认社区矫正对象的"户籍所在地""居住地""工作地",使社区服刑人员决定、报到、接收所有环节无缝衔接。① 此外,电子手铐、定位手机等科技产品,为信息交流、文件送达等工作提供了极大的便利,节省了司法成本。

三、生态系统的可持续发展

可持续发展是事关人类生存与发展的根本问题,是当前人类对历史教训痛定思痛后作出的庄重承诺。可持续发展理论(sustainable development theory)要求系统建设既要满足当代人的需要,又不损害后代人满足其需要的能力,最终达到共同、协调、公平、高效、多维的发展目标。社区矫正生态系统的建设也不例外,应将可持续发展作为系统评价的价值目标之一。社区矫正生态系统的效益与产出提供了人类赖以生存的社会环境之一,实现

---

① 《全国首个"区块链+社区矫正"应用在佛山禅城上线》,https://baijiahao.baidu.com/s?id=1616310663184697580&wfr=spider&for=pc。

了系统的服务功能。同时,社会形势的发展变化以及各主体的交互影响,使得系统总是处于动态的发展过程。因而,社区矫正生态系统要实现可持续的健康发展,系统自身必须保持稳定、结构与功能完整,必须具有一定的协同能力、创新能力以及自我修复的能力。

1.社区矫正生态系统的协同能力建设

协同学(synergetics)意为"协调合作之学",是一个源于希腊语的外来词。协同理论研究主要关注诸如细胞、神经元原子、分子、电子、力学元、光子、植物、动物、人类等不同的子系统是通过怎样的合作与牵制来构建系统的组织结构。通过总结一般原理和基本模式来适用于所有的子系统与系统管理、建设。① 社会学上的协同治理源于 1971 年德国物理学家哈肯提出的一种系统理论——协同学,由此逐步形成社会治理中的协同理论。社区矫正是社会治理的重要组成部分。当前社区矫正的系统建设已深刻感受到了单一政府管理模式已无法满足社会需求,而市场、民众参与社会管理的热情高涨,协同治理便成为社区矫正的新格局。犯罪改造与治理具有很强的系统性,单靠各个区域、各个部门,很难奏效。各个区域、部门作为社区矫正生态系统中的子系统,必须相互配合,密切合作,按照统一的部署,形成合力。简言之,系统必须协同市场与社会力量,打造多元治理的网络治理格局,使得系统可以源源不断地从不同的源头获得资源支持和能量输入,从而持续保持系统的活力供给。

2.社区矫正生态系统的创新能力建设

在持续变化的环境中,唯有创新才能确保自身的优势。创新生态系统概念在当前国家治理、社会治理中受到发达国家的普遍重视。2013 年夏季达沃斯论坛的主题即"创新,势在必行",论坛强调在面对信息技术、人工智能、治理体系等新兴产业、技术的不断创新时,经济体系、社会管理、环境发展等皆相应地成为一个具有强健生命力的"生态系统",能够以开放的姿态,吸收外界的能量,吐故纳新,动态调整。② 作为社会治理生态系统的子系统之一——社区矫正生态系统同样也面临着创新的问题。与其他生态系统的创新不同的是,社区矫正生态系统任务、目的特殊,理论研究薄弱,实践起步较晚,其创新主要包括:理论基础创新、理念创新、制度创新、模式创新。具体路径上,可将创新生态系统的理论研究范式,如战略管理理论、新制度经济学理论、创新管理理论等引入社区矫正,强化成员"人在情境中"的"共同

---

① ［德］赫尔曼·哈肯:《高等协同学》,郭治安译,北京:科学出版社 1989 年版,第 1 页。

② 陈学慧:《构建创新的"生态系统"》,《经济日报》2013 年 9 月 14 日。

体意识",将自身命运与整个生态系统联系在一起,努力实现共生演化。在演化过程中,借助于制度的科学设计以及手段、措施的现代化发展,形成以(社区矫正理念、制度、措施、管理)研究、开发和应用三大群落为核心的社区矫正创新生态系统。创新生态系统能否可持续发展,很大程度上取决于群落能否及时地从不同的支持性结构(如教育和文化、领导力、政策、资金)中获取"营养成分"以保持群落的健康平衡。[①] 总之,一个开放、充满活力的生态系统,必须饱含改革、创新的精神与氛围。

3.社区矫正生态系统的自我修复能力建设

恢复力(resilience),又称为抵抗力,是指系统在受到压力甚至被破坏后,继续维持其结构和功能的能力。[②] 生态系统保持健康的状态,才能行使服务的功能。而系统的健康又取决于其具有抵抗外界干扰,保持结构和功能的完整性以及恢复、再生的能力。[③] 社区矫正生态系统也不例外。系统在运作过程中,会产生一系列的负面情绪、矛盾、冲突,因此,系统必须具备一定的净化、过滤、吸收、转化、再生能力。例如,关于未成年人社区矫正对象在校继续接受教育的问题,势必引起学校、老师、家长、其他同学一定程度的担忧、排斥甚至恐慌,给学校的教育秩序带来一定的冲击。若教育行政部门、学校、家长能以开放、包容的视角,将对社区矫正的帮扶化为学校道德教育、法制教育的鲜活素材,那么影响社区矫正的消极因素将会转化为积极因素,学校、学生、矫正对象等多主体都将在不同程度上受益发展。同时,系统内若受到意外事件的冲击,如矫正对象的自杀、逃跑、犯罪等,必须及时查找根源,堵塞体制漏洞,预防事态的扩大发展。系统只有适时根据形势发展需求,因时制宜,顺势引导,才能保证系统在正确的轨道上持续、健康发展。

第二节 社区矫正生态系统中主体间的相互消减

系统中各个主体之间基于立场、利益、价值取向、个人喜好等诸多因素的影响,存在着错综复杂的矛盾与冲突。这些矛盾与冲突形成的负能量,不同程度上损伤了系统的培育和各主体的成长。正视系统中的负能量及相关

---

① Estrin J. Closing the Innovation Gap: Reigniting the Spark of Creativity in a Global Economy. McGrew Hill, New York, 2009.

② Rapport DJ, Cos t an za R and McMi chael AJ. Assessing ecosystem health. Trends in Ecology & Evolution, 1998, 13(10): 397.

③ 马克明、孔红梅、关文彬、傅伯杰:《生态系统健康评价:方法与方向》,《生态学报》2001 年第 12 期。

隐患、矛盾，并进行科学的控制、疏导，亦是系统建设的重要任务之一。如社区矫正生态系统中，被害人与矫正对象之间的紧张、敌对情绪，社会对矫正对象的歧视与不信任，公安、司法机关之间的工作不配合、权力滥用等，我们可通过制定社区矫正生态系统中的"负面清单"模式，来加强对系统的生态建设。

一、排斥与反排斥的较量

虽然新通过的《中华人民共和国社区矫正法》第四、四十三条明确要求，社区矫正工作应当尊重和保障人权，矫正对象可以按照国家有关规定申请社会救助、参加社会保险、获得法律援助，在就业、就学、社会保障等方面不受歧视，依法享有的各项权利受法律保障。但社区矫正生态系统中，排斥与反排斥依旧是两股重要的力量，充斥、弥漫在整个系统之中。排斥的主体主要限于矫正对象与社会其他主体之间，且排斥为双向的：既包含社会对矫正对象的排斥，又包含矫正对象对社会的排斥。双向的排斥相互影响，并产生一定的反作用。如，社会对矫正对象的排斥将加剧矫正对象对社会的排斥甚至产生敌对情绪。因而，在治理排斥或进行反排斥安排时，必须从整体上考虑，建立主体之间的良性循环。

1. 社会对矫正对象的排斥

社会各主体对矫正对象的排斥源于对犯罪的厌恶与痛恨，这种排斥由来已久，普遍存在且根深蒂固。归纳起来，其排斥主要表现在以下几个方面。

(1)社会交往排斥。每个个体都不可避免地处于连带的社会关系中，彼此既接受他人的服务，又必须服务于他人，履行社会责任。[①] 因此，任何人都必须存在于一个具体的、当前的社会关系网络中，通过社会交往、社会活动获取更多的资源。尤其是中国社会，其人际关系通常固化为"差序结构""圈层结构"，即每个个体都是以"自我"为中心，形成包含以家人、熟人、生人为主的多层同心波纹关系网络。在这个同心波纹关系网络中，远近亲疏，显而易见。[②] 然而犯罪使个体被社会网络排斥，其人际关系的"差序结构"将会断裂。中国社会对犯罪的深恶痛绝、对罪犯包含矫正对象的横眉冷对，使得全社会对罪犯的敌对化、异己化的排斥毫不掩饰地体现在社会交往的方方面面。通过对大量矫正对象的跟踪调查，发现矫正对象虽然非关押，但是

---

① 狄骥：《宪法论》第 1 卷，钱克新译，北京：商务印书馆 1959 年版，第 63—64 页。

② 井世洁：《社区矫正青少年社会排斥成因初探》，《青少年犯罪问题研究》2012 年第 4 期。

其社会关系网络不同程度上处于波动状态,一些矫正对象甚至因为无法在社会网络中找到正确的位置而迷失自己。

(2)教育排斥。对矫正对象的教育排斥主要体现在矫正对象的修读、升学等方面。在中学、高中阶段,被社区矫正的青少年会遭到普通学校、学校家长的嫌弃而无法正常修读、完成学业;社区矫正对象无法参加高考,登录广东高考网,查阅2019年广东高考报名条件,明确规定:因触犯刑律已被有关部门采取强制措施或正在服刑者不得报名①,其他省份的高考报名条件也基本如此。矫正对象虽然在客观上有能力、主观上有愿望参加高考,但因为法律的限制,无法如愿;教育部关于研究生考试的报名条件虽然没有禁止矫正对象报考,但实际上在招生录取时,招生单位通过政审了解到了考生的"矫正对象"身份,往往会通过各种可能的理由"合法"地淘汰他们;而在读的大学生、研究生,如果在读期间因为犯罪被社区矫正,即使不影响学习,也会被开除。《普通高等学校学生管理规定》第五十二条规定:学生有下列情形之一,学校可以给予开除学籍处分:……(二)触犯国家法律,构成刑事犯罪的。对矫正对象的教育排斥违背了对青少年尽可能社区矫正而不关押的立法初衷,在实践中遭诉讼。②

(3)劳动就业排斥。矫正对象被排斥于劳动力市场之外是社会排斥的一种,但是它通常被视为社会排斥的主要指标。一组对社区矫正对象的调研数据显示:有工作的矫正对象社区矫正后95%都离开了原来的工作岗位;就业去向包括个体户、清洁工、服务员、保安、临时工、娱乐场所工作人员等;30%的社区矫正对象无法正常就业;大多数矫正对象吐露在就业过程中遭到各种排斥。归纳起来,对矫正对象的劳动就业排斥,主要源于法律制度的排斥、市场经济主导下劳动力市场的排斥、用人观念的歧视。法律制度的排斥体现在:依据《监察法》第四十五条、《公务员法》第六十二条、《劳动法》第二十五条等法律规定,用人单位可以解除与矫正对象的劳动关系;《刑法》第五十四条、《律师法》第七条、《法官法》第十条、《公司法》第一百四十六条等规定了矫正对象职业准入的限制与禁止。

劳动力市场的排斥体现在:市场经济主导之下的劳动力市场对技术、劳

---

① 《2019广东高考报名条件》,http://www.gaokao.com/e/20181129/5bffbe8594683.shtml。

② 2012年浙江某大学的在读学生因为犯罪被判处缓刑社区矫正,矫正对象继续在校修读。临近毕业时,学校得知该生因犯罪被社区矫正的消息,作出了开除的处分。该生不服,认为自己的犯罪已经被处罚,学校不应开除,且学校的处罚程序违法,因此提起诉讼。参见《大学生因犯罪被开除 起诉学校处罚不符合程序》,http://cq.people.com.cn/GB/365644/367006/?Num=7479087&iosapp=0&androidapp=0。

动者的素质与技能提出了不同的要求。用人单位，尤其是企业在很大程度
上根据自己的用工需求来选择劳动者，有较大的用工自主权。比如，用人单
位通过设定工作经历、年龄、技能等条件，直接将矫正对象排斥在许多岗位
之外。矫正对象整体上年龄偏大、处于社会底层、没有技术优势，一些矫正
对象原本就是劳动力市场中的弱势群体，犯罪后，就业更是"雪上加霜"。①

用人观念的歧视体现在：对犯罪的厌恶和对罪犯的歧视同样也蔓延到
了人事雇用和用工安排上。"政审"和前科调查，使得大多数矫正对象的身
份标签——罪犯，在用人单位面前几乎是一览无遗。基于对罪犯的敌视与
偏见，大多数用人单位会毫不犹豫地予以淘汰。这些有色眼光形成了矫正
对象再次就业的无情枷锁，严重阻碍了矫正对象在劳动力市场中的就业
生存。

（4）社会保障排斥。社会保障的目的是当公民因患病、受伤、丧失劳动
能力等各种原因而生活困难时，国家给予一定的物质帮助，以满足其基本的
生活需要。社会保障对象的确定以经济困难为标准，但实际上，社区矫正对
象却因为"罪犯"的身份，很大程度上被排斥在社会保障体系之外。以下将
从社会保险、社会福利、社会救助三个方面观察矫正对象在社会保障体系中
受到的不同程度的排斥：首先，矫正对象社会保险方面受到限制。以公务员
犯罪社区矫正为例，按照人事部 1999 年《关于国家机关、事业单位工作人员
受行政刑事处罚工资处理意见的复函》的规定，国家公务员如果因为犯罪被
判处管制、拘役、有期徒刑宣告缓刑的，停发基本退休金，但是应发放生活
费。根据对南方几个城市社保部门的调研，当前对于公务员退休后被社区
矫正的，如果具有干部管理权限的机关或事业单位没有作出取消退休待遇
的处分决定，一般来说，在社区矫正执行期间的退休待遇是停发退休费待
遇，发放生活费（标准按基本退休费 60％计算）。执行完毕后，按照退休待
遇（标准按基本退休费降低 40％计算）＋退休补贴（标准按"办事员"级别计
算）发放。而关于公务员任职期间犯罪，其养老和社保的相关待遇，尚无法
律明确规定，只能找到一些地方的内部规定，这些规定都只在一定程度上对
公务员的任职年限稍作体现，且各地做法不一，差别较大。此外，对于在矫
正期间达到养老保险待遇领取条件的，也只享受基本养老保险待遇，且不能
参与基本养老金调整。矫正对象如果失业，就算之前购买了失业保险，也无
法享受相关待遇。其次，在社会福利与救助方面，矫正对象通常因为其身份

---

① 金碧华：《对社区矫正假释犯对象在劳动力市场中的社会排斥问题研究》，《浙江理工大学
学报》2012 年第 5 期。

标签,导致社会性失权。如在申请廉住房、最低生活保障、医疗救助等方面,即便符合条件,管理单位也必须严格审查,而且同等条件下,会因为其"污名"而败于其他申请主体。

2. 矫正对象对社会的排斥

矫正对象因为自身的犯罪人格对社会存有敌视和偏见。犯罪人格是犯罪人独有的一种反社会人格(antisocial personality),本质上是一种在质上恶的人格,具有稳定性与连续性的特性。[①]同样,大多数矫正对象都在不同程度上具有下列不良性格:反社会性、攻击性、急躁、鲁莽、好冲动、易怒、懒惰、自我中心性、疏忽大意、缺乏责任感等。上述不良性格减损了矫正对象与社会正常交往、建立良好社会网络关系的能力,犯罪正是这种减损的集中爆发。然而社区矫正并不能很快矫正这些不良性格,因而不良性格将在很长的一段时间内继续影响矫正对象的社会交往与社会融入。

在犯罪人格的内因作用下,如果社会在就业、受教育、社会交往、社会保障等方面对矫正对象加以排斥,无疑加剧了矫正对象的反社会人格,甚至引发矫正对象的再次犯罪,报复社会。调查研究的结果显示,所有的矫正对象,尤其是女性,不同程度上都存在精神健康问题。究其原因,其中社会融入压力对精神健康产生直接影响,而社会支持、矫正态度也通过一定媒介传导,对矫正对象的精神健康产生间接影响。[②] 因而,社区矫正生态系统中的排斥治理,不能忽略矫正对象的个体感受以及他们对社会的排斥。

3. 反排斥的路径

社会与矫正对象的双向排斥无疑形成了生态系统的负能量。为促进系统的良性发展,必须理顺关系,有效清理负能量以及垃圾情绪。针对排斥的源头追索以及表现形式,必须从理念、制度、措施着手,齐头并进,综合治理。

(1)理念的反思。关于社会保障,其本质是一张使人在遭遇生活困境时免于绝望的社会保障安全网,矫正对象的犯罪并没有被剥夺社会保障权。因而,社会保障制度在设计时必须明确一个理念:平等。再如,社区矫正的设置,主要目的之一是尽量不影响矫正对象的正常学习、工作、生活,但教育法、劳动法等相关法律对矫正对象一刀切地排斥,显然违背了社区矫正的立法初衷,也折射出各部门立法在理念上的不协调以及僵化。在社会矫正的

---

① 张文、刘艳红:《犯罪人理论的追问与重建——以犯罪人格为主线的思考》,载《北大法学文存(第3卷):刑事法治的理念建构》,北京:法律出版社2002年版,第518—520页。
② 杨彩云:《社区服刑人员的社会融入与精神健康:基于上海的实证研究》,《华东理工大学学报(社会科学版)》2014年第4期。

综合治理上，只有各主体以及各部门统一观念，才能保障治理的效果。

（2）制度的整理。在明确理念后，必须对现有法律中对矫正对象的排斥性制度规定、矛盾冲突的法律规范进行全面梳理。制度设计时，必须区分现实情况，作灵活处理。以矫正对象的受教育为例，不应剥夺青少年矫正对象参与高考的资格。而且，矫正对象具有参与研究生考试的资格，《普通高等学校学生管理规定》就不能因为犯罪矫正而一律予以开除。因而，有关社区矫正制度的整理需要全面展开。

（3）措施的重构。为纠正、弥补和缝合理念、制度、实践中存在的社区矫正排斥缝隙，必须出台一些具体措施。比如，前科消灭制度的建立、就业禁止的解除等。贝卡利亚说过，持续性的惩罚比最严厉的刑罚带给人们心灵的伤害会更大。① 我国当前《刑事诉讼法》中针对未成年矫正对象，建立了犯罪记录封存制度。但需要注意的是，仅仅是犯罪记录的封存，依旧存在并将继续影响青少年的学习与就业。实际上，在我国无论是未成年人还是成年人，只要犯罪，犯罪记录终身伴随。考虑到矫正对象的社会融合，应该建立一定条件下的前科消灭制度。对未成年人的前科应以消灭为原则、以保留为例外。对于成年矫正对象，设置前科消灭相对严格的条件。前科消灭也是对矫正对象服刑的一种鼓励，让矫正对象看到希望。此外，对矫正对象矫正期满达到一定的年限和条件的，应适当取消或减弱其就业的行业禁止。

二、权利—权力的冲突与协调

实际上，所有的法律和社会活动的核心都围绕着权利、权力的分配来进行。在权利、权力的交织中，必须正确处理权利与权力、权力与权力、权利与权利三对关系。

1. 权利与权力之间的平衡

博登海默曾经指出："法理学的核心问题是解决权利与权力两者关系。"自法律产生以来，权力与权利的关系问题便一直是法学、政治、经济以及相关学科时常思考的问题。社区矫正生态系统的建设也不例外。系统内的诸多纠纷，很大程度上体现在国家权力与矫正对象之间的冲突。冲突的具体形态为：矫正对象对国家权力的挑衅，即违法甚至犯罪。《社区矫正实施办法》第二十三条至二十六条列举了矫正对象的各项违法行为以及由此产生的后果。其次则是国家权力对矫正对象权利的侵犯。《社区矫正实施办法》第三十六条至三十八条则规定了制约权力的手段以及矫正对象权利救济的

---

① 贝卡利亚：《论犯罪与刑罚》，黄风译，北京：中国大百科全书出版社1996年版，第46页。

路径。传统的中国法律文化,淡化权利,强调"义务本位"。在法律制度的构建上,凸现国家的权力。因而实践中,权利与权力之间的冲突多表现为国家权力对矫正对象权利的冒犯。经过几十年的发展,我国人权实践取得了多项成果,可以说,当今的时代,是人权的时代。民主、法制社会要求所有公民享受更多的权利,2004 年中国人权入宪以及党的十六届三中全会提出了"以人为本"的发展目标,正是人权保障发展要求的必然结果。全社会正在经历一场深刻的改革与理念的转变,人权保障已然成为当今中国社会头等重要的大事。在现代法学中,权利已经成为一个最基本的概念,它先于义务、权力而产生,它也应该优先得到保障。确立权利的优先性和基础性是社会良性运转的前提,以权利制约权力、以权利监督权力、以权利保证权力,是权利的正当性得以维持、权力的权威得以保障、权力的效力得以持久的基础。① 如何正确处理系统中国家权力与矫正对象权利的冲突,必须从以下几个方面着手:(1)权力清单、权利清单。制定社区矫正生态系统中国家机关的权力清单、矫正对象的权利清单,以确保权力、权利在各自的范围内运行。(2)以法治规范权力、权利的运行。法治是制约权力、保障权利的良方。法治是人类在追求文明、民主的历史进程中,经过几千年的思考、实践后探索出的一种理性的社会治理方式和行为方式。它是人类"沟通理性的体现,人们在自由开放的,不受权力关系压制的情况下,诚意地进行讨论协商,相互交换意见,尊重并全心全意地尝试了解对方的观点,大家都遵守以理服人原则,摆事实,讲道理,唯理是从,不固执己见,从善如流,以达成共同的认识,并根据此共识来治理社会,或以此共识作为有关社会政策或安排的基础"② 。就社区矫正生态系统建设而言,主体的法治意识、完备的法律规则、有效衔接的程序与工作机制等,是构建社区矫正生态系统法治文化的重要因素。(3)以权力保障权利、以权利制约权力。法治化正是通过有效平衡权利与权力的关系来实现社会管理的。法治社会以保护公民的合法权利和利益为主要目标,但是也采取有效的措施防止权力的滥用。为保障权利,法治化必须确保权力的依法、合理使用,避免权力滥用造成对权利的侵犯,确保权力从根本上服务于权利的需求。在社区矫正生态系统中,也必须遵守这一准则:在"以人为本""以法为本"的指导理念下,通过国家权力的行使,保障矫正对象各项权益的实现。如国家对矫正对象的帮扶、安置,实现对矫正

---

① 张文显、于宁:《当代中国法哲学研究范式的转换——从阶级斗争范式到权利本位范式》,《中国法学》2001 年第 1 期。

② 陈弘毅:《西方人文思想与现代法的精神》,《中国法学》1995 年第 6 期。

对象劳动权、受教育权等各项权利的保护。通过矫正对象的申诉权、控告权、起诉权等，实现对国家权力的监督与限制。

2. 权力与权力之间的牵制

社区矫正生态系统中的国家机关有人民法院、人民检察院、公安机关、司法行政机关等，分别行使不同的权力与职责。权力与权力之间因为分工不合理、界定不清也会产生"权力真空"或"权力打架"的现象。如，在对矫正对象的强制方面，矫正对象如果违法或者脱逃，司法行政机关没有直接采取强制措施的权力，必须提请公安机关依法拘留、逮捕或行政处罚。如果司法行政机关与公安机关交接不畅，就会耽误时机。司法行政机关在对矫正对象的管理方面，因为缺乏强制手段，时常处于很被动的局面。因而，厘清国家机关之间的关系，合理界定职责分工，是协调不同权力之间关系的要义。同时，为防止权力的腐败或滥用，按照孟德斯鸠所说，要防止滥用权力，就必须以权力制约权力。体现在社区矫正生态系统中，社区矫正的决定权、交付权、管理权、监督权，由不同主体行使，实现权力与权力之间的牵制。这种牵制必须落到实处，对权力的运作产生实际的影响。当前司法实践中，违法保外就医、监外执行、假释等现象的发生，很大程度上是因为权力与权力之间缺乏实质的制约与牵制。

3. 权利与权利之间的冲突与取舍

在社会发展的过程中，不可避免地存在大量权利冲突的现象。权利冲突可能是指同一主体内部不同合法权利之间的冲突，也可能是不同主体之间的合法权利冲突。① 社区矫正生态系统中，同一主体以及不同的主体之间存在多项权利，这些权利有时发生冲突。如矫正对象的隐私权与其他主体的知情权之间、矫正对象的获得帮扶权与被害人的求偿权之间、矫正对象自身政治权利与荣誉权的冲突等。典型例子如：2002 年，广东东莞的矫正对象叶灿辉，因为见义勇为，与歹徒搏斗，牺牲了年轻的生命。但因为叶灿辉是社区矫正对象，对其能否授予烈士或英雄称号，遭社会大众的质疑。显然，在这一事例中，只有正确判定矫正对象已经被剥夺的以及应当依法享有的权利范围，才能顺利解决矫正对象权利冲突问题。

如何解决社区矫正生态系统中的权利冲突？首先，必须合理界定权利的边界。合理界定权利的边界，切莫将权利本位绝对化。如果每个人都守望权利的边界，就能最大限度地预防和减少权利的冲突。以叶灿辉案为例，确定了荣誉权和政治权利的范围，争议便不存在。其次，在考量权利冲突尤

---

① 刘作翔：《权利冲突的几个理论问题》，《中国法学》2002 年第 2 期。

其是同一主体的不同权利冲突时,可适当参考权利位阶的划分。但权利的边界时常因为模糊不清和理解分歧而被逾越,加之权利位阶的局限性、不确定性,无论如何,也无法避免权利冲突的发生。因而,在权利冲突解决的司法裁决环节,法官应优先考虑的是法律价值基础上形成的一般权利的逻辑体系。同时辅以利益的均衡裁量。穷尽上述方式仍然不能解决的,再综合其他法律方法。[①]

第三节　社区矫正生态系统中主体间的融合与共生

一、系统的自我调控与修复

自然生态的平衡离不开系统的稳定性,其自我调整、修复能力是保持系统稳定性的重要力量。自然生态系统自我调整能力的实现基础是负反馈调节过程,表现为生态系统中某因素导致物种、种群的数量变化,反过来抑制或减弱该因素。该调节方式具有调节过程相对独立且多样的特点,可以实现对生态系统各组分的动态自循环,保证自然生态系统的可持续发展。[②]社区矫正生态系统也不例外,系统中各参与主体在相互交往、相互作用的过程中,会产生一系列的消极作用、负面情绪,影响生态系统的运行。如矫正对象与被害人之间的敌视、仇恨情绪,国家权力的不当行使,社会对矫正对象的排斥等,都会不同程度地引起社区矫正生态系统的紧张,严重会导致系统崩溃,进而不仅导致社区矫正制度的目的落空,还会适得其反,产生新的社会问题。因此,从系统论的角度出发,如果要确保社区矫正生态系统的稳定性,必须注重系统的自我净化和修复能力建设,并适时进行人工干预。

1. 系统的自我净化与修复

自然修复将自然规律、生理学运用到生态修复中,充分尊重并发挥了系统的再生与自组织力,是生态修复的最理想状态。虽然自然修复有时会比较缓慢,但无疑是副作用最小、最符合生态要求的。社区矫正生态系统的自我修复包括负面情绪的自排解与净化、正能量的增生、功能的恢复、社会结构的重构等。如何做到让社区矫正生态系统自己修复创伤? 首先,社会组织、社会力量的独立成熟发展为社区矫正提供广泛的社会支持,如同为系统

---

① 崔雪丽:《权利冲突解决方式之反思》,《社会科学家》2014 年第 8 期。
② 魏傲希、马捷、韩朝:《网络信息生态系统自我调整能力及实现机制研究》,《图书情报工作》2014 年第 15 期。

注入大量的"活水",加速了系统的溶解速度。这些社会组织、社会力量,既可有效弥补政府力量的相对单一、僵硬,又可及时补位其他职能的缺失。以政府对矫正对象的帮扶为例,政府基于规范化、制度化的执行,不可能照顾到每一个矫正对象的个性化需求,而不同的社会组织发挥灵活性、多样性的优势,适时跟进补位,能有效消解制度缺失带来的漏洞。其次,对犯罪、罪犯科学、理性的认识,包容的态度是系统自我修复中发挥看不见的微妙作用的"微生物"。每个系统都必然存在着多样的微生物资源,丰富的微生物依赖生态系统生存,反过来又促进生态系统循环发展。微生物是系统分解的主要成分,是隐性的最活跃的分子,在推动系统物质循环、能量流动中起着重要作用。对矫正对象的包容、接受,如同"润物细无声"的细雨,可以润滑、缝合犯罪引起的社会关系、社会秩序中的漏洞、盲点。矫正对象都是社会的组成部分,社会不能抛弃他。对矫正对象的接受,是为了每个公民自身的发展以及全社会的进步。

2.适时的人工干预与引导

在关于自然生态系统修复的经验成果中,强调系统的自我修复,但也主张人为的干预、协调,只是不主张巨大的工程建设修复。[①] 社区矫正生态系统中的人工干预,应在充分尊重社区矫正自身规律的基础上,以法制为抓手,综合政治、经济、文化等多种手段,为矫正对象的回归创造兼容的环境与氛围。以矫正对象的家庭回归为例,调查研究的结果显示,在排除其他因素影响的情况下,矫正对象个体家庭关系趋向和谐的强度每增加 1 个单位,其再犯罪风险将相应降低 30.2%。[②] 所以,街道、社区、村(居)民委员会、心理学专家、婚恋专家等基层组织及个人,可充分发挥自己的优势,通过适度的介入,帮助矫正对象获得稳定、和谐的婚姻家庭关系,并可最大限度预防矫正对象再次犯罪,从而维持社区矫正生态系统的稳定。

二、在协同中创新

社会学上的协同治理源于 1971 年德国物理学家哈肯提出的一种系统理论——协同学。后来,哈肯的协同学思想被引入社会学领域,由此形成社

---

① 张绍良、张黎明、侯湖平、陈浮、马静:《生态自然修复及其研究综述》,《干旱区资源与环境》2017 年第 1 期。

② 基于二元 logistic 回归分析,罪犯出监前婚姻状况($p=0.000$)、家庭关系($p=0.000$)与再犯罪存在显著性相关。上述两项因素的系数值 B 分别为 -0.318、-0.319,说明个体婚姻状况越趋向稳定,家庭关系越趋向和谐,其再犯罪风险则越低。罪犯出监前婚姻状况的比数比 $\exp(-0.318)$ $=0.727$,参见曾赟:《中国监狱罪犯教育改造质量评估研究》,《中国法学》2013 年第 3 期。

会治理中的协同理论。协同治理理论自 1995 年进入中国,在理论研究与实践运用两个方面都结出丰硕的果实。在多角度的理论研究中,应对社会管理、公共服务供给,协同治理理论成为重要支撑。加之转型社会时期,单一政府管理模式已无法满足社会需求,而市场、民众参与社会管理的热情高涨,协同治理便成为社会管理的新格局。社区矫正对象的回归具有很强的系统性,单靠各个区域、各个部门,很难奏效。各个区域、部门作为社区矫正生态系统中的子系统,必须相互配合,密切合作,按照统一的部署,形成合力。此时,协同治理会使社区矫正的社会治理更富有成效。社区矫正生态系统的协同,包括区域协同与部门协同。在不同的区域与部门之间,应当打破"一亩三分地"的旧思维,解放思想、转变观念,以开阔的视野走上更为积极、主动、科学、灵活的协同治理路径,并在协同中激发系统的活力,实现在协同中的创新发展。

1. 区域协同创新

在区域协同方面,京津冀作出了很好的表率。2014 年 9 月,北京市(怀柔区司法局、平谷区司法局、密云县司法局)、天津市(蓟县司法局)、河北省(丰宁满族自治县司法局、滦平县司法局、兴隆县司法局)三地为防止矫正对象的"漏管"、"脱管"和再犯罪,共同签署了《京津冀接边地区司法行政维稳安保合作协议》。通过合作,建立了社区矫正协同联动机制,实现了三地社区矫正资源共享、信息互通,切实加大了对区域内社区服刑人员的监管、教育和帮扶力度。区域合作进一步深入,2015 年 9 月三地共同签署《司法行政工作服务京津冀协同发展框架协议》。社区矫正的区域协同,充分体现了社会治理创新的发展理念。在社区矫正的区域协作中,各区域可以借力《立法法》对地方立法权的规定,突破制约社区矫正工作发展的体制机制性障碍,放开手脚,在机构设立、制度设计等方面大胆尝试,充分发挥区域协同的灵活性优势,推动社区矫正的协调发展。当前,对于地缘相邻、文化一脉、经济联系紧密、区域一体化发展较为成熟的区域,如京津冀、长三角、珠三角等可以先行先试,为全国层面的社区矫正区域协同提供成熟的范本。①

2. 部门协同创新

有关社区矫正的研究成果中,对社区参与、社会支持的重大意义已经达成共识。而部门协同创新则不仅仅关注社会的参与与支持,而是更加注重多主体之间的互动以及在互动中的创新发展。党的十九大报告中提出,要完善公众参与、社会协同的社会治理体制改革,提升社会治理的专业化、社

---

① 李树彬、宋丽红、郭朋朋:《京津冀社区矫正协同发展探究》,《中国司法》2016 年第 5 期。

会化水平,打造共建、共治、共享的社会治理格局。社区矫正是社会治理创新的一次重大尝试,在共建共治共享的社区矫正社会治理格局中,政府(主要指公、检、法、司、监狱)等部门起主导作用,社会力量(包括企业、高校、社区、市场、社会组织、志愿者、社会工作者、普通公民等)根据自己的身份关系或专业能力,对矫正对象产生相应的效能。所谓部门之间的协同,既包含政府部门之间的协同、社会力量之间的协同,也包含不同政府部门与各种社会力量之间的协同。协同不是单个主体力量的简单叠加,而是追求主体间协同、融合产生的更大的效能。这就要求主体之间具有足够的默契,既对自己的角色有准确的认识,又可及时补位,防范系统可能存在的风险。实现这种平衡必须在理念培养、制度设计、技巧训练上有所突破。首先,同传统的观念实行最彻底的决裂,实现中国社区矫正主体间的协同创新。[1] 摒弃或改变各种传统的不利于推进法治的法律观念,如"权力本位""法律虚无主义"等理念。其次,应当考虑在传统国家、政府主导推进的"国家培养型"社区矫正模式中,引入社会主导的"自发启蒙型"社区矫正模式的要素,从而探索出符合中国实际情况的社区矫正制度协同创新路径。[2]

三、"善治"的形成

社区矫正,蕴含了司法公正、效率、行刑社会化等法治理念,是一种法治文化的实践样式。而法治的核心要素即"良法"与"善治",其中"良法"是前提,"善治"是目标。何为善治? 对此,联合国亚洲及太平洋经济社会委员会提出了八项"善治"的标准,即共同参与、厉行法治、决策透明、及时回应、达成共识、平等和包容、实效和效率、问责。[3] 而在中国语境中,"善治"的基本特质包括:以人为本、依法治理、公共治理。善治的社会,无疑是社区矫正生态系统良性发展的坚实基础。那么,何为社区矫正生态系统中的"善治"? 通俗地讲,就是实现社区矫正生态中各个主体的各得其所、和谐有序、幸福稳定。对照上述指标,并契合社区矫正生态环境之要求,可从如下三个方面作为。

1.社区矫正生态系统中的良法治理

法治本身不仅仅是规则之治,从根本上讲,更是良法之治。宋人王安石

---

① 马克思、恩格斯:《马克思恩格斯全集(第 1 卷)》,北京:人民出版社 1995 年版,第 290 页。

② 王平、何显兵、郝方昉:《理想主义的〈社区矫正法〉——学者建议稿及说明》,北京:中国政法大学出版社 2012 年版,第 8 页。

③ United Nations Economic and Social Commission for Asia and the Pacific. "What Is Good Governance?". http://www.unescap.org/resources/what-good-governance.

曰:"立善法于天下,则天下治;立善法于一国,则一国治。"(《王安石文集·周公》)所谓"良"不仅是道德层面的善良,而且还包含价值、功能层面的优良。"神""形"兼具的法才是良法,其中"形"是指规则、逻辑体系的一致性、完整性,"神"是指法律的价值基础的正当性、合理性。①社区矫正生态系统中的良法包含:首先,应推动《社区矫正法》在全国各地的统一,并督促各地认真实施,以确保社区矫正生态系统运行的方向正确。其次,社区矫正各项规则、制度的制定,必须符合社区矫正的本质要求,从公正、效率、人性的角度出发,进行科学的设计与论证。如,可以考虑利用现代科学技术,为矫正对象的监管措施提供多样化、灵活的选择,既可节省成本,又可达到便利矫正对象的工作与生活的目的。

2. 社区矫正生态系统中的以人(矫正对象)为本

以人为本体现了善治中法的"良善"本性。以人为本强调任何一个系统,都必须关注人的各项待遇与权利,尤其是对系统中弱势群体的保护与关怀。在社区矫正生态系统中,矫正对象表面上因为犯罪以"强势"的姿态进入系统,实质上,犯罪学研究表明,诸多犯罪是因为罪犯在社会关系中得不到正确的对待、引导。换言之,许多矫正对象是从"受害人"身份发展为"加害人"。加之在犯罪后的社区矫正中,各项权利被限制,社会的仇恨、歧视、排斥、隔离,进一步加剧了矫正对象的易损性,矫正对象成为社区矫正生态系统中典型的"弱者"。所以,生态系统中的"善治",必须以矫正对象为中心:一切制度、措施的设计、评估必须充分考虑矫正对象的需求、感受,通过矫正,促进矫正对象正常回归社会、融入系统,恢复因为犯罪被破坏的社会关系。社区矫正生态系统中"法治"不仅仅表现为一种规则、技术、措施、方法,更应该具备道德上的"善""美",体现正当性与合法性,而以矫正对象为中心的善治必然会促进社区矫正生态系统更加文明、理性地发展。

3. 社区矫正生态系统中的社会共治

公共治理是国家治理现代化的重要标志,在公共治理中,每个公民以主体身份既参与管理国家事务、社会事务,又对自身事务实行高度自治。公共治理实现了多元主体合作共治,公共治理与政府治理相辅相成、相得益彰。其优势在于,通过多种路径,保证不同主体充分参与。主体间以对话、协商、沟通等方式行使话语权和决定权,表达利益诉求和主张,并在此基础上最大限度地减少分歧、凝聚共识,进而促进各主体各得其所又和谐相处。② 社会

---

① 王利明:《法治:良法与善治》,《中国人民大学学报》2015 年第 2 期。
② 张文显:《法治与国家治理现代化》,《中国法学》2014 年第 4 期。

共治的追求与社区矫正倚重社区、社会力量的要求不谋而合。善治视野下的社区矫正，就是在具体的社区矫正运行实践中，最大化地发挥社区力量，努力实现社会共治的过程。这种最佳的合作管理状态，建立在国家机关、社会力量、矫正对象之间相互信任、尊重、认同、协作的基础上。社会共治作为善治的基本方式，必须贯穿于整个社区矫正的全过程，通过共治，建设高度自治、充满活力的社区矫正生态系统。

致　　谢

　　作为 2018 年国家社科后期资助项目的结项成果,书稿《社区矫正生态系统多方参与主体研究》从 2016 年开始酝酿,2017 年开始写作,2021 年正式出版,历时 6 年。6 年实为人生中的一个重要段落,感谢我的家人一路的陪伴和大力支持! 感谢我的同事、朋友和我的学生为我分担了很多具体工作,让我可以在兼顾 2021 年高龄孕育二宝的同时顺利完成书稿。感谢浙江大学出版社的徐瑾编辑,温柔、耐心,克服了自己的诸多困难帮助我出版专著,我们亦因此成为好友。特别要提到的是,本书的第五章"社区矫正生态系统中的主管与工作主体——司法行政机关"以及第七章"社区矫正生态系统中的重要参与主体——社会组织"是以我的硕士研究生郝玉婷、陈厚任的硕士论文为基础经过重大修改完成,两人已经奔赴不同工作岗位,基于个人原因不愿意署名,在此,特别表示对于郝玉婷、陈厚任的感谢!

杨　帆

2021 年 10 月于广州白云山